本书由上海市教育委员会科研创新项目（编·
计学习的风电设备智能预诊维护管理系统研究　资助出版

风电设备制造服务系统研究

RESEARCH ON WIND POWER EQUIPMENT
MANUFACTURING SERVICE SYSTEM

吴　斌　著

东北大学出版社
·沈　阳·

ⓒ 吴斌　2017

图书在版编目（CIP）数据

风电设备制造服务系统研究 ／ 吴斌著. — 沈阳：
东北大学出版社，2017. 11
ISBN　978-7-5517-1738-0

Ⅰ. ①风…　Ⅱ. ①吴…　Ⅲ. ①风力发电－发电设备－
制造工业－服务经济－研究－中国　Ⅳ. ①F426. 61

中国版本图书馆 CIP 数据核字（2017）第 304600 号

出　版　者：东北大学出版社
　　　　　　地址：沈阳市和平区文化路三号巷 11 号
　　　　　　邮编：110819
　　　　　　电话：024-83683655（总编室）　83687331（营销部）
　　　　　　传真：024-83687332（总编室）　83680180（营销部）
　　　　　　网址：http://www.neupress.com
　　　　　　E-mail: neuph@neupress.com
印　刷　者：沈阳市第二市政建设工程公司印刷厂
发　行　者：东北大学出版社
幅面尺寸：170mm×240mm
印　　张：12
字　　数：222 千字
出版时间：2017 年 11 月第 1 版
印刷时间：2017 年 11 月第 1 次印刷
责任编辑：刘乃义
责任校对：文　浩
封面设计：潘正一
责任出版：唐敏志

ISBN　978-7-5517-1738-0　　　　　　　　　定　价：48.00 元

前言

在全球生态环境恶化、化石能源日益短缺的背景下，风能受到极大关注，风电产业获得快速发展。相应的，确保风电设备持续高效运行的制造、状态监测、故障诊断、维修等维护服务的重要性逐渐凸显。所处恶劣的工作环境、风速的不确定性、交变负载等因素的影响，均使得风电设备易出现故障，作为分布式电源，其维护成本极高。本书针对风电设备制造服务系统进行研究，主要内容包括风电设备制造服务系统的体系结构、建模与分析、状态监测、故障诊断、维护等。

风电设备制造服务系统包括风电设备制造子系统与风电设备服务子系统两大部分。其中，风电设备制造子系统由若干个制造单元构成，控制系统是风电设备制造单元的核心，也是风电设备制造子系统的研究重点，风电设备制造单元控制系统体系结构是风电设备制造子系统体系结构的重要组成部分；风电设备服务子系统包含状态监测、故障诊断与维护策略等主要模块。

在系统模型构建方面，为了使风电设备制造单元控制系统具有实时动态重构性能，本书基于国际电工委员会（IEC）61499功能块标准，提出了通用虚拟制造设备（VMD）复合功能块的概念。在此基础上，构筑了基于复合功能块的风电设备制造单元混合式控制体系结构。该结构将制造控制流区分为相互独立的重构控制流与执行控制流，从而实现了风电设备制造单元重构控制与执行控制的并行执行。为了提高各VMD复合功能块的局部自治能力，并使控制系统软件具备良好的模块性、重用性、开放性、易集成性等特性，建立了面向服务的风电设备制造单元控制软件体系结构。

在建模与分析方面，本书将面向对象着色Petri网技术与网络条件/事件系统（NCES）模型相结合，提出了面向对象着色NCES（OCNCES）的动态建模与分析方法：① 提出了各通用VMD复合功能块的网络条件/事件模块（ONCEM）模型以及整个风电设备制造单元控制系统OCNCES模型的构造方法；② 提出了检测通用VMD复合功能块ONCEM模型和整个风电设备制造单元控制系统OCNCES模型的死锁检测算法；③ 根据ONCEM和OCNCES模型的动态行为特点，对各通用 VMD 复合功能块 ONCEM 和整个风电设备制造单元控制系统的 OCNCES 模型进行了死锁分析。

针对风电设备传动系统关键机械部件的状态退化问题，本书提出了基于小波相关滤波－主元分析法的状态监测方法，通过计算主元 PCA 的 T^2 和 SPE 统计量来监控机械部件健康状态。针对传统前馈神经网络学习算法无法处理随时间变化的信息流，以及原有学习机在固定训练样本容量下，统一输入参量比重，不能有效反映故障信息，训练速度有待进一步提高等问题，提出了改进的极限学习机（IELM）的快速故障诊断方法，通过构建分类诊断模型，实现了风机传动系统关键机械部件的故障诊断。

在风电设备传动系统齿轮箱的故障预诊及维护策略方面，本书建立了基于统计模式识别（SPR）的齿轮箱退化状态评估与识别模型，利用小波包能量谱实现对其关键部位振动信号的特征提取。再采用类内紧密－类间分离 Scat－Sep 评价指标对退化状态进行划分，最后以搭建的风机齿轮箱模拟实验平台验证了该模型的可行性；提出了分阶段的人工免疫－自适应调节 AIS－SA 混合网络预测算法，并搭建了齿轮箱温度预测模型，实现了对故障部位的诊断与提前预警。该算法克服了传统神经网络算法初始参数选取难以及容易局部最优等应用局限，通过温度采集实验验证了其有效性与准确性；介绍了风电机组齿轮箱的预防和维护。

限于作者水平，书中难免有不妥之处，恳请读者批评指正。

著　者

2017 年 8 月

目录

第 1 章 绪 论

1.1 研究背景

在全球生态环境恶化、化石能源日益短缺的背景下，风能作为清洁新能源的代表，越来越受到人类的关注。全球风能总量达到 $2.746 \times 10^9 MW$，其中可利用的风能达到 $2 \times 10^7 MW$[1]。世界以及中国的风电产业迅猛发展，风能在新能源开发中规模最大、技术最为成熟，未来风电所占能源比重将进一步增加，风电的发展对于缓解能源压力、调整能源结构、实现资源的可持续发展具有重要意义。截至 2012 年，全球风机装机总容量达到 282.430GW，同比增长18.7%；新增装机容量 44.711GW，同比增长 10.1%。我国风能资源丰富，分布面广，具备极大的开发潜力，风电自 20 世纪 90 年代开始，特别是 2006 年以来增长速度极快，整个产业极具规模。2012 年中国风机累计装机容量约75.564GW，同比增长 21.2%；新增装机容量达到 13.2GW，增速 17.4%，中国在新增装机容量以及累计装机容量两方面稳居世界前列[2]。

世界能源范围内风电资源前景越来越广阔，世界各国风电行业迅速崛起，风电设备制造获得跨越式发展。世界范围内涌现出一批诸如丹麦维斯塔斯公司（VESTAS）、西班牙歌美飒公司（GAMESA）、德国西门子公司（SIEMENSE）、德国埃纳康公司（ENERCON）、美国通用能源公司（GE）、印度苏司兰能源公司（SUZLON）等风电设备制造企业。海外公司的迅速成长促使国内风电行业的加速进步，中国风电设备制造正逐步形成规模，出现了以金风科技、华锐风电、阳明风电、上海电气等一大批风电企业[1-2]。

随着制造环境由静态向动态转变，现代制造系统日趋面临动态自适应性、优化和可靠性等基本问题。虽然从系统论的观点出发，可通过协调与控制来减小各种扰动对系统性能的影响，但由于建立在传统组织理论与运筹学基础上的制造系统控制方法都以系统具有相对稳定的运行环境为前提，因此它们在理论与实践上都面临着巨大挑战[3]。有资料显示，柔性制造系统（FMS）到目前为止并没有得到制造企业广泛的认可，许多采用了 FMS 的企业也没有收到预期的效果[4]。现有风电设备制造系统设计方法仍以手工为主，系统研制周期长已成为风电设备制造系统发展的瓶颈。这就要求开发更具柔性和敏捷性的系统，通过系统基本单元和要素的动态重组和非线性集成，以更快的速度适应新的技术、产品和组织方式的变化。在此背景下，学术界于 20 世纪 90 年代中期提出了可重构制造系统（RMS）[5]。相对于传统制造系统以及常规制造系统等，RMS 对市场变化的适应性更为理想[6]。

近年来，国内外学者先后从不同的角度提出了一些新的制造模式，主要包括分形企业、生物型制造、合弄制造和知识化制造等[7]。特别的，这些先进制造模式都是以组织灵活、反应敏捷和自主管理的制造单元为基本元素构成的，多个制造单元可以通过重组和联合，形成新的灵活、高效的制造系统，从而实现制造资源的动态优化配置[8]。制造单元是提高制造业快速响应市场变化和提高市场竞争能力的一种极为重要的手段。近四十年来，一些发达国家和发展中国家在制造单元领域持续不断地投入了大量的人力与物力，进行了广泛而深入的研究。越来越多的风电设备制造企业将其作为经营战略中的一个关键因素来对待。各种各样的单元化制造组织形式也相继出现，如虚拟制造单元、动态制造单元以及可重构制造单元等。制造单元的整体性能（可靠性、容错性、柔性、可重构性等）直接影响到企业对市场的应变能力、产品的上市速度、质量、成本和交货期。它的运行状况从一个侧面反映了企业的核心竞争力[9-10]。

风电行业的大发展，促使风力发电设备开始向大容量、大功率、智能化方向转变。20 世纪 90 年代我国主要使用的机组功率为千瓦级别，现在使用的功率以及容量达到兆瓦。20 世纪 90 年代，维斯塔斯 V39 风机功率仅为 500kW，金风第一台风机功率为 600kW，近年来风机功率突飞猛进，维斯塔斯海上风机达到 8MW，金风海上风机达到 5MW。同时由于风机往往处于恶劣的工作环境，诸如高原地区频繁的风沙侵蚀对风机叶片的损伤严重，海上潮湿的空气对风机叶片造成一定的腐蚀，以及机身结构的复杂性，应对风速频繁的变化，风机出现故障的概率大大增加，风机停运时间延长，造成风资源的浪费以及相应的经济损失。这些市场发展趋势的转变以及风机本身所处环境的挑战无疑对风机质量、性能、可靠性提出了更高的要求，使得确保风机持续高效运行的状态监测、故障诊断、维护等风电设备服务的重要性逐渐凸显[11-13]。

1.2 研究意义

如何提高制造单元性能一直是学术界和工业界研究的热点。先进制造单元及其相关技术需要高额的投资。作为核心部件的控制系统，对制造单元的性能有着极为重要的影响。因此，在制造单元上投资的有效性，除了单元内设备性能的先进性外，在很大程度上还取决于其控制系统性能的优劣[14]。制造单元控制系统的可重用性及可重构性，是降低成本、减少开发时间去设计以及实现新的生产系统或调整现有系统的根本因素。

先进制造单元要求控制系统具有适应单元内设备的物理或逻辑变化的能力，即能够根据变化的运行环境或异常情况进行快速实时配置或重配置[15]。但是，传统的制造单元控制系统无法适应上述要求。由于缺乏实时动态重构性能，大多数现有的制造单元控制系统安装后的调试往往需花数天乃至数周才能完成，而且，控制系统一旦投入运行，调整起来非常复杂和困难。这大大增加了制造企业的投资成本[16]。因此，开展可实时动态重构风电设备制造单元控制系统的设计与开发中关键技术的研究，对我国先进制造单元的发展具有重要的指导意义。此外，对推动我国风电设备制造企业生产自动化、提高其核心竞争力以及对多变市场的快速响应能力方面，也具有十分重要的实用价值。

然而，一些风电公司为了扩大生产规模，增加效益，却忽略了风电机组的质量，加之风电机组的定期定检维护不到位，导致在世界范围内，风电机组在建设期间和投入运营后出现整机倒塌、主轴断裂、机舱着火、齿轮箱损坏、叶片断裂、机组脱网的案例不乏其声。2004 年丹麦 HonrsRev 海上风场的 80 多台机组因技术失效而停运达半年之久；2005 年德国石勒苏益格州一台机组因机舱起火，导致叶片折断，直接经济损失超过 150 万欧元；2008 年 NEG 公司生产的一台机组在丹麦东部地区因制动系统故障导致整个机组爆炸；2012 年位于加利福尼亚州的一处风机因发电机故障而发生机组自燃。在我国，2010 年 1 月东汽风机华能宝龙山风场一台机组因抱死装置故障致使机组烧毁；2010 年 7 月丹东海洋红风电场一台机组的齿轮箱出现故障，而无法正常运转；2012 年华能公司内蒙古珠河风场一台机组突然起火，一人遇难，一人失踪；2012 年，新疆托克逊风电场发生一起风机倒塌事故；2011 年颁布的《风电安全监管报告》显示，2011 年 1 至 8 月风电机组脱网事故高达 193 起，超过 2010 年全年脱网次数的 2 倍，风电机组倒塌、起火的事故数量呈现上升趋势。一系列的安全事故除了施工建设当中的人为操作不当或违规外，另一个重要方面就是风机自身的故障问题。据统计，风电机组故障中因齿轮箱损坏、叶片断裂、轮毂出现裂纹、主控单元损坏等重大问题占比 62%，液压系统故障占比 11%；传感器故障占比 9%，重大问题中包括齿轮箱故障比率高达 33%[17-18]。针对上述问题和挑战，对风机进行合理诊断和维护，有效跟踪组成部件的健康或衰退状态，防止因突然故障而失效，降低设备的故障率，节省设备维护成本，提高设备可靠性以及经济效益等具有重要意义。

1.3　研究内容与章节安排

1.3.1　研究内容

在全球生态环境恶化、化石能源日益短缺的背景下，风能受到极大关注，风电产业获得快速发展。相应的，确保风电设备持续高效运行的设计、制造、状态监测、故障诊断、维护等环节的重要性逐渐凸显。

本书针对风电设备制造服务系统进行了研究，主要内容包括风电设备制造服务系统的体系结构、建模与分析、状态监测、故障诊断、维护等。

1.3.2　章节安排

根据本书的研究思路，章节安排如下：

第 1 章　绪论；

第 2 章　文献回顾与述评；

第 3 章　风电设备制造服务系统体系结构；

第 4 章　可重构风电设备制造单元控制系统动态建模；

第 5 章　风电设备制造单元控制系统 OCNCES 模型的动态行为分析；

第 6 章　风电设备传动系统关键机械部件状态监测与故障诊断；

第 7 章　风电设备传动系统齿轮箱故障预警与维护；

第 8 章　研究结论与研究展望。

1.4　主要创新之处

本书的创新之处主要体现在以下几个方面：

（1）系统体系结构研究。提出了风电设备制造服务系统体系结构，并对系统的构成要素进行了分析。

（2）建模与分析方法研究。将面向对象着色 Petri 网技术与网络条件/事件系统（NCES）模型相结合，提出了面向对象着色 NCES（OCNCES）的动态建模与分析方法。

（3）状态监测与故障诊断方法研究。针对风机传动系统关键机械部件的状态退化问题，提出了基于小波相关滤波 – 主元分析法的状态监测方法；提出了改进的极限学习机（IELM）的快速故障诊断方法，通过构建分类诊断模型，实现了对风机传动系统关键机械部件的故障诊断。

（4）故障预警研究。提出了分阶段的人工免疫 – 自适应调节 AIS – SA 混合网络预测算法，并搭建了齿轮箱温度预测模型，实现了对故障部位的诊断与提前预警。

第2章　文献回顾与述评

2.1　可重构制造系统研究现状

近年来，先进制造技术发展迅速，各种先进制造新模式、新理念层出不穷。国内外学者从不同的角度提出了一些新的制造概念，主要包括基于分数维的分形企业、基于生物组织理论和遗传算法的生物型制造和基于复杂自适应系统建立与进化哲学观点的合弄制造等[3]。这些制造新概念从各自独特的角度来研究制造系统的优化设计与运行控制，虽然它们的出发点各不相同，但其共同点在于都认为制造系统应当由一些基本的且具有自治性、协作性和动态性的智能实体组成，如合弄（Holon）、分形（Fractal）和生物单元（Modelon）。这些智能实体能在动态制造环境中自主决策，并通过交互和协调以有效地处理系统扰动并适应各种变化，从而使系统获得自适应、自组织、重构和进化的能力[19-20]。从制造系统规划设计和运行控制的角度来看，对未来制造系统的基本需求可概括为[3]：①对机床故障、紧急订单和加工时间变化等系统扰动的快速响应；②系统的可靠性和稳定性；③处理产品多样性、设备状态变化所需的柔性和自适应性；④支持重用；⑤制造系统的灵活运行以及控制所需的自重构和自组织能力。

可重构制造系统（RMS）是一种对市场需求变化具有快速响应能力的可重新构形的可变制造系统[5]。所谓系统的构形，是指确定条件下系统的某个临时固定状态，主要包括三个方面：包括全部组织构件的集合；每种构件的属性或性质；构件间的关系[21]。RMS既具有刚性制造系统（Dedicated manufacturing system，简称DMS）的特性，又具有FMS的特性，其经济性优势可以通过减少FMS的多余生产能力和（或）生产功能得到实现。RMS一个构形的运行像一个DMS的运行[5]。

目前学术界和工业界对可重构制造系统的共同观点是：系统设备的类型、数量和布局（物理上或控制逻辑上）不再是固定不变的，而是随着生产任务的不同而动态变化，这就要求控制系统具有对制造系统物理配置变化和逻辑变化的适应性，以满足制造系统的可重构性要求[22-23]。可重构性不仅考虑了物理、几何相似性，而且考虑了生物学相似性。按照仿生制造的观点，制造系统的可重构与自然界中生物的进化有共同特征：内部均有层次状的实体结构，当环境发生变化原有功能不能适应需求时，通过"遗传与变异"的"自组织"方式，从自身或自身以外集成合适的基本单元，重新构成新的功能，而且引入"接口整合"这一重要系统特征，以实现系统的"相乘效果"[5]。

在学术界和工业界的推动下，发达国家从 20 世纪 90 年代中期就开展了可重构制造系统的基础与应用研究。美国国家研究委员会（NRC）在《2020 年制造挑战的设想》的报告中，明确地将 RMS 列入 6 大挑战与 10 大关键技术中，而且，RMS 名列 10 大关键技术之首[5,24]。1996 年美国自然科学基金会在密西根大学成立了 RMS 工程研究中心，该中心进行了"制造系统重构方式对系统性能的影响""产品装配过程的变流理论与建模"等方面的研究[25-26]。在控制技术方面，美国密西根大学 RMS 工程研究中心的 Dhrubajyoti Kalita 博士等对可重构控制系统逻辑控制器的设计、分析、验证进行了详细研究，提出了一种针对于离散制造系统的逻辑控制设计与验证方法[23]。此外，美国依阿华大学和麻省理工学院的研究人员也在可重构制造模式等方面进行了有益的探索[27]。

在我国，1998 年开展的国家自然科学基金重点项目"快速重组制造系统理论与方法的研究"，对 RMS 的科学基础、规划、设计、建造和运行理论与方法，设计应用，规划、性能测试、评价方法与工具，全寿命经济学等进行了深入的研究[26]。北京机床研究所和清华大学在 FMS 和 CIMS 研究的基础上，从 20 世纪 80 年代以来进行了"制造系统组态（重组）的研究""随机优化布置"等基础性的研究[27]。中国科学院沈阳自动化研究所可重构制造系统教研室的王成恩教授对制造系统的可重构性等基础理论进行了深入研究[21]。在可重构系统的控制技术方面，香港大学、香港理工大学、香港科技大学对敏捷制造单元的控制系统进行了研究，提出了基于 PLC 的控制系统结构和面向对象的、基于知识库的软件架构[27-28]。南京理工大学的张友良教授等在分析了网络化制造环境对可重构制造系统体系结构要求的基础上，提出了一种支持制造系统可重构的单元控制器设计方案，并介绍了该控制器的软件框架结构、功能模块和实现技术[29]。西北工业大学的蔡宗琰等提出了基于赋时可重构 Petri 网的可重构制造系统模型及其重构算法，并通过实例对系统模型及其重构算法进行了说明和论证[30]。中国科学院自动化研究所的王芳等提出了一种基于生产流程图的可重构制造系统 Petri 网建模方法，并给出了系统重构代价的评价方法，此外，通过仿真研究验证了所提出的方法的有效性[31]。华中科技大学的李培根教授和上海交通大学的张洁教授等提出了基于多代理的敏捷制造单元控制体系结构[32-33]。上海交通大学的周炳海等对制造单元控制系统的体系结构、控制实体以及软硬件平台的可重配置性进行了探索性研究[34]。总的来看，我国对敏捷和网络制造模式下的快速重构以及支持可重构的制造执行系统（MES）的研究较多，而对车间底层加工系统的可重构问题的研究并不多[5]。

2.2 制造单元控制系统研究现状

2.2.1 制造单元及控制系统

制造单元是为了完成某类或某几类零件族的生产而按照成组技术的原理组织的一种制造环境，是将相应的加工设备、辅助设施及操作人员组合形成的整体，其目标是减少在制品库存以及提高产品质量、设备利用率和生产柔性[35]。制造单元视企业自动化程度的不同，可以是柔性制造系统（FMS）或柔性制造单元（FMC），也可以是 DNC 系统，或是由数控机床和普通机床组成的混合系统，甚至是完全由普通机床组成的成组单元[36]。

制造单元是敏捷制造环境下生产组织的基本单位。多个制造单元可以通过计算机网络联结起来，组成松散耦合、分布自治、协同合作的分散网络化制造系统，从而实现制造资源的动态优化配置，并对变化的市场做出及时的响应。从本质上看，20 世纪末提出的敏捷制造系统和合弄制造系统等先进制造系统都是以高度智能化的制造单元为基本元素构成的[8]。

制造单元的研究分为单元设计、单元控制和单元应用三个方面。单元设计是划分零件族并进行单元的物理设计，包括确定单元设备类型、数量、布局的单元内部设计，以及确定单元在车间内布局的单元外部设计[37]。单元应用是研究如何将各种单元技术在企业中进行推广应用。单元控制包括单元间负荷分配（Cell loading）、单元计划（Cell scheduling）、单元调度与控制（Cell dispatching and control）[38]。单元间负荷分配研究如何将生产任务分配给车间内的各个单元；单元计划研究如何将单元的任务分解成单元内部各设备上执行的作业并制订作业在单元内的执行计划；单元调度与控制是控制单元内的设备执行作业计划[39]。单元控制活动是由单元控制系统完成的，由单元控制系统按规定的生产控制和管理目标，对单元内的制造资源进行计划、调度和控制。单元控制系统是制造单元的核心。具有高度柔性和可重配置性的先进制造单元控制系统，也是现代制造车间的关键要素[38]。

传统的制造单元控制系统的重配置涉及如下过程：在控制系统运行过程中，重配置时需要离线编辑控制软件，编辑完成后，将变更的部分提交到运行的控制程序中。当变更提交的时候，控制软件元素之间的高耦合性以及时间同步的不一致性，可能导致控制系统的严重混乱和不稳定。显然，需要提供新的软件方法以避免制造单元控制系统配置和重配置中的耦合与同步问题[15]。针对上述问题，Brennan 等将控制系统的重构划分为复杂性依次提高的三个层次：简单重构、动态重构以及智能重构。简单重构是利用模块化的软件元素以避免重构过程中的软件耦合问题；动态重构是开发相应技术以便在重构过程中各软件模块能够恰当地实现同步，使系统可实时动态地重构以适应变化；智能重构是利用人工智能技术使得系统可自动重构以适应变化。简单重构与动态重构之间的基本区别是后者将重构时间作为一个关键因素，即后者满足合时约束。而建立在动态重构基础之上的智能重构，则强调控制系统重构过程的智能性与自适应性[16]。

2.2.2　制造单元控制系统体系结构设计研究现状

制造单元控制系统的体系结构描述的是控制系统的组成部分及其相互间的关系，被认为是一种在系统设计初期必须建立的十分重要的标准[40]。其职能是将控制系统的决策功能分配到各个控制功能实体上，并确定这些控制功能实体相互间的关系，由此建立一种机制用于协调这些不同决策过程的实施。控制系统体系结构的优劣决定了制造单元在复杂动态环境下是否具有生命力、自适应重构能力和升级更新的能力[41-43]。

近四十年的发展历程中，制造单元控制体系结构经历了集中式、递阶式、分布（异构）式和混合式等结构形式[14,41]。① 集中式控制结构用单一的计算单元承担所有控制决策和信息处理的功能。其优点是可以实现系统全局优化，缺点是鲁棒性和实时响应能力差，系统控制软件难于修改和扩充。② 递阶式控制结构将控制功能按层次分布，上下层控制实体之间存在严格的"主-仆"（Master-Slave）关系，下层控制实体的活动受相邻上层控制实体的控制。相邻层可以进行信息交换，同层实体之间禁止通信。其优点是具有较好的模块性、可修正性和可扩展性，控制复杂性也得到了降低。缺点是很难进行全面扩展，对实时事件的响应能力差，控制实体间的通讯需求使软件复杂性上升。③ 分布式控制结构将系统分解成局部自治实体的集合，实体之间不存在 Master-Slave 的关系，各自治实体独立完成局部控制功能，同时以协商方式做出全局决策。其优点是系统控制的复杂性降低，具有较好的可靠性和容错能力、可重配置性和适应性，以及实时响应能力。但其最大问题是局部自治特性和全局优化之间的矛盾[42]。④ 混合式控制结构在递阶式和分布式两种结构间寻找折中和平衡，不同程度地具有分布和递阶两种结构的性质，控制实体之间的关系也介于 Master-Slave 和独立自治之间。其目标是使控制系统既具有分布式控制的容错性和快速响应性，又能像递阶式控制那样取得全局优化的控制效果[43]。制造单元控制体系结构的发展趋势是试图通过强调系统控制实体的智能、自治性及决策能力和重配置能力，来实现可靠、灵活、开放和自组织的制造单元控制系统[3,44]。

2.2.3　制造单元控制系统发展现状与趋势

国内外已经出现了商品化的单元控制器，为用户提供定义制造单元（或系统）、计划调度、实时控制及仿真等功能，这些产品从技术上可以分为两类。第一类是以满足运动控制功能为目的的专用单元控制器，代表产品是美国 K&T 公司的 Factory Partner 控制软件，我国"863" FME 实验室推出的单元控制器目标产品雏形 AMCC－1 也属于这种类型。这类产品的特点是单元运控软件由标准功能模块加上可选功能模块组成，但其开放性差，不能在不同的计算机软硬件环境下运行，网络通信功能薄弱。第二类是在软件平台上开发的通用单元控制器，软件平台也称为使能软件，以 ITP 公司的 MainStream 系统最为典型。该平台依据 X 窗口、制造信息规范、Posix 标准设计，在应用软件与操作系统、数据库、网络协议之间架起了桥梁。在该平台上开发的单元控制器软件能够在异构计算环境下运行。基于软件开发平台的制造单元控制系统的研究已成为这一领域的技术潮流[38,45]。

德国斯图加特大学机床与控制技术研究所（ISW）开发的递阶式自适应总控系统 ALSYS，涵盖了车间总控、单元（或工作站）和设备控制三层。它是一种适用于按中小批量生产、基于托盘的自动化制造/装配生产环境的总控系统。ALSYS 的通讯软件开发平台 Taskrump 过于简单，且对底层设备之间的通讯支持不够。另外，该系统是用 C 语言在 Unix 工作站上开发的，这不仅限制了面向对象技术优势的发挥，而且使系统无法移植到微机上。上述因素影响了系统的开放性[14,38]。

张友良教授等提出了一种由核心功能服务、信息服务、通讯服务和前端服务四部分组成的通用单元控制器开发平台,其目标是开发在功能结构上具有柔性、对各种生产环境具有适应性的单元控制器,但尚未见有对于分布异构计算环境支持的研究报道[46]。张洁教授等提出了模块化可重用的通用单元控制软件参考模型,采用了结合递阶控制的简单性和分布式控制消息传递有效性的适度递阶结构,但对适度递阶结构各控制实体的交互机制这一关键问题未见进一步研究的文献[47]。同时,为了跟上虚拟单元、动态单元、可重配置单元和网络化制造单元等制造单元的发展趋势,单元控制系统也正在向具有开放、分布和可重配置体系结构的网络化单元控制系统发展,但这方面的研究还很少见[38]。

当前,基于组件的控制系统设计方法是控制体系结构研究的一个热点问题。组件(Component)是指能够完成某种特定任务的软实体,用于构造应用系统的可重用、可重配置的软件模块,按一定的接口规范可以实现对象的互操作。周炳海等提出了一种基于组件的柔性制造单元控制系统设计与实现方法。该控制系统采用递阶分布式结构,着重描述各层次组件之间的数据、报文传输结构。一方面,分布在不同层次上的控制组件具有独立控制对象的功能,下一层次组件的活动受到上一层次组件的监视和协调,系统具有全局优化能力,克服了采用完全分布式控制带来的局部优化的缺陷。另一方面,同一层次的组件具有局部自治能力,它们互相合作,共同完成该层的各种活动,松弛了层次之间的"主-仆"关系,具有分布控制的优点[48]。

基于 Agent(智能体)或 Holon(全能体)的控制系统设计方法是该领域研究的另外一个热点问题[49-50],一些学者对基于 Agent 的单元控制系统进行了研究。蔡元龙等提出了制造单元智能体模型的设计原则,建立了基于多智能体系统的敏捷制造单元运行控制框架,采用合同网协议实现分布式动态调度与控制[51]。Cheung 等的基于智能制造系统(IMS)的研究成果,提出了基于 Holon 的柔性制造控制系统,建立了一个实时控制系统分布计算开发平台。仿真实验证明该系统具有可扩展性、可扩充性、对生产批量变化和系统故障的敏捷适应能力[52]。上述系统大都采用的是递阶分布式控制体系结构,各控制实体(即 Agent 或 Holon)之间的交互机制几乎全部采用合同网协议,尚没有对控制系统体系结构中各控制实体交互机制之间的关系进行深入研究的报道[38]。

尽管基于 Agent/Holon 的混合式制造控制体系结构得到了广泛的关注并取

得了一定的研究成果，但是由于下列原因，工业界在实际应用中很少接受 Ho-lon/Agent[53-55]：① 理论相对抽象；② Agent/Holon 的应用对数控设备通信能力和决策能力的要求假设过高；③ 如果应用 Agent 理论设计运行生产系统，投入非常大；④ Holon/Agent 主要适用于上层计划与调度，难以解决实际的物理设备层的运作管理（配置和重配置），因为物理设备层的控制强调的是以硬实时（HRT，即实时性满足是强制性的）为主的操作环境。

随着世界市场越来越客户驱动，制造系统必须具有高度的可重构性能以适应产品和生产工艺的变化。近年来，制造控制系统已呈现如下趋势：尽管集中式控制系统仍担当重要角色，但其日益让位于具有一定智能性的分布式控制系统[38,56]。国际上一些有重要影响的研究团队也纷纷致力于研究基于多卖主设备的制造控制系统（有时也被称为"开放式体系结构控制系统"）的构建方案[57]。IEC（国际电工委员会）61499 标准可被用于表示事件与数据如何在不同设备的功能块（Function Block，FB）之间通过，以及功能块如何对事件做出响应和如何运行内部算法。该标准强调软件可被组织成进行协同操作的组件单元，而不仅仅是作为大量客户定制的软件单元的集合体。由于 IEC 61499 功能块既具有面向对象的特征，又具有优良的自治性，目前已经引起学术界与工业界的重视，被作为研究新一代制造控制系统的重要基础[15,16,58]。近年来，学术界开始尝试利用功能块来构建混合式控制系统体系结构。

2.3　制造单元控制系统建模方法研究现状

建立在控制体系结构基础上的控制系统建模和设计方法对制造单元控制系统的可靠性、鲁棒性以及可重构性有着直接的影响。根据学者 Dmitrov 等所提供的图表，控制软件设计的错误占所有制造单元控制系统花费的三分之二，概念的形成和控制系统模型阶段所引起的编程错误占三分之二，控制系统的分析和设计引起的错误仅占五分之一[59]。显而易见，在建立概念模型和实时控制模型时，一种好的系统化模型方法通常能够降低制造单元控制软件的开发成本，同时减少模型错误和软件设计错误[14]。

目前，国内外学者对制造单元控制系统的建模主要采用离散事件动态系统（Discrete Event Dynamic System，DEDS）理论。DEDS 理论的称谓，首先是由哈佛大学的何琉奇（Ho Y. C.）教授在 1980 年前后引入的，它主要用于离散时刻事件的建模、仿真等方面的研究。制造单元控制系统是一类极为复杂的离散事件动态系统。从 DEDS 理论的角度分析，制造控制执行过程可用状态、事件及它们之间的关联关系来描述[60-61]。下面简要介绍几种典型的制造单元控制系统建模方法：基于功能模型的建模方法、基于状态表的建模方法、基于自动机理论的建模方法以及基于 Petri 网的建模方法。

2.3.1　基于功能模型的建模方法

功能模型建模法用于描述系统的功能组成及各组成部分之间的关系，它是由 20 世纪 70 年代提出的结构化分析和设计技术（SADT）发展而来的。1981年，美国空军开发了一系列被称为 IDEF（Integrate Definition Function Modeling）的系统设计方法。其中 IDEF0 方法用来描述系统的功能活动和联系，其基本思想是对复杂系统进行结构化分析，适用于从计划阶段到设计阶段的各种工作。IDEF0 功能建模法采用递阶分解的原则，用严格的自顶向下逐层分解的方式来构造模型。IDEF0 模型有五个基本元素，即功能块（Function Block）、输入（Input）、输出（Output）、控制（Control）和机制（Mechanism）[62-63]。

对制造单元控制系统进行动态建模时，IDEF0 功能模型建模方法的优点是：① 分析是逐步展开的，能够准确把握组成系统的功能活动及相互关系，为厘清复杂的信息活动及信息联系提供基础；② 分层的设计方法，直接得出了结构化程序的结构，经过层层分解可得到独立的功能模块，便于结构化编程；③ 可以较为系统、直观地描述系统功能信息，同时支持自顶向下的分解，从而有效地控制了系统的复杂性，可以起到降低开发费用、减少系统错误、促进交流的一致性和加强管理等作用，对于制造单元控制系统的建模和优化有着积极的意义。但是，该建模方法有如下缺点：① 重用性差，当系统的功能发生改变时，IDEF0 模型的修改甚至重建的工作量较大；② 对系统的动态行为缺乏有效的描述[64]。

2.3.2　基于状态表的建模方法

状态表（State Table）的方法首先是由美国国家标准局（NBS）提出的，其目的是为了辅助构筑 AMRF（Automated Manufacturing Research Facility）的递阶控制模型[65]。状态表可被用于制造系统各层级中或其他生产系统中，实现各种控制作用。用此方法，各层的决策被组织成决策递阶，同时，提供逻辑信息。每个决策状态对应于一个状态表模块。根据制造控制系统各层的复杂程度不同，在每一层中，至少应有一个状态表模块。状态表包含两栏内容，第一栏的内容为输入条件的信息（如机床状态、零件信息等），第二栏给出控制下一个事件的输出信息。状态表中的输入和输出信息以代码的形式描述。在运作过程中，匹配一个输入代码的结果是传递一个相关的输出代码给相应的物理对象。目标物理对象通过提取代码的报文（包含控制指令或数据）完成所需求的任务。通过状态表的作用，使系统向优化目标趋近，最后将达到最佳工作状态，从而实现了状态表对制造系统的优化控制[14,66]。

利用状态表的方法构筑制造单元控制系统模型时存在下列一些问题：① 由于决策表达含糊，引起程序调试和修正困难；② 当控制指令和数据混合在一起传递时，制造单元有可能失去其应有的柔性；③ 由于状态表的确定性（基于固定的规则）的特性，在制造控制环境中，不可能达到柔性的需求；④ 当采用递阶控制体系结构时，上下层之间的报文传递过多，影响系统的实时控制的速度[14]。

2.3.3 基于自动机理论的建模方法

正规语言与自动机理论（Formal Language and Automata）是研究 DEDS 特性的一种正规方法。该方法的基本出发点是：每一 DEDS 都具有与其关联的事件集 E，事件集可看作一语言的"字母表"（Alphabet），事件序列则是该语言的"字"（Word）），自动机则根据一定的规则组合字母来产生某种语言的"装置"（Device）[67]。在这种架构下，建立 DES 的模型就是构造能够说某种语言的装置（自动机）[68]。状态自动机是一 5 元组[67]：

$$A = (E, X, \tilde{A}(x), f, x_0)$$

这里，E 是一可数的事件集；X 是一可数的状态空间；$\tilde{A}(x)$ 是在状态 x 下可发生或激活的事件集；f 是状态转移函数；x_0 是一初始状态，且 $x_0 \in X$。

基于 DEDS 的自动机模型监控方法由 Ramadge 与 Wonham 率先提出，并已应用于柔性制造系统的控制。通常情况下，一个较大型的制造控制系统涉及许多制造设备，为了实现系统目标，常常需要将所有的制造设备连接起来，按照某种策略安排制造设备的动作。基于自动机理论的建模方法以制造设备为中心，以有限自动机的状态变迁来表示制造设备的工作过程。在进行系统总体设计时，可以根据各个制造设备的工作特性，选择合适的控制策略。当制造设备更新后，用户只需开发相应的子服务组件或模块，便可进行系统扩充乃至系统重构。该建模方法注重设备工作过程的描述方法，注重系统中制造设备的相对独立性。实践证明，以该模型进行软件开发，不仅可以提高软件的设计质量和开发效率，还可以增强软件的复用性和扩展性[69-71]。

2.3.4　基于 Petri 网的建模方法

Petri 网理论由 Carl Adam Petri 于 1962 年首次提出。作为一种图形工具，Petri 网能够像流程图一样提供可视化辅助设计。作为一种数学分析工具，Petri 网能够用来设置代表系统的状态方程。Petri 网能够较好地描述制造系统中的并发和同步行为，着重于描述状态之间的次序关系及事件在状态之间的迁移，并能够对制造系统的动态性质（有界性、安全性、活性、公平性、可达性、可逆性和不变量等）进行分析[14]。

Petri 网模型由于具有结构化和可视化的优点，近年来，Petri 网已被广泛地应用于制造控制系统的分析、建模和仿真中[72]，其局限性是模型的规模随着系统的复杂程度增加成爆炸性地增加。虽然近年来对 PN 简化方法的研究日趋深入，但模型简化的方法过度强调缩小模型，不可避免地损失了制造过程要素内部的动态信息和相互之间的关联信息，必须根据实际应用加以扩展。目前在描述较为复杂的制造系统时多采用经过扩展了的高级 Petri 网，如着色 Petri 网、随机 Petri 网等[73-74]。同时，面向对象技术克服了传统的结构化建模方法存在的缺陷，现已广泛应用于复杂制造系统建模和设计[75]。然而，采用面向对象技术进行动态建模时，仅仅对系统中状态之间的次序关系以及事件在状态之间的迁移等操作进行建模，对动态行为缺乏数学分析能力。面向对象技术和高级 Petri 网相结合的建模方法，可以在一定程度上克服两者各自的缺陷[76]。理想的复杂制造系统建模方法应该兼具图形描述以及数学分析能力的特点，既能描述制造活动控制过程，又可反映模型内部的动态信息（如物流、信息流等）。

2.4　功能块应用系统研究现状

2.4.1　IEC 61499 功能块模型

IEC 61499 标准体系以功能块为核心内容，强调软件可被组织成能够进行协同操作的组件单元，并采用分布式和硬实时（HRT）设计原理对工业过程测量和控制系统（IPMCS）进行建模[77]。

功能块是一个具有可被一个或多个算法操作的特定数据结构的"软件功能单元"，被描述为一种封装了数据和算法的特殊类型的对象（与传统的对象类似，功能块具有数据抽象性、封装性、模块性以及继承性）。IEC 61499 功能块综合了 IEC 61131 和 IEC 61804 功能块的特点，并具有分布式、可组态和可编程的特点。特别的，IEC 61499 功能块使用事件驱动技术，利用一个状态机（执行控制表，ECC）去控制它的执行（这个特点为功能块提供了过程抽象与同步能力）。功能块将事件和数据分离开来，在执行控制表的控制下，从接口接收事件/数据，通过算法对它们进行处理，产生输出事件/数据，从而可有效地解决复杂的反馈问题。因而，功能块可被视为一种轻量级（Lightweight）的Agent。IEC 61499 定义了功能块模型的通用结构，使用 XML 来对功能块进行定义，方便功能块从一个系统移植到另一个系统中，也方便在不同软件工具中进行转换。功能块的算法可以用高级编程语言（例如 C++或 Java）来编写，也可由用于可编程控制器的 IEC 61131 规范来编写。IEC 61499 功能块的使用，可为软件提供可移植性、设备互操作性和重构性。基于功能块的应用系统则特别适合于并行、异步、分布的控制环境。从结构和功能上讲，一个功能块可以非常简单（如只解决对阀的控制），若干个功能块也可以通过事件流和数据流的集成形成功能块的集合，具有更复杂和高级的控制功能（如控制一条完整的生产线）[78-79]。

IEC 61499 定义了功能块类型的三种主要形式：基本功能块、复合功能块和子应用类型，三者之间的关系是：复合功能块由一些基本功能块或其他低级复合功能块实例所构成的功能块网络组成；子应用类型由基本功能块、复合功能块实例或是低级子应用所组成的功能块网络构成[79-80]。基本功能块模型和复合功能块模型[77]如图 2-1 所示。每个基本功能块是对制造系统中控制实体的映射和建模，模型内部封装算法集合，使用执行控制表（ECC）控制相应算法的调用与任务的执行，具有良好的局部自治决策能力。另一方面，通过功能块的相互作用产生新的自治单元（复合功能块/子应用），在新层次上，不同的自治单元（复合功能块/子应用）又会相互作用产生新的层次，形成多层次的自组织性。这样，通过功能块相对低等的智能行为，系统在整体上呈现出更高层次、更加复杂、更加协调的有序性。

功能块模型是事件驱动的。事件流和数据流决定了功能块的执行。在 IEC 61499 标准中，ECC 定义基本功能块的行为，担当着功能块行为组织者的功能，是 IEC 61499 功能块的核心部件。ECC 控制着功能块中相应算法的调用与任务的执行，它实际上是一个有限状态机。根据 IEC 61499 标准，ECC 包括 EC 状态（State）、EC 转换（Transition）和 EC 动作（Action）。一个 EC 状态可能与一个或多个 EC 动作有联系，而每一个 EC 动作则会绑定到一个具体算

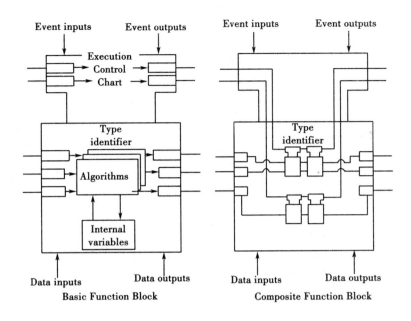

图 2 - 1　基本功能块模型和复合功能块模型

Fig. 2 - 1　Basic function block model and composite function block model

法上，用来执行相应的功能。当算法执行完毕，会产生输出事件，并且根据信号刷新输出变量。在 ECC 中，同一时间只能有一个活动的 EC 状态。每一个 EC 转换都要满足一个布尔条件才能使转换发生，这个布尔条件等价于由功能块的输入事件变量和/或输入数据变量和/或内部变量组成的布尔表达式。在 IEC 61499 功能块中，每一个新的输入事件的到达，都会在 ECC 调用（Invocation）的作用下，引发相应算法的执行机制[78 - 80]。

IEC 61499 标准的服务接口概念提供了物理接口、人机接口、监控和诊断、通信和基于信息技术服务等控制功能的无缝集成[78]。IEC 61499 标准中有一种特殊类型的功能块——服务接口（Service Interface）功能块。服务接口功能块为应用提供服务，是功能块之间以及功能块与外部世界联系的桥梁。它的主要功能是将服务原语映射到功能块的事件输入/输出以及数据输入/输出上去，从而实现应用之间通过网络的交互[79 - 80]。

2.4.2　功能块应用系统研究现状与趋势

一个功能块应用通常由一组功能块实例及其互连定义组成，用于解决一个特定的自动化控制问题。功能块应用系统的抽象模型如图 2 - 2 所示[79 - 80]。

一些新的控制系统工具及产品受到 IEC 61499 功能块标准的启发而不断涌

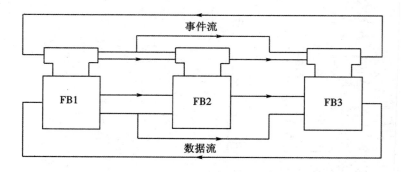

图 2-2 功能块应用系统模型

Fig. 2-2 Function block application system model

现。Rockwell 已经表现出对 IEC 61499 功能块的兴趣；Siemens 开发成功了一个被称为"Profinet/CBA"的新的基于组件的自动化系统，该系统的一个稍后版本计划将包含针对 IEC 61499 功能块标准的映射机制[58]。工业自动化开放网络联盟（Industrial Automation Open Networking Alliance，IAONA）组织也发布文件，表达了对现场总线设备支持 IEC 61499 功能块标准的兴趣[81]。IEC 61499 功能块标准通过提供一个以制造设备功能块描述软件的方式解决实际应用中的问题。但是，迄今为止，功能块应用系统在设计与建模方面尚未实现以统一的方式进行执行任务设备间的通讯网络互联。并且，绝大多数程序设计人员更多地关注系统体系结构，而不留意有关控制系统设计方面的问题。现场总线以及控制网络技术使得分布式控制方案能够以一种高效率、低成本的方式实现。如今已分布到设备级的智能性，为构建先进制造系统提供了新的思路[82]。伴随着分布式控制方式的实施，系统的安装及配置成本显著降低。生产车间及设备的维护方式得以简化，同时，其控制性能明显提高。使异质的系统之间能够有一种一致的方式进行互操作（不再局限于单一总线的系统）的方法，已引起研究人员极大的兴趣[83]。

在功能块应用系统研究方面，国内外一些研究团队取得了重要的研究成果。但是，一些系统设计与建模的问题尚未得到解决。一些研究人员集中于系统的构造、调度与仿真[84]。另外一些研究人员集中于系统结构设计[85]。Song 等提出了一种基于 FIP 现场总线的分布式控制系统[86]。然而，他没有系统地讨论如何设计每一个模块与整个系统，以及如何构建、管理与监视分布式控制系统。

为了对功能块的配置过程和功能块间的交互过程进行建模，IEC 61499 功能块模型必须与其他建模方法相结合，以对复杂的制造重构过程进行规范和验证。学者们已经提出了一些模型去描述实时控制软件[15-16]。由于大多数实时控制系统针对安全性要求很高的应用，软件开发中高度重视并广泛使用了形式化规范和验证方法，如状态表（State Chart）法[87]、着色 Petri 网法[88] 等。值得注意的是，使用形式化方法去描述控制系统的缺点在于：描述完一个系统以后，仍无法直接构建一个可执行的系统。而且，即使系统描述已经被证明是正确的，在系统执行时，依然可能引入额外的错误[89]。

迄今为止，许多学者致力于功能块应用系统建模的研究，并取得了一些重要的成果。Stanica 等人利用定时的自动机理论建模方法去校验功能块网络的执行[90]。RT－UML 也被用于设计模型的验证[91]。Khalgui 等人则强调 IEC 61499 功能块模型的局限性，提出了新的模型语义并对功能块模型进行验证[92]。Hagge 等人指出由于设计者往往对数据与事件之间的联系缺乏考虑，IEC 61499 功能块模型难以避免引起数据不一致的设计错误。他们提出了一种新的基于着色 Petri 网的功能块建模语言，将模型中的事件和数据分别同着色托肯相联系，但是他们缺乏对实际功能块应用系统的具体分析[93]。

由 Hanisch 和 Rausch 于 1995 年首先提出的网络条件/事件系统（Net－Condition/Event－System）模型，已被一些学者用于简单功能块应用系统的建模研究[94]。NCES 具有一定的柔性，不仅能用于过程的逻辑层次的建模，还可以建立同时考虑逻辑与时间的过程模型[92]。但 NCES 模型的规模随着系统的复杂程度增加成指数倍数增加，仅采用 NCES 来进行复杂的功能块应用系统建模，实施起来将十分困难。有效地将复杂的过程模型转变成具有模块性以及模块之间具有关联性的模型，将面向对象着色 Petri 网技术引入 NECS 建模，可为基于功能块的复杂应用系统的动态建模和分析提供一个崭新的途径。

2.5　状态监测与故障诊断技术研究现状

工业现场中设备的状态监测与故障诊断技术旨在通过采集其运行数据来监控设备的健康状态，一旦出现异常，能够准确定位异常发生的地点以及故障原因，并采取相应措施及时排除故障，保证设备持续安全可靠、高效运行[11,95-96]。设备的状态监测与故障诊断技术包括对设备进行状态监测和诊断分析两个环节，甚至延伸包括状态预测与故障预诊。设备的状态监测与故障诊断思想起源于设备损坏后的维修，真正作为一门科学技术并得到工业上的重视则开始于 20 世纪 80 年代，其发展也是随着人类社会科学的发展进步而逐渐进入更高的层次的[97]。其间，设备的状态监测与故障诊断技术可分为三个阶段。

第一阶段，感官阶段。通过观察工业现场设备的运行情况（是否能运转、设备是否存在异常振动、温度变化）并凭借现场经验等来获取、判断设备运行状态。第二阶段，初步测量阶段。仪器仪表的发展使得对设备运行数据的监测进一步发展，通过间歇性采集设备的温差、液压、振动加速度、频率等，并与设备固有属性数据的比较来初步评估设备的健康状态。第三阶段，深度监测阶段。随着计算机技术的进一步发展，监测与诊断软件的发展使得在线监测成为可能，依靠网络快速连接实现远程监控，实时准确地反映设备的运行状态[98]。世界各国在状态监测与故障诊断软件系统开发应用上均取得了一定成果。美国Bently Nevada 公司的 ADRE 系统用于在线监测大中型旋转机械的振动状态，其产品在中国得到很好的应用；瑞士的 MACS 系统实现了实时数据结合的设备管理功能以进行预测性维修，保持设备的连续运行；瑞典 SPM 公司的测振仪器主要用于轴承的状态监控和故障诊断；丹麦 B&K 公司生产的 B&K2526 便携式振动数据采集分析系统有效测量了交通噪声及汽车发动机的振动[99]；日本三菱公司研制了旋转机械健康管理系统（MHM）。

我国的状态监测与故障诊断技术的发展相比国外稍晚。从 20 世纪 80 年代起至今，发展迅速，相关企业、高等院校以及研究机构在相关领域做出了不懈努力，并取得了较好的研究与应用成果。其中，江苏东华测试推出了工程机械状态检测系统；秦皇岛融大技术致力于电机在线状态监控与故障诊断技术及其软件的开发；哈尔滨工业大学研发推出了 3MD－Ⅰ、3MD－Ⅱ、3MD－Ⅲ系统，实现了"汽轮发电机振动监测与故障诊断系统" 微机化；西安交通大学机械故障诊断研究中心开发设计了 RMMD－S 化肥五大机组 "微机状态监测与故障诊断系统"；哈尔滨电工仪表研究所推出了状态监测分析与故障诊断软件系统并应用于 200MW 汽轮发电机组。

随着状态监测与故障诊断技术在工业中的发展，其应用逐渐拓展至风电领域，针对风力发电机的状态监测与故障诊断技术正逐步成为相关机构、学者研究的重点。

风机传动系统作为风力发电机组的重要组成部分，其功能是实现传递机械能，并最终将机械能转化成电能。针对各部件的物理特性，进行有效监控，发现早期细微故障，准确判断出部件故障发生的地点，确定部件故障严重程度以及对整个传动系统的影响程度，跟踪部件性能退化状态，预测组件乃至整个系统的剩余寿命，明确故障发生时间[100]，对提高系统运行可靠性、降低故障损失有重要意义。实现机械部件的故障诊断，需要包含以下两个重要内容。①重要故障特征信息的提取。故障发生的早期，采集信号所携带的故障信息极其微弱，提取特征信息具有一定难度。②组件健康状态评估。确定组件故障所在环节、严重程度以及当前退化状态。图 2 - 3 为风机传动系统关键机械部件故障诊断技术研究的主要步骤。

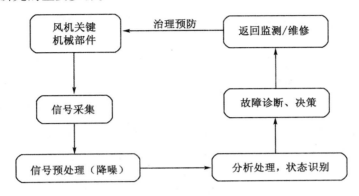

图 2 - 3　风机故障诊断技术研究流程

Fig. 2 - 3 Research process of wind turbine fault diagnosis technology

2.5.1　特征信号提取技术研究

风机运行状态监测与故障诊断技术中，研究的对象包括设备的振动、油压、温度、噪声等信号，但是大多数针对振动信号进行研究[101-102]。信号处理及特征信号提取准确与否直接影响到设备性能退化状态评估的准确性以及故障诊断的可靠性[103]。常用的特征信号处理方法包括：时域处理，统计信号特征值、进行时域分析等，主要包括提取时域信号平均值、峰值、峭度、均方根、斜度等特征参数[104-106]；频域处理，对信号进行功率谱分析、倒频谱以及包络分析等[107-110]，Yang Shenggang 等人通过提取风机系统振动信号频谱调频幅值和频率来提取轴承故障信号[111]。时域、频域从两个方面展现了研究对象的运行结果，对平稳信号的分析效果较明显，但是时频域分析方面，小波变换能够同时展现时频域信号的特性[112-114]。

2.5.2　设备退化状态识别技术

准确判断出风机传动系统组件当前的退化状态，对后续精确预测传动系统的剩余寿命并及时实施合理的维护策略意义重大。故障诊断和退化状态识别实质上就是对故障的模式分类、识别。但往往因为研究设备的复杂性、研究信号的随机性和不确定性，使得对故障的判断识别与预报比较困难，很难根据特征信号匹配设备状态。于是专家学者们提出了诸多设备退化识别方法，主要包括随机过程识别方法、统计模式识别方法、人工智能识别方法等[99]。

2.5.2.1　随机过程

基于随机过程的方法是根据设备出现该状态的概率和不同状态之间的转换概率，通过实时检测设备的表现来估计设备状态的转移方向，由此判定设备当前所处的健康退化状态，其中隐马尔可夫模型（HMM）得到较为广泛的应用。HMM 在语音识别领域获得了较好的应用，同时由于振动信号特征和语音信号特征之间的相似性，HMM 方法在退化评估领域得到快速广泛的应用。Jianbo Yu 提出了一种基于隐马尔可夫模型和贡献分析的方法来评估机器健康状态退化，将马氏距离作为评价机器健康状态的量化指标，并通过轴承测试验证了了提出的方法的有效性[115]。

2.5.2.2　统计模式

在统计模式识别中，常用方法有 K-近邻分类、非线性映射、特征分析、主元分析等[116-117]。在模式空间中，有相似性的样本相互接近形成聚类，根据模式所测得的特征向量，并将其归入众多类中，然后利用模式间的距离函数来进行分类。这些方法要求模式空间具有良好的可分性、样本具有代表性，才能保证归类的高准确率。同神经网络类似，模式识别方法同样需要大量的样本数据，这在实际工程中存在困难。支持向量机的引入使得统计推断理论取得了突破性进展，避免了贝叶斯规则中需要在实际中解决的概率密度估计问题，成功解决了人工神经网络中存在的理论问题。该方法致力于在有限容量训练样本的学习精度和对任意样本的识别能力之间寻求最优，以获得最优的泛化能力[118]。吴德会通过提取齿轮箱振动信号特征参数，运用投票法和决策树的思想构建了多分类支持向量机决策模型，应用于齿轮箱的故障诊断取得了良好的效果，较好地解决了小样本学习问题[119]。齐保林等将支持向量机用于滚动轴承的耦合故障分类并同 RBF 神经网络做对比分析，验证了支持向量机具有更好的分类性能[120]。

2.5.2.3　人工智能

人工智能的方法主要是基于神经网络的故障识别方法。神经网络凭借良好的非线性拟合能力来提高容错性和存储容量；凭借良好的非局限性以实现多个神经元广泛连接从而模拟大脑的记忆联想；凭借非定常性来不断处理各种变化的信息以及更新动力系统本身；凭借非凸性，在一定条件下依据某个特定的状态函数来决定某个系统的演化方向。神经网络的特点及特性决定了其在自学习功能、联想存储、高速寻优方面具有极大优势[121]。故障模式识别中，神经网络作为分类器进行退化状态识别，其中，王梦卿以神经网络作为工具对齿轮故障进行分类识别，并取得了预期效果[122]。Ming Shou 等人根据韩国风电发展现状存在的局限，提出了一种基于神经网络和小波变换的方法来保证状态监测系统可靠性[123]。Huang Qian 等人将小波神经网络应用于风机齿轮箱故障诊断中，同 BP 神经网络做对比，精确地实现了故障诊断[124]。申戬林等人则通过改进小波包能量谱与概率神经网络联合诊断的方法来改善诊断过程中存在风电机组信号的非平稳性和故障特征的非线性问题[125]。针对风力发电机组传动系统的状态监测与故障诊断技术的研究和应用，国内外均取得了诸多成绩。Ro-que 等人利用神经网络对风机齿轮箱实现了有效状态监控[126]；Li Yanyong 根据风机状态监测系统分析了风机的重要组件并提出了设计实用监测系统的三个原则[127]；Tavner P. J. 等人将小波理论应用于风机同步发电机的状态监测与故障诊断研究中，并验证了状态检测标准在测试电气故障时的有效性[128]。

2006 年，新加坡南洋理工大学的黄广斌教授针对前馈神经网络中梯度下降算法调整权值、学习速度较慢、泛化性能差等问题，舍弃梯度下降算法的调整思想，提出了一种单隐层前馈神经网络（SHLFNs）的极限学习机算法，通过选择隐层节点数及保证激活函数无限可微的前提下，随机确定输入层权值及隐层节点偏差，通过训练学习样本来实现故障模式辨识[129]。近年来，极限学习算法成功应用于生物统计学、生物信息学、图像分割、信号处理、疾病预测等领域，并在大数据分析、机器学习、人工智能等领域逐渐被相关人员关注[130]，然而其在风机状态监测与故障诊断方面却少有相关研究的应用。

总之，国外风电状态监测与故障诊断方面的研究和应用相比国内更为成熟，整体趋势是向着风机智能化监测与诊断方向发展，以提高风机的整体输出，提高风机的经济效益。

2.6　设备状态评估及其维护策略研究现状

现代工业技术发展迅速，保证机械设备的安全稳定运行、提高其可靠程度及运作效率愈显重要。诸如航空航天设备、大型风电设备、核能电厂、紧急供应系统等价格高昂、结构复杂的工商业机械设备，一旦运行出现故障，将造成严重后果。因此设备的性能状况、可靠程度、维护水平如何，是其能否被人们接受的首要考察因素。

2.6.1 设备性能状态评估研究现状

性能评估是设备智能化维护策略的核心内容，可以直接反映出设备的当前运行状况，关系到其维护策略的制订，甚至可以通过设备的当前性能评估来预测设备的剩余寿命。统计模式识别、受力分析、人工智能技术等在性能评估中发挥出重要作用，为设备维护领域做出了巨大贡献。

统计模式识别属于统计理论方法，其原理是采集设备的故障与正常数据，通过进行特征分析来建立故障特征模型，对比当前特征数据与标准数据得到特征概率状态空间，实现评估设备当前性能的目的。Liao 等通过 SPR 建模，用设备正常状态的特征量训练出分类器，再引入相似度的概念进行性能量化，实现了对设备状态的性能评估[131]。

从动力学的角度出发对设备失效机理进行讨论，一定程度上可以分析设备的衰退趋势及剩余寿命，其中常用的有有限元分析、裂纹扩展能量理论、疲劳蠕变理论等力学理论。随着计算机技术的发展，ANSYS 等仿真软件的出现实现了对设备受力的直观分析，帮助人们评估设备性能。

随着 21 世纪的到来，人工智能控制技术在设备性能评估中的作用也日益凸显。Lee[132]建立了 CMAC 神经网络模式判别模型，将其应用在监测和评估设备性能方面；Zhang 等则用主成分分析与 CMAC 神经网络对设备性能进行评估，并证实了有效性[133]；Huang 等对轴承振动信号进行第二代小波包变换，结合 Fisher 准则，确定了机械设备的性能衡量指标[134]；Ocak H 等在分析轴承磨损情况中使用了小波包与马尔可夫模型，实现了轴承磨损程度的在线跟踪[135]。

2.6.2 设备维护策略研究现状

在现实生活中，设备与设备之间、设备的部件与部件之间存在着自相关或互相关的关系。另外，即使是同一设备，其故障程度不同，采用的维护方式、消耗的维护成本也不尽相同，这使得设备的维护复杂多变，难以用人力确定。因此，各类智能算法被应用在维护方式的选择、维护策略的制订上。

李国正等将 AHP（Annalytic Hierarchy Process）方法进行优化，从设备关键程度的角度剖析，从而确定维护方式[136]；高萍等采用蒙特卡罗仿真模拟了设备评价算法流程，成功评价了设备的重要度并提供了定量的维护方式[137]；顾煜炯等在电站设备维修方式的决策问题中，结合了熵权值与 AHP 分析，很好地解决了维护方式的选择问题[138]。

学者们先后发展了基于设备故障、基于运行时间、基于设备状态的维护策略，这些维护策略不同程度上结合了运筹学、统计学、系统工程等理论，同时采用动态规划、人工遗传算法、模拟退火法、专家系统等完善优化设备维护模型，在此基础上给出最佳维护策略。其中，以故障为主要参考信息的设备维护策略由于其缺点众多，慢慢被学者们放弃。

以运行时间为主要参考信息的维护策略主要分为设备服役时间、规定维护周期、设备可靠性时间、顺序预防等方面。早在 1960 年，Barlow 和 Hunter 就提出了定龄置换维护策略，这个定龄是相关专家人为设定的[139]。得益于最小维护、不完全维护、安全维护的发展，定龄预防性维护被不断丰富和发展，直到 (t, T) 维护策略的提出标志着预防性维护上升到一定阶段。而后，Wang 等在文献 [140] 中假设：在全部的故障中，部件完全失效的比例为 p，不完全失效的比例为 $1-p$，前者维护动作为置换，后者动作能够使其恢复故障前状态；而维护次数有着上限 N，设备役龄上限为 T，在此之后需进行置换。接下来以运行时间为主的维护策略发展到等周期预防性维护，如 Lim Jae - Hak 等[141]构建的周期性预防维护计划模型。这样的维护策略切实可行，在现实大型工程设备中可以经常见到。顺序预防策略比较灵活有效。奚立峰等在一定范围中考虑设备的衰退机制，阐述失效率的退化原则，从而提出了一种按照可靠度顺延的预防维护策略[142]；曲玉祥等则从不完全维护的角度分析，优化了顺序预防性维护策略[143]。

以设备状态为主要参考信息的维护策略多用于昂贵、多性能、结构复杂的设备中。此维护策略需要实时监测能反映设备运行状态的重要参数，通过分析，在故障未发生之前主动对其维护，从而延缓甚至阻止设备可能发生的故障时间。由于考虑到设备故障发生时间不能只依赖于专家经验或传统经验的估计，而是与实际运行状态、运行环境息息相关，所以这种策略的定量分析必将增加维护决策的科学性。

另外也有学者考虑了多部件维修策略并将其应用在风电机组中，如批量维修、组合维修、机会维修等。机会维修实际上指部件维修之间存在相互关系，其单个部件的维修具有机会性，考虑设备整体状况的同时对多部件进行不同程度的维护，使其长期总维护成本最低。

2.7　文献述评

通过以上的文献阅读、整理和分析，从中可以得出以下结论：

（1）制造单元控制系统的主要发展趋势是具有高度柔性、可实时动态重构甚至于可智能重构。现有的风电设备制造单元控制系统控制实体间多为主从式关系，刚性静态结构，特定层次具有固定功能，通过上层来协调与集成下层活动，智能决策集中于控制结构的上层，底层控制实体缺乏自治性。控制系统从局部到整体缺乏实时动态重构能力。同时，从控制系统体系结构看，综合了递阶式和分布式结构优点的混合式体系结构日益受到重视。

（2）尽管基于 Agent/Holon 的制造单元控制系统得到了广泛的关注并取得了一定的研究成果，但由于性能以及成本的原因，工业界在实际应用中很少接受 Holon/Agent。IEC 61499 功能块既具有面向对象的特征，又具有优良的自治性，已被作为研究新一代制造控制系统的重要基础。NCES（Net - Condition/Event - System）模型，已被用于简单功能块应用系统的建模与分析。将 NCES 建模理论、面向对象技术相结合进行复杂功能块应用系统的动态建模及分析已引起重视，然而这方面的研究刚刚起步，需要做进一步的研究。

（3）从功能模型上看，风电设备制造单元控制系统可靠性、容错性差，且不易维护；从控制软件结构上看，风电设备制造单元控制系统是由面向功能的、相对集中的软件模块组成的。各模块（功能单元）之间相互耦合程度强，难以对控制系统中的模块进行增加或删除，可重构性差；通过模块化、参数化（配置数据库或配置文件等）方式实现的软件模块的可重用性较低。

（4）风机状态监测与故障诊断中，从正常运行到故障状态，所提取的特征信息应该全面反映风机的运行状态，且能够敏感地感知故障的发生。常用的时域、频域特征信息提取方法往往包含诸多冗余信息，以致信号的精度不高，难以准确评价与揭示风机运行状态的内在特征，不能有效反映当前设备所处状态。基于时频域的小波分析技术能够满足上述要求，但在实际应用中所提取设备的信号往往存在很强的噪声背景，这成为信号分析的一大障碍。特别是在故障早期，故障信号极其微弱，其能量相对噪声能量较小而容易被淹没，很难提取出特征信号。因此，如何提高信噪比是特征提取的关键环节。

（5）设备从正常状态至故障是一个连续的退化过程，如何确定设备当前的退化状态（故障状态），需要解决两方面的问题：①确定设备所处状态；②建立分类精度高的状态运行分类器。问题①可解释为判断设备是否出现异常、判断出当前设备运行在哪一种状态（正常状态还是故障状态）、所处故障状态的退化程度；问题②实质就是模式识别问题，一旦出现异常，确定故障所处的位置或所在环节。

（6）风电场运维面临运行条件恶劣、故障失效原因多样化、事后维修成本高等几个关键问题，其中一个很关键的维修部件就是风电机组齿轮箱。对齿轮箱退化状态的描述、故障失效部位的定位及溯源、开展基于状态为主的预防性维护策略是风电机组运维成本下调的研究热点。

基于上述分析可知，确保风电设备持续高效运行的设计、制造、状态监测、故障诊断、维护等环节的重要性日益显著。本书针对风电设备制造服务系统进行研究，主要内容包括风电设备制造服务系统的体系结构、建模与分析、状态监测、故障诊断、维护等。

第3章 风电设备制造服务系统体系结构

风电设备制造服务系统研究包括风电设备制造子系统与风电设备服务子系统两大部分。风电设备制造子系统由若干个制造单元构成。控制系统是风电设备制造单元的核心，也是风电设备制造子系统的研究重点。

控制系统对风电设备制造单元的性能有着重要的影响。一个制造单元整体性能优劣，除了制造单元内设备（如机床、运输装置等）性能的优劣外，在很大程度上还取决于控制系统性能的优劣。控制系统的整体性能由体系结构、建模方法、软件结构、实现方法等决定。控制体系结构不仅决定了控制系统的功能特性，而且对制造环境的复杂性、动态性，以及制造单元的技术可行性和经济可行性有着较大的影响[14]。建立在控制体系结构基础上的控制软件结构不仅决定了控制系统中各层次的实时控制实体之间的通讯方式、非实时控制实体之间的数据交换机制以及实体控制方式，而且与开发的控制软件是否具有简单性、可维护性、可重用性和开放性有着直接的关系。

3.1 风电设备的基本构成

3.1.1 风电设备的基本构成

风电设备主要包括叶片、轮毂、机舱、齿轮箱、传动轴、发电机、偏航系统、变桨系统、停车系统、机舱和塔架等。

叶片：承接风能的部件，现代兆瓦级风机叶片材料多使用玻璃纤维或高强度复合材料。

轮毂：用来连接叶片和主轴的部件，承受复杂的载荷。

变桨系统：保证低风速时高效捕捉风能，高风速时改变桨距角，减小迎风面，防止风机叶面受损。

传动系统：主要包括高低速轴、齿轮箱、制动器等。传动系统作为一个复杂的机械系统，从轮毂端主轴经联轴器至刹车盘、齿轮箱，再到发电机，其承担着传递动能的重任。制动器分电磁制动、液压制动和手动制动，是使风机停止运转的装置。高低速轴和齿轮箱以及发电机之间通过联轴器连接。

发电机：发电机有同步发电机、异步发电机、绕线式发电机、永磁直驱发电机等类型，当前主流的机型多采用双馈异步发电机和永磁直驱发电机两种。

偏航系统：结合对风系统，最大限度地保证风机对准风向，高效获取动能。同时自身具有偏航角度保护，当风机机舱转过一定角度的时候便停止转动以防止扭断缆线。

塔架：主要起支撑整机、承受风压及运行动载荷的作用，多由钢筋混凝土和圆锥形钢管组成[144]。

3.1.2　风机传动系统中的齿轮箱

据统计，整个风电设备运行过程中，风机传动系统中的齿轮箱故障和发电机故障的总和超过60%，其中又以齿轮箱故障率最高。

齿轮箱主要由齿轮、轴、轴承、箱体四个主要部分构成。诸如6MW海上风机多采用永磁直驱型，不需要齿轮箱增速，而采用双馈异步型发电机的风机均需要齿轮箱进行增速。

风机齿轮箱增速多采用三级增速结构，一般采用一级平行轴加两级行星轴或者两级平行轴加一级行星轴的模式，传动比在70～100左右，当风轮转速为15r/min左右时，发电机转子转速达到1300r/min。

齿轮箱中各部件均有可能发生故障。其中，齿轮发生故障的可能性在60%左右，轴承发生故障的可能性在19%左右，轴发生故障的可能性在10%左右，外加传动系统中的高低速轴及轴承，三者占有90%左右的故障比例[145]。因此，齿轮、轴承故障将是本书研究的重点之一。

3.2　风电设备制造服务系统体系结构

风电设备制造服务系统研究包括风电设备制造子系统与风电设备服务子系统两大部分。其中，风电设备制造子系统由若干个制造单元构成。控制系统是风电设备制造单元的核心，也是风电设备制造子系统的研究重点，风电设备制造单元控制系统体系结构是风电设备制造子系统体系结构的重要组成部分；风电设备服务子系统包含状态监测、故障诊断与维护策略等主要模块。下面重点介绍风电设备制造单元控制系统体系结构。

3.2.1 通用 VMD 复合功能块模型

制造单元的控制任务主要是由具有一定功能的控制实体的相互合作来完成的。建立在混合式控制体系结构基础上的控制实体是否具有可重配置性直接决定了控制系统的可重配置性。满足可重配置性要求的控制实体应具有以下特征。① 自适应性：随着制造单元的环境变化，控制实体在不影响控制系统的整体性能的条件下具有自适应这种变化的能力。②"即插即入"的可扩展性：当制造单元增加一个新的元素或删除一个已有的元素时，控制实体能像硬件一样，通过一些标准模块的组合，来实现控制系统所要求的功能。③可重用性：可重新利用原有的控制实体进行的控制系统的集成和组装。④ 互操作性：在分布式异构环境下，功能不同的控制实体能够相互合作、通信，共同完成一个复杂的生产任务[34]。

IEC 61499 功能块标准在逻辑层次上规定了一个控制组件模型，通过提供一个以制造设备功能块描述软件的方式解决实际应用中的问题。另外，还规定了配置控制的命令语义。然而，该标准并未具体规定功能块模型如何支持实时重配置，也未提供涉及功能块应用的具体执行方法，如底层通讯协议需求（比如下载、初始化与配置功能块），功能块的资源如何调度，功能块应用如何被编译、下载以及存储等[15-16]。

本书在 IEC 61499 功能块标准的基础上，提出了适应实时动态重构的通用 VMD 复合功能块模型（如图 3-1 所示），作为风电设备制造单元中的控制实体。其特点是：将事件流区分为执行事件与重构事件两种类型，同时将数据流区分为执行数据与重构数据两种类型；相应的，增加了与重构事件和数据相关联的重构控制表及重构算法；该模型在逻辑上与基本功能块完全相同，这样既可提高可重构性，又可保持功能块组织结构的稳定性。

该模型的关键是使用 VMD 复合功能块模型去规定两种并行的控制路径：① 执行控制；② 重构控制（即管理控制系统配置与重配置的软件模块）。VMD 复合功能块内包含三个基本功能块：执行控制功能块、资源调度功能块以及重构控制功能块。通过基于 IEC 61499 功能块标准的功能映射，执行控制功能块中的每一个算法对应一个相应的函数集；重构控制功能块的算法库里包含初始化函数以及一系列重构函数；资源调度功能块则根据输入事件及外部变量，确定选择哪一个重构控制功能块重构函数；重构控制功能块运行被选中的重构函数，从而产生构形变量（Form Variable）值。构形变量即为风电设备制

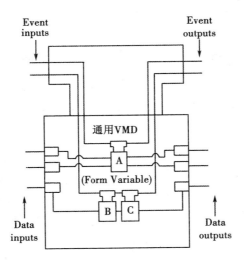

A：执行控制功能块　　B：资源调度功能块　　C：重构控制功能块
Form Variable：构形变量，为通用 VMD 复合功能块内部变量

图 3 - 1　通用 VMD 复合功能块结构

Fig. 3 - 1　The structure of the general VMD composite function block

造单元控制系统的重构参数。

　　功能块（包含其建模过程）具有可嵌套、递归的特点。功能块属于轻量级的 Agent，采用纯事件驱动机制，兼顾了 Agent 的智能性，且价格低廉，能很好地满足制造企业的需要。复合功能块与普通功能块结构完全相同，可实现更为复杂的控制功能。并且，使用复合功能块 VMD 作为控制实体，其功能可分解为一系列的基本功能块来完成，使分析简单化。下面以复合功能块为基础来构建可实时动态重构的风电设备制造单元控制系统。

3. 2. 2　基于复合功能块的风电设备制造单元混合式控制体系结构

　　目前支持异构式控制功能的硬件和软件尚处于研究和发展阶段，尚无支持全部功能的硬件和软件。无论从自身结构特征还是从技术实现角度看，混合式是一种较理想的能满足风电设备制造单元控制系统的可重配置性要求的体系结构。

　　本书研究的重点是风电设备制造单元控制系统能够实时动态重构以适应制造环境的变化，而系统层与规划层的复合功能块相对固定，因此，这里只介绍它们在控制系统中的功能。以下主要讨论资源层的 VMD 复合功能块以及它们之间的连接关系（即控制系统构形）。

　　在集成工程知识、制造过程知识和制造资源能力的基础上，本书构建了以具有自治与协作能力的复合功能块为最小功能单元的可重构风电设备制造单元控制系统体系结构。该混合式控制体系结构如图 3－2 所示，其特点如下：

（1）采用金字塔形结构的思想，在逻辑上以 MSI（Manufacturing Systems Integration）结构的递阶方式将控制系统分成三层：系统层、规划层及资源层。特别的，资源层又分为虚拟制造设备（VMD）层与设备控制器层。监督协调复合功能块控制整个系统运行，计划调度复合功能块与重构规划复合功能块可相互协商配合，资源层 VMD 复合功能块则承担设备控制任务。复合功能块由多个基本功能块通过数据流和事件流连接形成，以完成更为复杂的控制任务。复合功能块的控制功能或者是控制加工资源的操作（如机器人的移动）或者是控制制造元过程（Meta－Process）（即制造过程的最小组合单元）。控制任务的完成依赖于功能块（基本功能块或/和复合功能块）之间的信息传递。

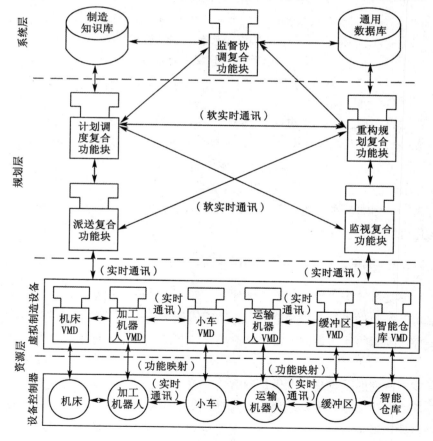

图 3－2　基于复合功能块的风电设备制造单元混合式控制体系结构

Fig. 3－2　Manufacturing cell hybrid control architecture based on composite function blocks

（2）将复合功能块间的信息传递分为软实时通讯与（硬）实时通讯两种方式。从本质上看，两者都采用统一的标准报文格式（以 SOAP 为消息传递形式的 Web 服务 Client/Server 机制接口）。

非实时与实时系统之间的主要区别在于，后者与合时性密切相关。换句话说就是，在硬实时（即任务在规定时间内必须完成）与软实时（任务的完成必须满足平均最终期限）约束下，最终时间期限必须满足。一般来说，典型的实时系统是安全 - 关键系统（即该系统必须确保人员或设备的安全）。因为实时系统对响应时间、可靠性、有效性等有更严格的要求，所以，实时系统必须具备合时性、响应性、可预测性、准确性以及鲁棒性等特性。

（3）从信息传递性能来看，各复合功能块均具有数据、报文传输能力，因此松弛了层次间的"主 - 仆"关系，提高了从属层次上各复合功能块的局部自治能力，从而大幅降低了对层次间实时通讯的需求。加工、运输等复合 VMD 功能块对象之间可以进行通讯，体现了分布性能。

该混合式控制系统体系结构综合了递阶式控制的层次合理性、数据一致性以及分布式控制系统的自治性、报文传输的有效性，因而，具有总体结构的开放性、模块性、软硬件功能兼容性和可扩展性。

3.2.3 混合式控制体系结构功能分析

上述构建的基于复合功能块的可重构风电设备制造单元混合式控制体系结构提供了一个支持实时动态重构的框架，下面对其进行功能分析。

（1）控制系统总体功能：基于复合功能块的可重构制造单元混合式控制系统和其他体系结构的控制系统一样，都是为了完成制造过程而定义的，因此在功能上一般都包括以下几个模块：数据管理、生产计划、调度、实时控制，因此该控制系统包括这几个模块，以及对这些功能模块提供支持的一些系统和协议，比如数据管理、网络协议等。与其他体系结构有所不同的是，本书提出的控制系统结构中还有一个重构规划模块，承担重构规划的功能。

（2）数据管理功能：维护和管理与风电设备制造单元生产环境配置和生产任务计划以及生产过程相关的数据。

（3）计划调度功能：风电设备制造单元存在一些不可预期的现象或随机扰动，如机器故障、加工时间延迟、紧急订单或取消订单等。需要高效的具有动态自适应能力的生产调度和控制机制，以有效地规划生产活动和资源分配，快速响应系统内部（机器故障）及外部（市场）的变化。该项功能由计划调度复合功能块完成，主要包含系统生产任务的生成、不同阶段的生产计划的制订、零件分配、机床负荷分配等功能。

（4）重构规划的功能：该项功能由重构规划复合功能块完成，主要包括产生重构控制信息流程、派送构形策略（或初始化构形）到下层 VMD 复合功能块。

（5）派送监视功能：分别通过派送复合功能块以及监视复合功能块实现。

（6）实时控制功能：主要从模块化控制的角度来描述实施控制系统的信息流以及模块控制活动。针对不同的 VMD 复合功能块对象，一般包括 DNC/加工中心/加工机器人的控制以及小车/输送带、装卸站/自动仓库等的控制。系统对于这些设备的实时控制是执行加工制造的核心，也是风电设备制造单元完成制造功能所必需的。

各个 VMD 复合功能块本身具有动态重配置能力，是整个风电设备制造单元控制系统可实时动态重构的根源。风电设备制造单元控制系统的实时动态重构能力，要求其重构控制与执行控制过程必须能够并行进行。通过预先确定好的控制应用的执行逻辑约束，以及复合功能块本身所具有的重构支持机制，确保重构过程自动平稳进行，避免初始的应用逻辑与当前的执行条件发生冲突。重构控制与执行控制的并行执行过程如图 3 - 3 所示。该过程存在两种类型的控制流：执行控制流与重构控制流。前者由计划调度复合功能块产生，后者由重构规划复合功能块产生。在风电设备制造单元控制系统动态演化过程中，监督协调复合功能块在制造知识库的支持下，根据重构规则及控制规则协调重构控制行为与执行控制应用的并行执行。当需要时，规划层的重构规划复合功能块将分析推理当前配置以及重构规划。例如，重构规划复合功能块将从监视复合功能块中获取资源层中的各 VMD 复合功能块之间的当前连接信息。重构规划复合功能块将对该当前连接信息进行处理，并通过派送复合功能块向资源层派送构形策略及重构命令，以实现下述活动：将一个新加入的复合功能块与现有的复合功能块相连接，或重构过程中在确保应用的实时需求能够满足的前提下，用一个新的复合功能块去替换原有的复合功能块。这样，系统层的监督协调复合功能块以及规划层的重构规划复合功能块通过监视复合功能块获取所需的信息，以实现控制系统从原构形到新构形的平稳转变，可显著缩短前端调试时间，从而实现控制系统实时动态重构。

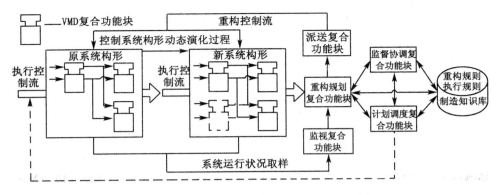

图 3 - 3　重构控制与执行控制的并行执行过程

Fig. 3 - 3 The concurrent implementation process of reconfiguration control

and execution control

3.3　面向服务的控制软件体系结构

控制系统的性能不仅受控制体系结构的影响，而且还受到控制系统软件结构的影响。控制系统的控制过程是通过控制软件来实现的。对于软件来说，结构良好与否对其可靠性、可维护性、可重用性与可重构性等有着关键而长远的影响。在以往的制造单元控制系统中，软件结构大多采用集中式结构，同一层中的各实体之间通过共享全局变量与函数来协同工作，各个实体的耦合比较紧密，使得单个问题容易引发连锁反应，从而对控制系统的可靠性与可维护性造成不利影响，同时也不支持控制系统的重构[14,38]。因此，非常有必要设计一个能够克服这些缺陷的软件结构。

3.3.1　可重构风电设备制造单元控制系统软件平台要求

要实现风电设备制造单元控制系统的实时动态重构，其控制系统的软件结构应具备如下一些主要特征：

① 最大限度地实行控制系统模块化，软件功能代码具有可重用性；

② 风电设备制造单元控制软件尽可能地独立于硬件，对信息传递机制以及相应的局域网协议具有开放性；

③ 采用统一的标准，对其他要求集成的实体具备统一的简单接口。

要满足上述的控制系统软件结构特征，就需要能支持控制实体的分布性、可重用性以及互操作性的开放式软件平台，一般有以下几个方面的要求：

（1）对操作系统的要求：开放式软件平台应该具有一个支持通用目的的

多任务计算环境。这个计算环境中应该具有图形用户接口和网络接口功能，并能支持多任务的软件开发工具以及分布式数据库管理系统；目前，如 Microsoft 公司的 Windows for X 系列操作系统、Linux 操作系统以及 Unix 操作系统都能满足该要求。

（2）对通讯服务的要求：在异构环境下，能提供具有"即插即入"的统一应用编程接口，保证组件化实体之间的报文传输流畅。如近几年出现的分布式对象技术，如 Microsoft 公司提出的分布式组件对象模型（DCOM，Distributed Component Object Model）。此外，国际对象管理小组（OMGs，Object Management Groups）提出的 CORBA、Sun 公司提出的 EJB（Enterprise Java Beans），这些模型都支持基于组件化的控制实体的通讯要求。另外，支持上述模型应用的开发工具也已成熟，如 Visual Java + +、Visual C + +、Visual Basic 和 Delphi 等面向对象的计算机语言。

（3）对配置管理的要求：开放式软件平台必须支持组件化控制实体的离线或在线配置，这些配置包括：加载和卸载组件化控制实体，建立组件化控制实体之间的连接，以及组件化控制实体的移植。

一般来说，现代制造控制系统都是由一些分布在不同位置的子系统构成的，而采用分布式对象技术实现控制系统，系统具有较好的自治性、松散耦合性和较高的可靠性。下面简单介绍一些主流分布式对象技术。

3.3.2 分布式对象技术

为了解决分布式环境中软件和硬件的异构问题，分布式对象技术应运而生。分布式对象技术主要采用分布对象屏蔽分布环境中异构的操作系统和网络协议，并提供通信平台[14]。当前主流分布式对象技术有 CORBA、Java/RMI 与 J2EE 架构、COM/DCOM、Web Services 技术等，下面逐一进行介绍。

3.3.2.1 CORBA（Common Object Request Broker Architecture）[14,146]

CORBA（公共对象请求代理体系结构）是 OMGs 制订的一个分布式环境的参考模型，是描述分布式异构环境中对象互操作的技术规范，设计遵循 OMGs 的对象模式。应用程序由对象组成，对象的互操作采用客户机/服务器模式。对象的接口采用 IDL 来描述。客户对象可以根据 IDL 接口描述的信息决定如何请求和得到相应，从而实现客户机和服务器的位置无关性。ORB（对象请求代理，Object Request Broker）使对象在分布式环境中透明地收发请求和响应，构造分布式对象应用，是应用在不同层次的异构互操作的基础。

3.3.2.2　COM（Component Object Model）/DCOM（Distributed Component Object Model）[147]

COM/DCOM 组件引入了对象的思想，以接口的方式向外提供服务。一个 COM/DCOM 对象必须至少提供并实现一个称为 IUnknown 的接口。在 COM/DCOM 中，客户与组件、组件与组件间都是通过接口进行通讯从而封装了组件的内部实现。COM 定义了在一台计算机上 COM 组件、客户之间的通信和相互协作的规范。DCOM 是 COM 的无缝扩展，提供了一种应用程序级的面向对象的远程调用协议，更有效地支持分布在 LAN、WAN 甚至 Internet 中的不同计算机上的 COM 组件对象、客户间的通信和协作，将组件位置透明性扩展到网络范围。

3.3.2.3　Java/RMI 与 J2EE 架构[148]

Java/RMI（Remote Method Invoke）是 Sun 公司提出的分布式对象模型，用于构建小型的分布式系统。Java/RMI 是 Java 平台的远程方法调用协议，能使不同 Java 虚拟机上的对象实现互操作。J2EE 是 Sun 公司提出的分布式环境的一种标准的体系结构，它提供了一种基于组件的设计、开发、集成、部署企业应用系统的方法。

3.3.2.4　Web Services 技术[149-151]

Web Services 规范可以从多个角度来定义。技术上，Web Services 是可以被 URI 识别的应用软件，其接口和绑定采用 XML 描述和发现，可与其他基于 XML 消息的应用程序交互。功能上，Web Services 是一种新型的 Web 应用程序，具有自包含、自描述以及模块化等特点，可以通过 Web 发布、查找和调用。

Web Services 采用 SOA（面向服务的架构，Service - oriented Architecture）模型作为它的体系结构，因此 Web Services 基于三种角色（服务提供者、服务中介和服务请求者）之间的交互，涉及发布、查找和绑定操作。这些角色和操作一起作为 Web Services 构件。Web Services 用一系列协议来完成这些操作。操作过程为：首先，服务提供者所能提供的服务接口用 WSDL 和 WSFL 描述出来，然后使用 UDDI 在服务中介者处将这些服务接口进行注册；服务中介者则使用 UDDI 注册这些服务接口，并接受服务请求者的查询；服务请求者通过使用 UDDI 在服务中介者处查询，得到所需的服务接口的描述文件，然后绑定到这些服务，最终完成调用。参与者之间的这三种操作都采用 SOAP（Simple Object Access Protocol）完成。

Web Services 技术具有如下特点：① 完整的封装性；② 松散耦合；③ 使用协议的规范性；④ 使用标准协议规范；⑤ 高度可集成能力；⑥ 平台的开放性。

Web Services 利用标准网络协议和 XML 数据格式进行通信，涉及 XML、SOAP、WSDL、UDDI 等一系列相关规范。下面分别进行介绍。

（1）XML

XML（eXtensible Markup Language）是目前全球范围内用于描述数据和交换数据的一种标准的方式。1996 年，W3C 开始设计一种可扩展标记语言，期望将 SGML 的灵活性和强大功能与已经被广泛采用的 HTML 结合起来，后来就产生了 XML 语言。XML 是 SGML 的最小完备子集，继承了 SGML 的强大功能。目前使用 XML 进行数据交换已成为计算机软件领域的标准技术模式。

（2）SOAP

SOAP（Simple Object Access Protocol，简单对象访问协议）由 W3C 公布推荐，目的是能够使模块层以一种开放的、自说明的、统一的方式进行集成和交互，有助于实现大量异构程序和平台之间的互操作性，从而使存在的应用能被广泛的用户所访问。SOAP 主要由四部分组成：SOAP 信封（Envelop）、SOAP 编码规则（Encoding Rules）、SOAP RPC 表示（RPC Representation）以及 SOAP 绑定（Binding）。SOAP 为在一个松散的、分布的环境中使用 XML 对等地交换结构化和类型化的信息提供了一个简单的轻量级机制。

（3）WSDL

WSDL（Web Services Description Language，Web 服务描述语言）是为分布式系统提供自动执行应用程序通信中所涉及细节的一种描述性文档，它将网络服务描述为能够进行消息交换的通信端点的集合，对这些服务在通信中所涉及的细节进行结构化描述。调用者可以通过接口界面了解通信所需知道的数据类型、消息结构、传输协议等信息，从而调用相关服务。WSDL 文档在 Web 服务的定义含有 definition、types、message、portType、binding、port、service 七种元素。

（4）UDDI

UDDI（Universal Description，Discovery and Integration，统一描述、发现和集成协议）标准本质上是为了解决当前在开发基于组件化的 Web 服务中所使用的技术方法无法解决的一些问题。UDDI 在逻辑上分为两部分：商业注册和技术发现。前者是用来描述企业及其提供的 Web 服务的一份 XML 文档，后者则定义了一套基于 SOAP 的注册和发现 Web Services 的编程接口。实现 UDDI 规范的站点被称为 UDDI 操作入口站点，这些站点通过复制（Replicate）机制保持彼此间的内容同步。因此这些站点在逻辑上被看作一个整体，这个整体就被称为 UDDI 商业注册中心。

（5）其他相关规范

以上所描述的是 Web Services 技术的核心规范。对于 Web Services 来说，W3C 等组织还制订了一些技术规范，对 Web Services 的安全性等方面进行了规范和保证，主要有 WS – Security（Web Services Security）、WSFL（Web Services Flow Language）和 WSCL（Web Services Conversation Language）等，这些规范和前面提到的三个核心规范组成了完整的 Web Services 技术框架。

3.3.3　面向服务的控制软件体系结构

基于上面描述的 Web Services 技术的优点及可重构风电设备制造单元控制系统的递阶分布式控制的要求，本书提出了面向服务的控制软件体系结构，如图 3 – 4 所示。

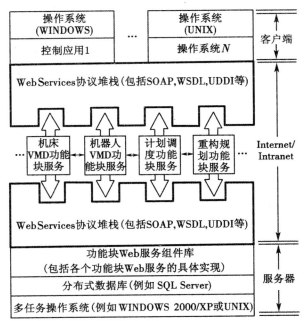

图 3 – 4　面向服务的风电设备制造单元控制软件体系结构

Fig. 3 – 4　Service – oriented control software architecture for manufacturing cell

该软件体系结构将面向服务的思想与功能块标准相结合，并采用 Web Services 作为功能块的实现技术。通过功能映射，上述集成框架中逻辑层面上的复合功能块体现为各种具体的功能块 Web 服务。底层是功能块 Web 服务组件库（包含各个功能块 Web 服务的具体实现）；Web Services 技术是整个体系结构的实现平台，其协议堆栈为客户端与服务器提供 Internet/Intranet 环境下的网络服务；采用 Web Services 的 WSDL 去描述功能块 Web 服务并发布到 UDDI 注册节点，然后，客户端控制应用可从 UDDI 注册节点发现需要的功能块 Web 服务并使用它们。此外，客户端与服务器通过 SOAP 相互通讯。

控制系统软件结构的主体是模块化 Web 服务组件，在此软件结构中主要规定了各 Web 服务组件的接口、互操作和相互合作的方式。所谓 Web 服务组件，是指在 Web Services 环境下能够完成特定任务的软实体。各 Web 服务组件在构建过程中，遵循 Web Services 的 Client/Server 接口标准。一方面，使开发出来的所有 Web 服务组件具有功能相同的标准报文传输结构；另一方面，以"即插即用"（plug – and – play）的方式将新增加的 Web 服务组件方便地集成到软件结构中去。对于具有具体控制功能的 Web 服务组件，必须在软件结构的基础上通过自身的设计方法完成（遵循 IEC 61499 标准及 MMS 协议的功能映射）。例如，机床 VMD 功能块 Web 服务组件中主要定义了机床 VMD 功能块 Web 服务组件与机器人 VMD 功能块 Web 服务组件、派送与监视功能块 Web 服务组件之间的报文传输接口、互操作和相互合作的方式。

上述分布式软件结构克服了集中式结构的控制软件缺少可重用性、可维护性差以及控制系统可靠性低等缺点。同层的各个实体之间通过基于 Web Services 的 Client/Server 的标准报文传输方式进行协同工作，降低了各个实体之间的耦合程度，从而使控制系统的各个实体具有局部自治能力。由于软件结构中各 Web 服务组件采用分布式对象的设计方法，一方面，使基于实例开发的控制系统软件功能代码具有可重用性；另一方面，简化了因采用集中式结构带来的控制软件的复杂性，而且提高了控制系统的可靠性和可维护性。

由于 Web Services 本质上建立在一系列基于 XML 的开放标准（WSDL、SOAP 及 UDDI）基础之上，IEC 61499 功能块标准与 Web Services 相结合可以给风电设备制造单元控制系统带来真正的与硬件平台、操作系统与编程语言无关的通讯能力，提高它的柔性、可重用性、可扩展性与互操作性。同时，软件结构本身具有可扩展性，再加上 Web Services 的动态发布、发现及绑定机制，风电设备制造单元控制系统具有动态的可重构性与集成能力。

基于复合功能块的可重构制造单元控制系统的应用软件实例开发建立在上述控制软件体系结构基础之上，是对各功能块 Web 服务组件的具体实现。对于不同构成的制造单元，其混合式控制系统的开发应用实例都可参照上述控制软件体系结构。

3.4　风电设备制造单元控制系统模型特性分析

在构建了系统模型以及软件体系结构的基础上，下面对所提出的基于复合功能块的可重构风电设备制造单元控制系统模型的特性进行分析。

首先，系统具有实时动态重构性能。功能块中的纯事件驱动机制给予了制造设备更多的自治能力，而 VMD 复合功能块中的资源调度功能块以及重构控制功能块则增强了系统响应的动态性、智能性。由于 Web Services 本质上基于 XML 技术，将 IEC 61499 功能块标准与 Web Services 中间件相结合可以为风电设备制造单元控制系统带来真正的平台无关、语言无关的通讯能力，提高其柔性及互操作性，从而为实现在网络环境下的动态配置与重配置奠定基础。

其次，该研究采用面向服务的原理通过 Web Services 中间件去实现功能块模型，并且结合 IEC 61499 功能块标准，提出了 VMD 复合功能块的概念。VMD 复合功能块被设计为具有明确外部接口的 Web 服务组件，可通过数据及事件流进行联结以形成复杂的复合功能块或子应用。这些功能块 Web 服务不仅可被制造控制应用远程调用，而且可被另外的或新的控制应用重用。根据位于服务器端的设备详细资料进行 VMD 功能块 Web 服务的定制化，位于客户端的客户应用独立于制造设备，提高了系统支持异质环境的能力。这样，系统集成商或工厂自动化专家可较容易地开发 VMD 复合功能块 Web 服务，因为他们只需关注设备控制器的详细资料，而不必过多了解控制系统的具体情况。通过这种方式，复杂的风电设备制造单元控制系统的集成问题可被简化为 VMD 复合功能块 Web 服务的定制化。

再次，系统具有优良的动态集成能力。在 Internet/Intranet 环境下，本书所提出的集成框架为风电设备制造企业信息集成提供了一个从设备层到管理层的综合解决方案。众所周知，Web Services 技术已经在企业上层信息系统集成方面取得了极大的成功。由于 Web Services 的性质，风电设备制造单元控制系统是点对点、松散耦合的，因此，该系统不仅支持底层设备之间的集成，而且支持底层设备与上层管理系统之间以"即插即用"方式的集成。这样，采用 Web Services 作为软件母板，可从设备控制层到管理层无缝地集成整个企业的软件系统,从而实现风电设备制造"管控一体化"。而且,由于 Web Services 的动态发布、发现以及绑定机制,风电设备制造单元控制系统具有动态集成能力。

最后,只要遵循 IEC 61499 功能块标准,通过更新或向库中添加新的功能块 Web 服务组件,风电设备制造单元控制系统的功能就很容易被扩展。同时,制造知识库中的决策规则也非常便于扩展。风电设备制造单元控制系统建立在使用 TCP/IP 与 HTTP 协议的 Web Services 堆栈之上,而 TCP/IP 与 HTTP 作为事实上的计算机网络通讯标准,价格非常便宜。本书将面向服务的软件设计理念引入风电设备制造单元控制系统开发,所以,风电设备制造单元控制系统具有简单性、开放性与通用性,且设计开发成本低廉,而且,IEC 61499 功能块标准与 Web Services 中间件的结合支持实制造设备入网,因此,风电设备制造单元控制系统有潜力扩展到许多实际应用领域,例如 e – 诊断、e – 维护等。

3.5 本章小结

风电设备制造服务系统研究包含风电设备制造子系统与风电设备服务子系统两大部分。其中,风电设备制造子系统由若干个制造单元构成。控制系统是风电设备制造单元的核心,也是风电设备制造子系统的研究重点,风电设备制造单元控制系统体系结构是风电设备制造子系统体系结构的重要组成部分。

本章以风电设备制造单元控制系统具有模块性、可维护性、可重用性、开放性和可重构性为目标,主要对控制体系结构以及软件结构进行了论述。首先提出了通用 VMD 复合功能块模型,并构建了基于复合功能块的风电设备制造单元混合式控制体系结构,同时对可重构制造单元混合式控制系统的组成、体系结构特点进行了论述。阐述了风电设备制造单元重构控制与执行控制的并行执行过程。然后通过分析、对比现存分布式对象技术的优缺点,建立了面向服务的控制系统软件结构。最后,在构建了系统模型以及软件体系结构的基础上,对所提出的基于复合功能块的可重构风电设备制造单元控制系统模型的特性进行了分析。

第 4 章 可重构风电设备制造单元 控制系统动态建模

控制系统是制造单元的重要组成部分，它直接决定了制造单元的可靠性和鲁棒性。建立一个健全的制造单元控制系统动态模型，不仅可降低制造单元控制软件的开发成本，同时还可减少控制软件的设计错误。

基于复合功能块的可重构风电设备制造单元控制系统是一个涉及多种过程、多种行为和多种对象的复杂系统，具有离散性、随机性和多层次性等特点，对其进行动态建模面临很大的挑战。针对现有的功能块应用系统建模方法存在的不足，本书将面向对象着色 Petri 网技术融入到 NCES 模型中，提出了面向对象着色 NCES（OCNCES）建模方法。OCNCES 模型方法不仅能够弥补 NCES 建模时的不足，而且可简洁地表示出制造过程的各种制造资源、加工对象和制造过程的各种约束，并有效地将复杂过程模型转变成具有模块性以及模块之间具有关联性的模型。

4.1 OCNCES 的定义

从面向对象的角度来看，一个风电设备制造单元是由一系列 VMD 复合功能块对象组成的。每一 VMD 复合功能块对象（如机床 VMD 复合功能块对象）都有自己的特性，这些特性由它的操作、属性或状态（如开始加工/加工/结束加工）来描述。一个实时控制系统就是对风电设备制造单元中不同的 VMD 复合功能块对象的各种行为进行协调和控制。本书定义了面向对象着色 NCES（Object – oriented Colored NCES，OCNCES）模型。OCNCES 模型主要由相互通讯的 VMD 复合功能块对象所对应的对象库所集（VFBOPS）和它们间的联系变迁集（R）以及与联系变迁相关联的着色托肯集（C）组成，其数学表达式定义如下：

$$OCNCES = (VFBOPS, R, C, I, O, M^0) \qquad (4-1)$$

其中：

VFBOP^i = 模型中与 VMD 复合功能块对象相对应的对象库所（$i = 1$，2，…，m）；

VFBOPS = {VFBOP^i, $i = 1$, 2, …, m}，表示系统中的 VMD 复合功能块对象库所集；

R = {SI^1, SI^2, …, SI^n}，表示系统中的服务接口复合功能块集合，传递各 VMD 复合功能块对象库所间关系的消息；

SI^j = 服务接口功能块 j（$j = 1$，2，…，n）；

C（VFBOP^i）= 与 VMD 复合功能块对象库所 i = {cvp^{i1}，cvp^{i2}，…，cvp^{iu}}关联的着色托肯集，u 表示 VMD 复合功能块对象库所 VFBOP^i 具有的托肯类型；

C（SI^j）= 与服务接口功能块 j = {csi^{j1}，csi^{j2}，…，csi^{jv}}关联的着色托肯集，v 表示服务接口功能块 SI^j 具有的托肯类型；

I（VFBOP^i，SI^j/csi^{jv}）= 从对象库所 VFBOP^i 连接到具有触发着色托肯 csi^{jv} 服务接口功能块 SI^j 的一个圆弧传递函数；

O（VFBOP^i，SI^j/csi^{jv}）= 从具有触发着色托肯 csi^{jv} 服务接口功能块 SI^j 连接到对象库所 VFBOP^i 的一个圆弧传递函数；

M^0 = [M（VFBOP^i）]$^{m \times 1}$（$i = 1$，2，…，m），表示 OCNCES 模型的初始状态标识，M（VFBOP^i）为 VMD 功能块库所 i 所具有的着色托肯 C（VFBOP^i）。

在风电设备制造单元控制系统的 OCNCES 模型中，每个对象库所 VFBOP^i（$i = 1$，2，…，m）对应于一个 VMD 复合功能块；根据风电设备制造单元的实际零件流或重构控制流特性，用服务接口功能块 SI^j（$j = 1$，2，…，n）以及与服务接口功能块相关联的输入传递函数 I（VFBOP^i，SI^j/csi^{jv}）、输出传递函数 O（VFBOP^i，SI^j/csi^{jv}）和着色托肯集 C（SI^j）= {csi^{j1}，csi^{j2}，…，csi^{jv}}来描述对象库所 VFBOP^i 和 VFBOP^j（$i \neq j$）之间的消息传递关系。在对象库所 VFBOP^i 中，着色托肯 C（VFBOP^i）= {cvp^{i1}，cvp^{i2}，…，cvp^{iu}}用来描述当前 VMD 功能块对象的状态。服务接口功能块 SI^j 仅在当容纳在服务接口功能块 SI^j 的所有输入对象库所 VFBOP^i 中的有效着色托肯数大于或等于输入传递函数 I（VFBOP^i，SI^j/csi^{jv}），即 M（ONCEM^i）≥ I（VFBOP^i，SI^j/csi^{jv}）时，才被触发。

在 OCNCES 模型中，VMD 功能块对象的动态行为表现为内部活动变迁和外部消息传递，可用 ONCEM 模型进行描述。前者由状态库所和活动变迁表示，后者通过各对象中负责发送和接收消息的库所获得。VMD 功能块对象库所 VFBOP^i 的内部动态行为的数学描述如下：

$$ONCEM^i = (P^i, T^i, IM^i, OM^i, F^i) \qquad (4-2)$$

其中：

P^i = VMD 复合功能块对象库所 i 中的状态库所集合，$P^i = EP^i \cup RP^i$，EP^i 为执行控制库所集合，RP^i 为重构控制库所集合；

T^i = VMD 复合功能块对象库所 i 中的活动变迁集合，$T^i = ET^i \cup RT^i$，ET^i 为执行控制变迁集合，RT^i 为重构控制变迁集合；

IM^i = VMD 复合功能块对象库所 i 中输入消息库所集合，$IM^i = IEM^i \cup IRM^i$，IEM^i 为输入执行控制消息库所集合，IRM^i 为输入重构控制消息库所集合；

OM^i = VMD 复合功能块对象库所 i 中输出消息库所集合，$OM^i = OEM^i \cup ORM^i$，OEM^i 为输出执行控制消息库所集合，ORM^i 为输出重构控制消息库所集合；

F^i = VMD 复合功能块对象库所 i 中的活动变迁和状态/消息库所间的输入输出函数，$P^i \times T^i \rightarrow \{0, 1\}$，$IM^i \times T^i \rightarrow \{0, 1\}$，$OM^i \times T^i \rightarrow \{0, 1\}$。

VMD 复合功能块对象 i（$i = 1, 2, \cdots, m$）的内部动态行为通过状态库所 P^i 和活动变迁 T^i 来描述。可重构风电设备制造单元控制系统中 VMD 复合功能块对象库所 VFBOP^i 内部动作的执行时刻 T^i 由相应的输入消息库所 IM^i 从其他 VMD 复合功能块对象库所处收到消息的时间决定。某类特殊动作的执行顺序由 F^i，即 VMD 复合功能块对象库所 VFBOP^i 中 P^i，T^i，IM^i 和 OM^i 的输入输出关系决定。只有当发送对象库所的输出消息库所 OM^i 中有标识（token）、R 的连接门 SI^j 开启后，输入消息库所 IM^i 才能触发。一个连接门是否开启由控制/决策对象根据控制/决策规则决定。

在可重构风电设备制造单元控制系统中，为了更详尽地描述各 VMD 复合功能块之间的信息传递过程，下面进一步定义服务接口功能块 SI^j 的组成元素及内在关系。其数学定义式如下：

$$SI^j = (SIIM^j, SIOM^j, SIH^j) \qquad (4-3)$$

其中：

$SIIM^j$ = 具有输出 $SI^j = \{siim^{j1}, siim^{j2}, \cdots, siim^{je}\}$ 的不同 VMD 复合功能块对象库所中的输入消息库所集合，e 表示连接输入消息库所和 $siim^{jl} \in \{IM^i \mid i = 1, 2, \cdots, m\}$ 的数量，$l = 1, 2, \cdots, e$；

$SIOM^j$ = 具有输入 $SI^j = \{siom^{j1}, siom^{j2}, \cdots, siom^{jf}\}$ 的不同 VMD 复合功

能块对象库所中的输出消息库所集合，f 表示连接输出消息库所和 $siom^{il} \in$
$\{OM^i \mid i = 1, 2, \cdots, m\}$ 的数量，$l = 1, 2, \cdots, f$；

$SIH^j = (SIP^j, SIT^j, SIS^j)$，表示对服务接口功能块 SI^j 的分层描述；

$SIP^j =$ 包含在服务接口功能块 SI^j 中的状态库所集合，$SIP^j = SIEP^j \cup SIRP^j$，$SIEP^j$ 表示在 SI^j 中的执行控制库所集合，$SIRP^j$ 表示在 SI^j 中的重构控制库所集合；

$SIT^j =$ 包含在服务接口功能块 SI^j 中的活动变迁集合，$SIT^j = SIET^j \cup SIRT^j$，$SIET^j$ 表示在 SI^j 中的执行控制变迁集合，$SIRT^j$ 表示在 SI^j 中的重构控制变迁集合；

$SIS^j = SIP^j \times SIT^j \rightarrow \{0, 1\}$，表示在 SI^j 中的每个活动变迁的输入输出函数。

4.2 通用 VMD 复合功能块的 ONCEM 建模

在基于复合功能块的可重构风电设备制造单元控制系统完整的 OCNCES 模型转化为系统控制软件之前，必须对其模型进行死锁分析。首先对各个 VMD 复合功能块的 ONCEM 模型和完整的 OCNCES 模型进行死锁分析，确定各模型不存在死锁的现象。如果上述模型分析中存在死锁事件，则必须对实时控制系统中的 ONCEM 模型或 OCNCES 模型进行修正，直至 ONCEM 模型和 OCNCES 模型不发生死锁事件。

4.2.1 基于 VMD 复合功能块的风电设备制造单元仿真模型

风电设备制造单元中的各物理对象的操作既具有独立性，同时它们之间又具有密切的关联性，整个风电设备制造单元的运作是通过各物理对象相互协调动作来完成的。为了分析各物理对象之间的联系及实时控制系统的功能，必须构造与各物理对象相关联的功能模型，功能模型将用物理对象所执行的生产活动间的信息流来描述输入/输出关系。

下面以一个风电设备制造单元（见图 4-1）为研究对象，通过遵循 IEC 61499 功能块标准的功能映射，构建了基于 VMD 复合功能块的风电设备制造单元仿真模型，如图 4-2 所示。它包括两台机床 VMD 复合功能块对象（Machine 1 与 Machine 2）及两个缓冲区 VMD 复合功能块对象（Buffer 1 与 Buffer 2），上述 VMD 复合功能块共享一个机器人 VMD 复合功能块对象 Robot 1。此外，一台主控计算机负责控制整个系统及监视所有 VMD 复合功能块对象的运行情况。

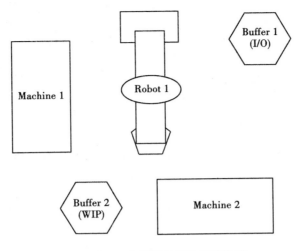

图 4 − 1   一个制造单元的布局模型

Fig. 4 − 1   Layout model of a manufacturing cell

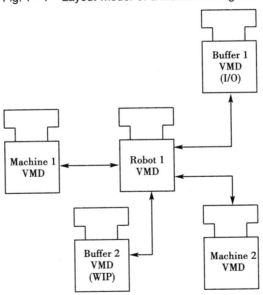

图 4 − 2   基于 VMD 复合功能块的风电设备制造单元仿真模型

Fig. 4 − 2   Manufacturing cell simulation model based on VMD composite function block

如图 4 − 2 中所述，通用 VMD 复合功能块包含三个基本功能块：执行控制功能块、资源调度功能块以及重构控制功能块。图 4 − 3 描述了通用机器人 VMD 执行控制功能块，其中 Init（）、Load（）及 Unload（）分别为设备控制函数集。对上述 VMD 复合功能块的建模，是风电设备制造单元控制系统动态建模的基础。

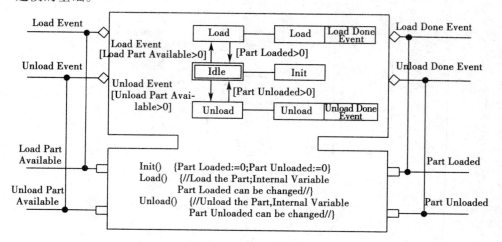

图 4 - 3　通用机器人 VMD 执行控制功能块

Fig. 4 - 3　The general robot VMD execution control function block

4.2.2　ONCEM 建模方法

本书对 A. Luder 等人提出的单个功能块网络条件/事件模块（NCEM）建模方法[94]加以改进，将面向对象技术引入 NCEM 建模，提出了基于面向对象的网络条件模块（ONCEM）的功能块建模方法。具体步骤如下：

（1）首先对各个基本功能块进行 NCEM 建模，即对各个基本功能块的执行控制表（ECC）内部状态和变迁、ECC 中变迁执行、与激发事件以及输入数据相关联的算法执行以及由于算法执行而改变的内部变量分别进行建模。具体方法如下：

① ECC 内部状态和变迁的建模。

ECC 内部的一个状态的特征通过该状态内的两个主要行为阶段所描述。如果某个状态是活的，那么，与该状态相关联的算法组，将按照一个特定的次序执行。算法执行完毕，该状态将保持直到它的某一个后继变迁发生，所以必须采用两个独立的库所对这两个行为阶段分别进行建模。由于 ECC 内部变迁的执行无须耗费时间，故多个变迁可仅通过 1 个变迁进行建模。根据上述情况，ECC 的"状态—变迁—系统"可通过转化成为一个"库所—变迁—库所"系统进行建模。

② ECC 中变迁执行的建模。

如果与变迁相关联的输入事件以及变迁守护条件为真，ECC 变迁将被执行。因此，输入事件和变迁守护条件都需要进行建模。输入事件通过一个具有输入事件与输入事件弧的输入事件信号进行建模。

变迁守护条件由与内部变量相关的逻辑条件以及外部数据信号组成，通过转换输入数据信号为条件输入以及条件输入弧，并且将内部变量转换为来自建模内部变量的库所的条件弧进行建模。描述输入数据信号的二元特性比较容易，方法如下：表示 1 个守护条件的 1 个变量可通过 1 个单独的库所进行建模，如果守护条件满足，该库所将拥有 1 个托肯。

③ 算法执行的建模。

如果与算法组相关联的状态被激活，该组算法将按照某一个固定的次序执行。如果它们执行完毕，那么，与这些算法相关联的事件将被激发。

为了对上述行为进行建模，必须建立从这些算法的活动到一个状态活动的直接链接。这可通过构建一个条件弧来实现，该条件弧从算法所关联状态执行的库所指向代表算法执行开始的变迁。此外，对于算法执行的次序也要建模。具体来说，通过一个库所与变迁循环来实现：一个库所用于表示等待算法执行开始，一个库所集用于表示该组内各个算法的执行，一个库所用于表示所有算法执行完毕。消耗了 1 个托肯的那个变迁，表示所有算法执行完毕，并将该托肯置于表示等待算法执行开始的库所，同时将该变迁与那个用于区分所有算法执行的变迁相连接。所有被调用事件将通过从表示所有算法执行结束的变迁流出的事件弧来进行建模。

④ 与算法执行相关联的内部变量的建模。

作为变迁守护条件一部分的内部变量，在算法执行过程中，其值有可能发生变化。这种情况可通过将表示内部变量的库所与若干变迁相连接进行建模，这些变迁的使能依赖于表示某个算法执行库所的活性。与内部数据相连接的输出数据，通过使用数据输出和来自表示内部数据的单独库所的输出条件弧进行建模。

（2）然后利用功能块可嵌套递归的特性，将各个相关联的基本功能块 NCEM 模型进行连接，得到复合功能块 NCEM 模型。

基本功能块之间通过事件/数据信号进行连接的建模过程相对比较简单。本质上，事件连接等同于事件连接弧，而数据信号连接等同于条件连接弧。基本功能块 NCEM 模型之间的连接也将通过事件/条件连接弧的方式进行建模。

（3）最后将复合功能块 NCEM 模型与面向对象技术相结合，构造出各个复合功能块相应的 ONCEM 模型，具体的构造规则为：

构造规则 1：将复合功能块 NCEM 模型中的普通状态库所和普通变迁直接

转换为 ONCEM 模型中相应的状态库所和变迁。

构造规则 2：变迁守护条件适当增加辅助状态库所，删除不必要的守护条件；为了分析方便，在库所以及变迁间基本逻辑关系不变的前提下，可进行局部适当的调整，使模型结构更加清晰明了。

对于有外部输入信息流的内部活动，增加一个输入消息库所，并与该内部活动相对应的内部变迁相连。同样，对于有向外部输出信息流的内部活动，增加一个输出消息库所，并与该内部活动相对应的内部变迁相连，构造出每个复合功能块相应的 ONCEM 模型的输入/输出消息库所，具体的构造规则为：

构造规则 3：对于具有某些外部输入信息流的活动规则，要加入一个输入消息库所把这个活动连接起来。

构造规则 4：对于具有某些输出信息流要送到外部对象的任何活动，需要用一输出消息库所把这一活动和输出对象相连。

ONCEM 建模方法在复合功能块的内部保留了 NCEM 模型的功能和优点（如可嵌套递归的特性），对外用面向对象技术进行封装。如再辅之以着色 Petri 网技术，将非常有利于整个基于复合功能块的可重构风电设备制造单元控制系统 OCNCES 模型的构建与动态分析。

4.2.3 各个通用 VMD 复合功能块的 ONCEM 模型

基于复合功能块的可重构风电设备制造单元控制系统中所有控制活动均与各个通用 VMD 复合功能块有关，通用 VMD 复合功能块 ONCEM 模型的质量对整个风电设备制造单元控制系统构造的成功率影响很大。根据上述 ONCEM 建模方法，在确定了各通用 VMD 复合功能块的行为特征基础上，本书构造了基于实例的通用 VMD 复合功能块的 ONCEM 模型。

为了阐明通用 VMD 复合功能块 ONCEM 模型的特征，下面以风电设备制造单元仿真模型（如图 4-2 所示）为例进行说明。系统具有三个通用 VMD 复合功能块，它们分别是机器人、机床和缓冲区 VMD 复合功能块。各个通用 VMD 基本功能块 NCEM 模型以及复合功能块的 ONCEM 模型如图 4-4~图 4-23 所示。为了简洁起见，各 VMD 复合功能块 ONCEM 建模暂不考虑出现故障的情况。

下面以通用机器人 VMD 执行控制功能块的 NCEM 模型为例来描述其动态行为特征。模型中库所与变迁的定义如图 4-4 所示。在开始装载时，机器人 VMD 等待运行初始化函数（表示状态库所 EP101 具有 1 个托肯）。在先后触发

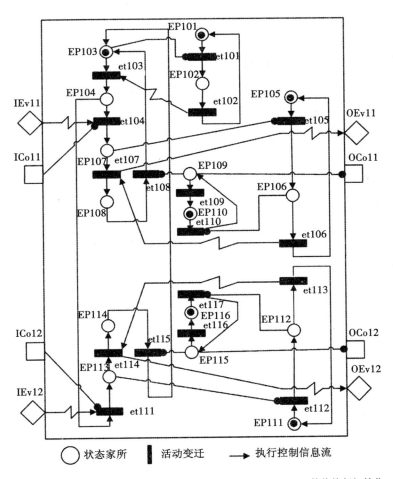

EP101：等待运行初始化函数　　EP102：正在运行初始化函数　　EP103：等待执行初始化
EP104：执行初始化完成状态　　EP105：等待运行装载函数　　　EP106：正在运行装载函数
EP107：装载进行中　　　　　　EP108：装载完成状态　　　　　EP109：获取装载输出变量值
EP110：未获取装载输出变量值　EP111：等待运行装载函数　　　EP112：正在运行卸载函数
EP113：卸载进行中　　　　　　EP114：卸载完成状态　　　　　EP115：获取卸载输出变量值
EP116：未获取卸载输出变量值　et101：开始运行初始化函数　　et102：结束运行初始化函数
et103：初始化已完成　　　　　et104：开始装载　　　　　　　et105：开始运行装载函数
et106：结束运行装载函数　　　et107：装载已完成　　　　　　et108：恢复到等待执行初始化状态
et109：未获取装载输出变量值　et110：获取装载输出变量值　　et111：开始卸载
et112：开始运行卸载函数　　　et113：结束运行卸载函数　　　et114：卸载已完成
et115：恢复到等待执行初始化状态　et116：未获取卸载输出变量值　et117：获取卸载输出变量值
IEv11：输入装载事件　　　　　IEv12：输入卸载事件　　　　　OEv11：输出装载完成事件
　　　（Load Event）　　　　　　　（Unload Event）　　　　　　　（Load Done Event）
OEv12：输出卸载完成事件　　　ICo11：输入装载条件　　　　　ICo12：输入卸载条件
　　　（Unload Done Event）　　　（外部变量 Part Available 1）　　（外部变量 Part Available 2）
OCo11：输出装载条件　　　　　OCo12：输出卸载条件
　　　（外部变量 Part Loaded）　　（外部变量 Part Unloaded）

图 4 –4　通用机器人 VMD 执行控制功能块的 NCEM 模型

Fig. 4 –4　The NCEM model of the general robot VMD execution control function block

了 et101、et102 和 et103 后，初始化完成（表示状态库所 EP104 具有 1 个托肯）。如果是机床 VMD 复合功能块 1 或机床 VMD 复合功能块 2 请求机器人装载零件，则此时，输入装载事件 IEv11（Load Event）以及装载条件 ICo11（外部变量 Part Available 满足变迁守护条件），et104 触发，表示开始装载。状态库所 EP107 具有 1 个托肯，表示装载进行中，而起初状态库所 EP105 具有 1 个托肯，表示等待运行装载函数，此时，et105 触发，表示开始运行装载函数。状态库所 EP106 具有 1 个托肯，表示正在运行装载函数（相应的设备控制函数集），此时，et110 触发，EP109 具有 1 个托肯，表示获取装载输出变量值，产生输出装载条件 OCo11（外部变量 Part Loaded）。然后，et106 触发，表示结束运行装载函数，et107 触发，表示装载已完成，产生输出装载完成事件 OEv11（Load Done Event）。EP108 具有 1 个托肯，表示处于装载完成状态，在 EP101 也具有 1 个托肯的前提下，et108 触发，表示恢复到等待执行初始化状态，则 EP103 具有 1 个托肯。此时，通用机器人 VMD 执行控制功能块的装载控制活动完成。通用机器人 VMD 执行控制功能块的卸载控制活动与之类似，不再赘述。通用机器人 VMD 复合功能块 ONCEM 模型的执行控制部分（图 4 – 5）承担机器人 VMD 复合功能块的执行控制功能。

通用机器人 VMD 资源调度功能块的 NCEM 模型中库所与变迁的定义如图 4 – 6 所示。起初，状态库所 RP101 具有 1 个托肯，表示等待进行资源调度。如果是机床 VMD 复合功能块 1 或机床 VMD 复合功能块 2 请求机器人进行重构或初始化，则此时，输入重构/初始化事件 IEv13（Reconfiguration/Initialization-Event）以及重构/初始化条件 ICo13（外部变量 Reconfiguration/Initialization 满足变迁守护条件），rt101 触发，表示开始资源调度，状态库所 RP104 具有 1 个托肯，表示资源调度进行中，而起初状态库所 RP102 具有 1 个托肯，表示等待运行资源调度函数，此时，rt102 触发，表示开始运行资源调度函数。状态库所 RP103 具有 1 个托肯，表示正在运行资源调度函数，此时，rt107 触发，RP106 具有 1 个托肯，表示获取资源调度输出变量值，产生输出资源调度条件（外部变量 Reconfiguration/Initialization）。然后，rt103 触发，表示结束运行资源调度函数，rt104 触发，表示资源调度已完成，产生输出资源调度完成事件 OEv13（Resource Scheduling Done Event）。RP105 具有 1 个托肯，表示处于资源调度完成状态，在 RP106 也具有 1 个托肯的前提下，rt108 触发，表示恢复到等待资源调度状态，则 RP101 具有 1 个托肯。此时，通用机器人 VMD 资源调度功能块的资源调度控制活动完成。

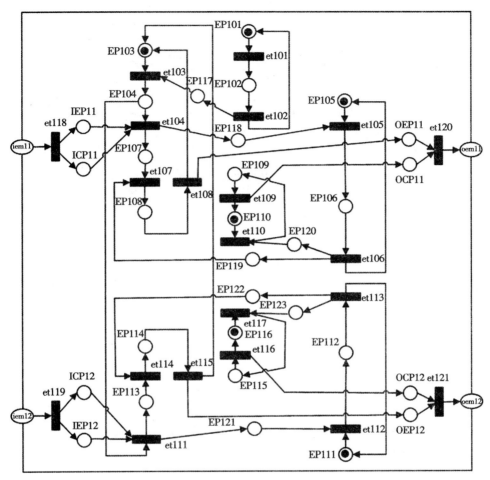

iem11:请求机器人装载零件消息　　iem12:请求机器人卸载零件消息　　oem11:完成装载零件消息　　oem12:完成卸载零件消息

IEP11:产生装载事件状态　　ICP11:获取外部变量状态　　IEP12:产生卸载事件状态　　ICP12:获取外部变量状态

OEP11:输出装载完成事件状态　　OCP11:输出外部变量状态　　OEP12:输出卸载完成事件状态　　OCP12:输出外部变量状态

et118:开始产生装载事件/条件　　et119:开始产生卸载事件/条件　　et120:产生装载已完成信息　　et121:产生卸载已完成消息

EP117:辅助状态库所　　　　　　EP118:辅助状态库所　　　　　　EP119:辅助状态库所

图 4 – 5　通用机器人 VMD 复合功能块 ONCEM 模型的执行控制部分

Fig. 4 – 5　The execution control part of the ONCEM model for the general robot VMD composite function block

　　通用机器人 VMD 重构控制功能块的 NCEM 模型中库所与变迁的定义如图 4 – 7 所示。起初，状态库所 RP108 具有 1 个托肯，表示等待进行重构/初始化控制。输入资源调度完成事件 IEv14（Resource Scheduling Done Event）以及资源调度完成条件 ICo14（外部变量 Resource Scheduling 满足变迁守护条件），

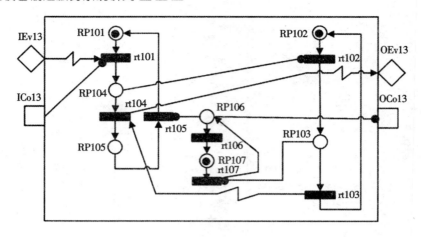

RP101：等待进行资源调度　　RP102：等待运行资源调度函数　　RP103：正在运行资源调度函数

RP104：资源调度进行中　　　RP105：资源调度完成状态　　　RP106：获取资源调度输出变量值

RP107：未获取资源调度输出变量值

rt101：开始资源调度　　　　　rt102：开始运行资源调度函数　　rt103：结束运行资源调度函数

rt104：资源调度已完成　　　　rt105：恢复到等待资源调度状态　rt106：未获取资源调度输出变量值

rt107：获取资源调度输出变量值

IEv13：输入重构/初始化事件（Reconfiguration/Inialization Event）

OEv13：输出资源调度完成事件（Resource Scheduling Done Event）

ICo13：输入重构/初始化条件（外部变量 Reconfiguration/Inialization）

OCo13：输出资源调度条件（外部变量 Resource Scheduling）

图 4 - 6　通用机器人 VMD 资源调度功能块的 NCEM 模型

Fig. 4 - 6　The NCEM model of the general robot VMD resource
scheduling function block

rt108 触发，表示开始重构/初始化控制，状态库所 RP111 具有 1 个托肯，表示重构/初始化控制进行中，而起初状态库所 RP109 具有 1 个托肯，表示等待运行重构/初始化函数，此时，rt109 触发，表示开始运行重构/初始化函数。状态库所 RP110（RP1100 表示正在运行构形初始化函数，RP1101 表示正在运行重构函数 1，…，RP110n 表示正在运行重构函数 n）具有 1 个托肯，表示正在运行某一个重构/初始化函数，此时，rt114 触发，RP113 具有 1 个托肯，表示获取重构/初始化控制输出变量值，产生输出重构/初始化条件（外部变量 Form Variable）。然后，rt110 触发，表示结束运行重构/初始化函数，rt111 触发，表示重构/初始化已完成，产生输出重构/初始化完成事件 OEv14（Reconfiguration/Initialization Done Event）。RP112 具有 1 个托肯，表示处于重构/初始化完成状态，在 RP113 也具有 1 个托肯的前提下，rt112 触发，表示恢复到等待重构/初始化控制状态，则 RP108 具有 1 个托肯。此时，通用机器人 VMD 重构/初始化控制功能块的重构/初始化控制活动完成。

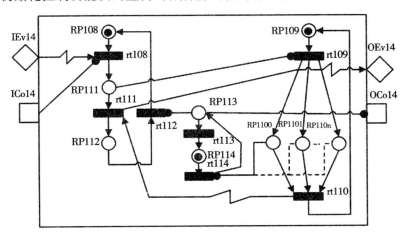

RP108：等待进行重构/初始化控制　　　RP109：等待运行重构/初始化函数

RP1100：正在运行构形初始化函数　　　RP1101：正在运行重构函数 1

RP110n：正在运行重构函数 n　　　　　RP111：重构/初始化控制进行中

RP112：重构/初始化控制完成状态　　　RP113：获取重构/初始化输出变量值

RP114：未获取重构/初始化输出变量值　rt108：开始重构/初始化控制

rt109：开始运行重构/初始化函数　　　rt110：结束运行重构/初始化函数

rt111：重构/初始化控制已完成　　　　rt112：恢复到等待重构/初始化控制状态

rt113：未获取重构/初始化控制输出变量值　rt114：获取重构/初始化控制输出变量值

IEv14：输入输出资源调度完成事件（Recoure Scheduling Done Event）

OEv14：输出重构/初始化完成事件（Reconfiguration/Initialization Done Event）

ICo14：输入重构/初始化条件（外部变量 Resource Scheduling）

OCo14：输出重构/初始化完成条件（外部变量 Form Variable）

图 4 – 7　通用机器人 VMD 重构控制功能块的 NCEM 模型

Fig. 4 – 7　The NCEM model of the general robot VMD reconfiguration
control function block

　　先将通用机器人 VMD 资源调度功能块与重构控制功能块进行组合（如图 4 – 8 所示），然后，构造通用机器人 VMD 复合功能块 ONCEM 模型的重构控制部分，该部分承担机器人 VMD 复合功能块的重构/初始化控制功能。值得注意的是，通用机床与缓冲区 VMD 复合功能块 ONCEM 模型的重构控制部分与通用机器人 VMD 复合功能块 ONCEM 模型的重构控制部分十分类似，仅是具体的资源调度函数及重构/初始化函数不同，形式完全相同。由于篇幅有限，这里不再赘述。

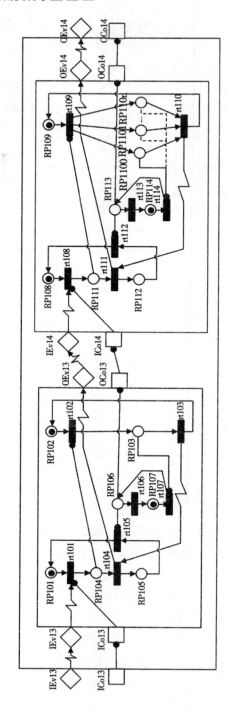

图 4-8 资源调度功能块与重构控制功能块的 NCEM 模型的组合

Fig. 4-8 The combination of the resource scheduling function block NCEM model and the reconfiguration control function block NCEM model

　　由于 OCNCEM 的建模方法借鉴了面向对象分析/面向对象的程序设计（OOA/OOP）思想，因此 OCNCEM 模型可以更方便地转化为面向对象的计算机程序代码类，从而为建立面向对象的仿真和控制软件提供必要条件。

　　在开发实时控制系统软件时，需要用各 VMD 复合功能块 ONCEM 模型来定义对象的动态特性。VMD 复合功能块 ONCEM 模型中状态库所、活动变迁、消息库所与 OO 模型中对象及对象属性、操作、联系的映射规则如下：

　　（1）活动变迁映射为 ONCEM 所表示的对象类的一个操作；

　　（2）状态库所映射为 ONCEM 所表示的对象类的一个属性；

　　（3）向外发送消息的消息库所映射为对象的一个消息操作；

　　（4）接受消息的消息库所映射为对象的一个消息属性。

　　以图 4 - 5 为例来描述其 ONCEM 模型与 OO 模型的映射关系，如图 4 - 9 ~图 4 - 13 所示，图中的外框为边界线，整个 ONCEM 为一个独立的对象，外框上的消息库所作为 VMD 复合功能块与其他 VMD 复合功能块联系的接口，外框内的状态库所和活动变迁表示 VMD 复合功能块的内部状态和特性。其他通用 VMD 复合功能块的 ONCEM 模型与 OO 模型的映射关系与通用机器人 VMD 复合功能块 ONCEM 模型类似，在此不再赘述。

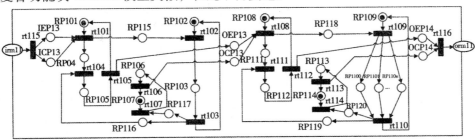

irm11：请求重构/初始化控制消息	orm11：重构/初始化控制已完成消息
IEP13：产生重构/初始化控制事件状态	ICP13：获取外部变量状态
OEP13：输出资源调度完成事件状态	OCP13：输出资源调度值状态
OEP14：输出重构/初始化完成事件状态	OEP14：构形变量已产生状态
rt115：开始产生重构/初始化控制事件/条件	rt116：产生重构/初始化控制已完成消息
RP115：辅助状态库所	RP116：辅助状态库所
RP117：辅助状态库所	RP118：辅助状态库所
RP119：辅助状态库所	RP120：辅助状态库所

图 4 - 9　机器人 VMD 复合功能块 ONCEM 模型中的重构控制部分

Fig. 4 - 9　The reconfiguration control part of the robot VMD composite function block ONCEM model

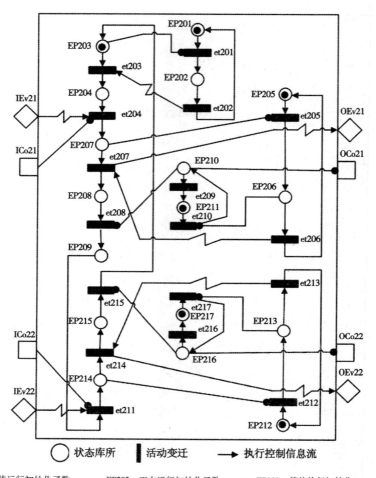

EP201：等待运行初始化函数　　EP202：正在运行初始化函数　　EP203：等待执行初始化
EP204：执行初始化完成状态　　EP205：等待运行准备加工函数　　EP206：正在运行准备加工函数
EP207：准备加工进行中　　　　EP208：准备加工完成状态　　　　EP209：未获取准备加工输出变量值
EP210：获取准备加工输出变量值　EP211：等待运行加工函数　　　　EP212：正在运行加工函数
EP213：加工进行中　　　　　　EP214：加工完成状态　　　　　　EP216：获取加工输出变量值
EP217：未获取加工输出变量值　　et201：开始运行初始化函数　　　et202：结束运行初始化函数
et203：初始化已完成　　　　　　et204：开始准备加工　　　　　　et205：开始运行准备加工函数
et206：结束运行准备加工函数　　et207：准备加工已完成　　　　　et208：恢复到等待执行初始化状态
et209：获取准备加工输出变量值　et210：未获取准备加工输出变量值　et211：开始加工
et212：开始运行加工函数　　　　et213：结束运行加工函数　　　　et214：加工已完成
et215：恢复到等待执行初始化状态　et216：未获取加工输出变量值　　et217：获取加工输出变量值
IEv21：输入准备加工零件　　　　IEv22：输入加工事件　　　　　　OEv21：输出准备加工完成事件
OEv22：输出加工完成事件　　　　ICo21：输入准备加工条件　　　　ICo22：输入加工零件
OCo21：输出准备加工完成条件　　OCo22：输出加工完成条件

图 4 – 10　通用机床 VMD 执行控制功能块的 NCEM 模型

Fig. 4 – 10　The NCEM model of the general machine VMD execution control
function block

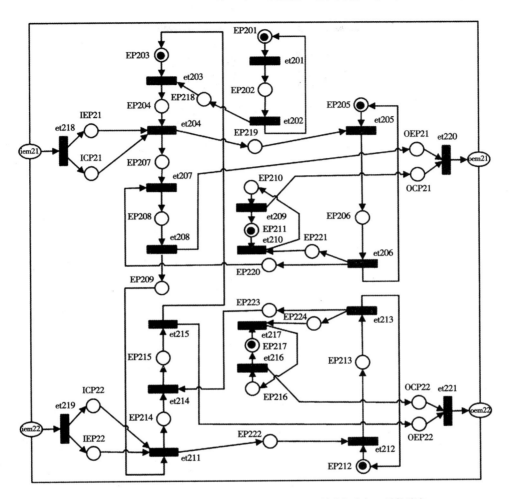

iem21：请求机床准备加工消息　　　iem22：请求机床加工零件消息

oem21：完成准备加工消息　　　　　oem22：完成加工零件消息

IEP21：产生准备加工零件状态　　　ICP21：获取外部变量状态

IEP22：产生加工事件状态　　　　　ICP22：获取外部变量状态

OEP21：输出准备加工完成事件状态　OCP21：输出外部变量状态

OEP22：输出加工完成事件状态　　　OCP22：输出外部变量状态

et218：开始产生准备加工事件/条件　et219：开始产生加工事件/条件

et220：产生准备加工已完成消息　　et221：产生加工已完成消息

EP218 ~ EP224：辅助状态库所

图 4 –11　通用机床 VMD 复合功能块 ONCEM 模型的执行控制部分

Fig. 4 –11　The execution control part of the ONCEM model for the general

machine VMD composite function block

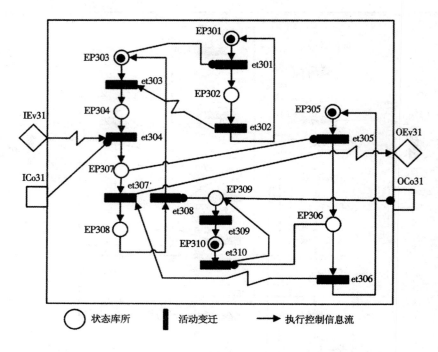

| 状态库所 | 活动变迁 | 执行控制信息流 |

EP301：等待运行初始化函数　　EP302：正在运行初始化函数　　EP303：等待执行初始化

EP304：执行初始化完成状态　　EP305：等待运行放置函数　　　EP306：正在运行放置函数

EP307：放置进行中　　　　　　EP308：放置完成状态　　　　　EP309：获取放置输出变量值

EP310：未获取放置输出变量值　et301：开始运行初始化函数　　　et302：结束运行初始化函数

et303：初始化已完成　　　　　et304：开始放置　　　　　　　et305：开始运行放置函数

et306：结束运行放置函数　　　et307：放置已完成　　　　　　et308：恢复到等待执行初始化状态

et309：未获取放置输出变量值　et310：获取放置输出变量值

IEv31：输入放置事件（Lay Event）

OEv31：输出放置完成事件（Lay Done Event）

ICo31：输入放置条件（外部变量 Part Available）

OCo31：输出放置条件（外部变量 Part Laid）

图 4 -12　　通用缓冲区 VMD 执行控制功能块的 NCEM 模型

Fig. 4 -12　The NCEM model of the general buffer VMD execution control function block

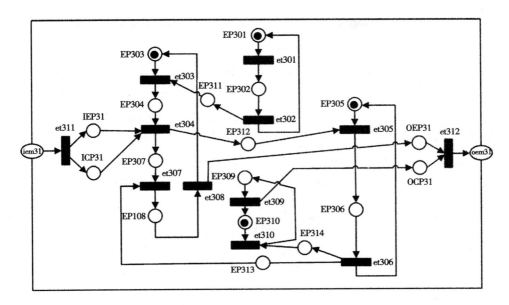

iem31：请求零件进入缓冲区消息　　　　oem31：请求零件从缓冲区取走消息

IEP31：产生放置事件状态　　　　　　　ICP31：获取外部变量状态

OEP31：产生放置完成事件　　　　　　　OCP31：产生放置完成条件

et311：开始产生放置事件/条件　　　　　et120：开始产生请求取走消息

EP311～EP314：辅助状态库所

图 4 – 13　通用缓冲区 VMD 复合功能块 ONCEM 模型的执行控制部分

Fig. 4 – 13　The execution control part of the ONCEM model for the general buffer
VMD composite function block

4.3　基于复合功能块的可重构风电设备制造单元控制系统的OCNCES 建模

　　上述所表述的各 VMD 复合功能块的 ONCEM 模型，对于特定风电设备制造单元中的相对应的 VMD 复合功能块具有通用性，即特定风电设备制造单元中的各 VMD 复合功能块可以通过继承通用 VMD 复合功能块 ONCEM 模型（超类 ONCEM 模型）来构造特定 VMD 复合功能块的 ONCEM 模型。在此基础上，可构造可重构风电设备制造单元控制系统的基本 ONCES 模型。首先，通过继承超类 ONCEM 模型构造各相应的 VMD 复合功能块 ONCEM 模型，同时将各 VMD 复合功能块封装成相应的 VMD 复合功能块对象库所。例如，通过继承通用机床 VMD 复合功能块对象的 ONCEM 模型中所有的活动变迁、状态库所和输入/输出消息库所，来构造出风电设备制造单元中特定型号机床的 ONCEM

模型。再次，通过相应的活动变迁的"或门"将制造单元中相关联的 VMD 复合功能块对象 ONCEM 模型的输入和输出消息库所连接起来，建立消息传递关系。门和逻辑"或"所组成的"或门"具有控制/决策功能，当输出消息库所有消息输出时，通过"或门"控制/决策后，将输出消息传送到相应接收消息的 VMD 复合功能块对象的 ONCEM 输入消息库所中。基于功能块的可重构制造单元控制系统的基本 ONCES 模型见图 4 – 14。图 4 – 14 中，各特定 VMD 复合功能块对象的 ONCEM 的输入/输出消息库所 iem^{ja}/oem^{jb} 以及 irm^{ja}/orm^{jb} 类似于通用 VMD 复合功能块对象的 ONCEM 模型说明，可分别参见图 4 – 5、图 4 – 11、图 4 – 13。

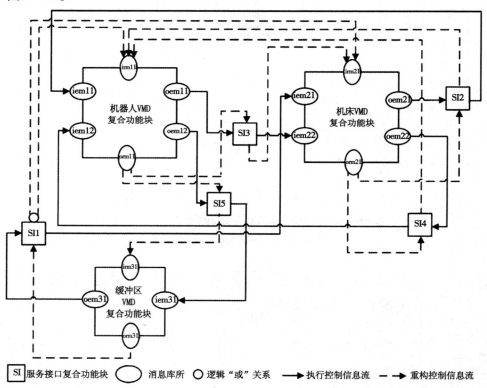

图 4 – 14　基于功能块的可重构制造单元控制系统的基本 ONCES 模型

Fig. 4 – 14　The basic ONCES model for reconfigurable manufacturing cell control system based on function block

输出消息库所中的消息通过服务接口功能块 SI^j（$j=1$，2，3，4，5）和逻辑"或"的触发变迁到输入消息库所。SI 是一种服务接口复合功能块，这里为了分析简便起见，直接给出其简化的功能模型，如图 4 – 15 和图 4 – 16 所

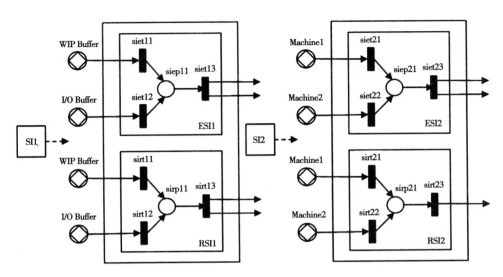

siep11：执行服务接口功能块 ESI1 的内部状态库所　siep21：执行服务接口功能块 ESI2 的内部状态库所

sirp11：重构服务接口功能块 RSI1 的内部状态库所　sirp21：重构服务接口功能块 RSI2 的内部状态库所

图 4 – 15　服务接口复合功能块 SI1 和 SI2 的功能模型

Fig. 4 – 15　The function models for service interface composite function block SI1 and SI2

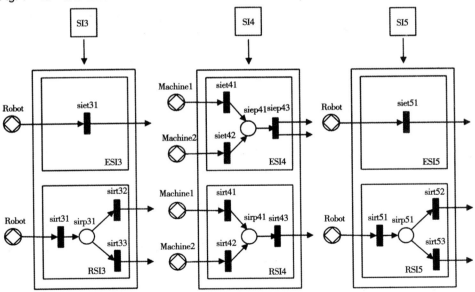

sirp31：重构服务接口功能块 RSI3 的内部状态库所　siep41：执行服务接口功能块 ESI4 的内部状态库所

sirp41：重构服务接口功能块 RSI4 的内部状态库所　sirp51：重构服务接口功能块 RSI5 的内部状态库所

图 4 – 16　服务接口复合功能块 SI3、SI4 和 SI5 的功能模型

Fig. 4 – 16　The function models for service interface composite function block

SI3，SI4 and SI5

示，其包含一个执行服务接口功能块（ESI）和一个重构服务接口功能块（RSI）。通过服务接口功能块（SI）的"或门"（OR Gate），将所有相关 VMD 复合功能块的 ONCEM 消息位置的逻辑关系连接起来，建立消息传递网，就可得到风电设备制造单元控制系统的基本 ONCES 模型。

4.3.1　风电设备制造单元控制系统执行控制部分的动态建模

上述所构造的基本 ONCES 模型执行控制部分着重描述了风电设备制造单元中各 VMD 复合功能块的内部动态特性和各 VMD 复合功能块之间的消息传递关系。在 VMD 复合功能块 ONCEM 模型内部，分别考虑执行控制与重构控制信息流。对整个系统而言，重构控制流仍是信息流，而执行控制流则是以动作链标识的物流。VMD 复合功能块作为一个整体对象，通过功能映射，代表风电设备制造单元中的一个物理对象。本书通过着色动作链，描述 VMD 复合功能块的执行控制流程。对于一个完整的 OCNCES 模型的执行控制部分，除了基本模型具有的功能外，还必须能清晰地描述各类着色托肯（各类不同工艺路径零件）在模型中的动态行为。

通过继承基本 ONCES 模型执行控制部分来构造完整的 OCNCES 模型执行控制部分的过程归纳如下：

（1）为了清晰地表达"或门"的输入/输出的触发条件，将由基本 ONCES 模型中的逻辑或及门组成的"或门"用执行服务接口功能块 ESI 来描述。同时将 ESI 进一步分解成多个状态库所及输入/输出活动变迁。

（2）将基本 ONCES 模型中各 VMD 复合功能块的 ONCEM 模型与执行服务接口功能块 ESI 之间的消息传递关系，描述为 VMD 复合功能块对象库所 VFBOP^i 与 ESI 内部活动变迁之间的消息传递关系。

（3）根据各类不同工艺路径零件 x（$x = 1$，2，$\cdots$，X；X 为不同工艺路径零件种类的总数）的工艺流程，将零件工艺流程中的各动作链的动作用着色托肯 C^{xr} 来描述（$r = 1$，2，$\cdots$，w^x；w^x 为不同工艺路径零件种类 x 的所有动作链的动作）。

（4）根据零件的各动作链所分配到的着色托肯，定义与 VMD 复合功能块对象库所关联的着色托肯集 C（VFBOP^i）。

（5）定义与活动变迁关联的着色托肯集 C（ESI^j）及输入圆弧传递函数 I（VFBOP^i, ESI^j/cesi^{iv}）和输出圆弧传递函数 O（VFBOP^i, ESI^j/cesi^{iv}）的着色托肯集。具体过程如下：

（a）首先从 X 类零件中选取一种零件，即 $x = 1$；

（b）选取动作链中的第一个动作，即 $r = 1$；

（c）顺序选取与零件 x 的动作链动作相关联的着色托肯对（C^{xr}，C^{xr+1}），确定其所分配到的 VMD 复合功能块对象库所（$\text{VFBOP}^{i'}$，$\text{VFBOP}^{i''}$）；

（d）按照步骤（3）所描述的 VMD 复合功能块对象库所与活动变迁之间的消息传递关系，将与 ESI 内部活动变迁相对应的两个 VMD 复合功能块对象库所（$\text{VFBOP}^{i'}$，$\text{VFBOP}^{i''}$）连接起来；

（e）确定托肯集，其中 $C(\text{ESI}^j) = \{C^{xr}\}$，$I(\text{VFBOP}^{i'}, \text{ESI}^j/cesi^{iv}) = C^{xr}$，$O(\text{VFBOP}^{i''}, \text{ESI}^j/cesi^{iv}) = C^{xr+1}$；

（f）确定完 $r = 1$ 的托肯分配后，回到步骤（c）确定 $r = r + 1$ 的托肯分配，直至最后一个动作链动作的托肯分配完毕；

（g）重复上述（b）～（e）过程，直至所有不同工艺路径的零件种类的相应托肯集分配完毕。

为了说明上述构造 OCNCES 模型的过程，以如图 4－14 所示的一个风电设备制造单元基本 ONCES 模型作为继承的基本 ONCES 模型。从图 4－14 中可知，连接 VMD 复合功能块对象库所之间的消息传递的执行服务接口功能块 ESI 的输入/输出都存在着逻辑或的关系，故所有"或门"必须用递阶活动变迁 ESI 来描述。ESI 进一步分解成一个状态库所和与之相连的一个输出及多个输入的普通活动变迁的分解图，见图 4－15 与图 4－16。图 4－14 中没有考虑任何特定的零件工艺流程。为了充分描述风电设备制造单元中各 VMD 复合功能块对象的动态行为，必须将零件的加工工艺流程考虑进 OCNCES 模型。完整的 OCNCES 模型的初始化控制部分如图 4－17 所示，它的执行控制部分如图 4－18 所示。在加工时，零件的工艺流程表现为风电制造单元中各物理对象（对应于风电设备制造单元仿真模型中的 VMD 复合功能块）执行动作的动作链。每个动作链的动作用各不相同的着色托肯来描述，动作链的动作与着色托肯成一一对应关系。在通常情况下，该制造单元两台机床加工零件时具有两种不同的工艺流程，现分别以零件 A、零件 B 来代表。两种零件的动作链的动作与其相对应的着色托肯及相应的所在 VMD 复合功能块对象的位置分别见表 4－1 与表 4－2。例如，与零件 A 动作链的动作相对应的着色托肯的流向为：A1→A2→A3→A4→A5→A6→A7→A8→A9→A10→A11。每个着色托肯与 VMD 复合功能块库所之间的联系可通过各零件的动作链的动作来确定，它们之间的对应关系见表 4－1 与表 4－2。

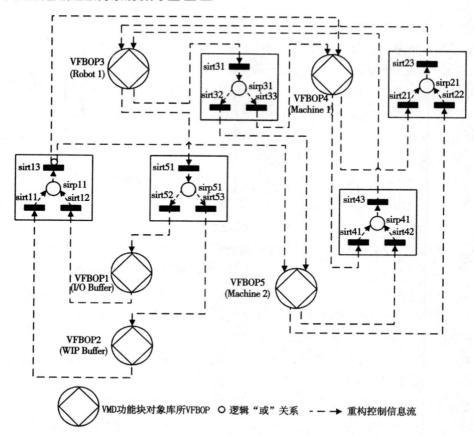

图 4 –17　构形 1 的 OCNCES 模型的初始化控制部分

Fig. 4 –17　The initialization control part of the OCNCES model for form 1

表 4 –1　　　　　　　　　零件 A 动作链动作的描述

Tab. 4 –1　　　　　　　　**Action chain description for part A**

动作链动作	着色托肯	VMD 功能块对象
零件 A 在 I/O 缓冲区 1 等待加工	A. 1	I/O 缓冲区 1
机床 1 准备加工零件 A	A. 2	机床 1
将零件 A 装载到机床 1	A. 3	机器人 1
机床 1 加工零件 A	A. 4	机床 1
将零件 A 卸载到 WIP 缓冲区 1	A. 5	机器人 1
零件 A 在 WIP 缓冲区 1 等待加工	A. 6	WIP 缓冲区 1
机床 2 准备加工零件 A	A. 7	机床 2
将零件 A 装载到机床 2	A. 8	机器人 1
机床 2 加工零件 A	A. 9	机床 2
将零件 A 卸载到 I/O 缓冲区 1	A. 10	机器人 1
零件 A 在 I/O 缓冲区 1 等待取走	A. 11	I/O 缓冲区 1

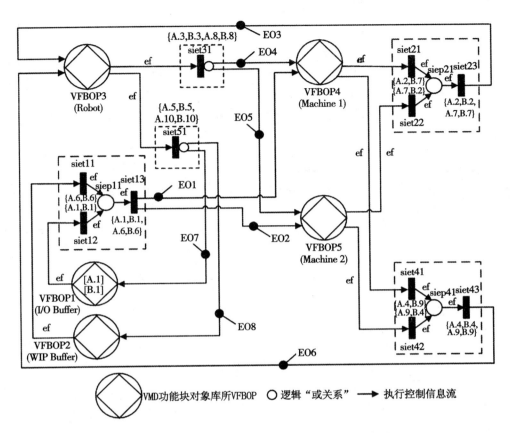

图 4 –18　构形 1 的 OCNCES 模型的执行控制部分

Fig. 4 –18　The execution control part of the OCNCES model for form 1

表 4 –2　　　　　　　　　零件 B 动作链动作的描述

Tab. 4 –2　　　　　　　　Action chain description for part B

动作链动作	着色托肯	VMD 功能块对象
零件 B 在 I/O 缓冲区 1 等待加工	B.1	I/O 缓冲区 1
机床 2 准备加工零件 B	B.2	机床 2
将零件 B 装载到机床 2	B.3	机器人 1
机床 2 加工零件 B	B.4	机床 2
将零件 B 卸载到 WIP 缓冲区 1	B.5	机器人 1
零件 B 在 WIP 缓冲区 1 等待加工	B.6	WIP 缓冲区 1
机床 1 准备加工零件 B	B.7	机床 1
将零件 B 装载到机床 1	B.8	机器人 1
机床 1 加工零件 B	B.9	机床 1
将零件 B 卸载到 I/O 缓冲区 1	B.10	机器人 1
零件 B 在 I/O 缓冲区 1 等待取走	B.11	I/O 缓冲区 1

对于任何一类零件，其动作链动作都对应于不同操作，表示不同 VMD 复合功能块对象库所拥有不同的着色托肯。两关联的 VMD 复合功能块对象库所之间的托肯迁移时间完全依赖于与其关联的活动变迁的触发条件，关联 VMD 复合功能块对象库所之间的着色托肯的流动可通过与活动变迁关联的输入/输出库所传递函数来描述，同时，着色托肯和输入/输出传递函数之间的关系可通过不同零件的工艺流程的动作链来获取。

上述说明 OCNCES 模型构造过程是以零件 A 为例的，其他零件（零件 B）的构造 OCNCES 模型的过程与之类似。ef 等同于输入传递函数，表示其从 VMD 复合功能块对象库所输入到活动变迁的着色托肯与对应的 VMD 复合功能块对象库所中所拥有的着色托肯相同；EO^k 表示第 k 个输出传递函数，其对应的传递函数的描述见图 4 - 19。

$$EO1 = \begin{cases} O(\text{VFBOP4}, \text{siet13}/A.1) = A.2 \\ O(\text{VFBOP4}, \text{siet13}/B.6) = B.7 \end{cases}$$

$$EO2 = \begin{cases} O(\text{VFBOP5}, \text{siet13}/A.6) = A.7 \\ O(\text{VFBOP5}, \text{siet13}/B.1) = B.2 \end{cases}$$

$$EO3 = \begin{cases} O(\text{VFBOP3}, \text{siet23}/A.2) = A.3 \\ O(\text{VFBOP3}, \text{siet23}/A.7) = A.8 \\ O(\text{VFBOP3}, \text{siet23}/B.2) = B.3 \\ O(\text{VFBOP3}, \text{siet23}/B.7) = B.8 \end{cases}$$

$$EO4 = \begin{cases} O(\text{VFBOP4}, \text{siet31}/A.3) = A.4 \\ O(\text{VFBOP4}, \text{siet31}/B.8) = B.9 \end{cases}$$

$$EO5 = \begin{cases} O(\text{VFBOP5}, \text{siet31}/A.8) = A.9 \\ O(\text{VFBOP5}, \text{siet31}/B.3) = B.4 \end{cases}$$

$$EO6 = \begin{cases} O(\text{VFBOP3}, \text{siet43}/A.2) = A.3 \\ O(\text{VFBOP3}, \text{siet43}/A.7) = A.8 \\ O(\text{VFBOP3}, \text{siet43}/B.2) = B.3 \\ O(\text{VFBOP3}, \text{siet43}/B.7) = B.8 \end{cases}$$

$$EO7 = \begin{cases} O(\text{VFBOP1}, \text{siet51}/A.10) = A.11 \\ O(\text{VFBOP1}, \text{siet51}/B.10) = B.11 \end{cases}$$

$$EO8 = \begin{cases} O(\text{VFBOP2}, \text{siet51}/A.5) = A.6 \\ O(\text{VFBOP2}, \text{siet51}/B.5) = B.6 \end{cases}$$

图 4 - 19 构形 1 执行控制输出传递函数的描述

Fig. 4 - 19 The description of the execution control output transform functions for form 1

完整的 OCNCES 模型执行控制部分主要是由 VMD 复合功能块对象库所和执行服务接口功能块 ESI 组成的。由于已经描述了各通用 VMD 复合功能块对象 ONCEM 模型与 OO 模型的映射关系，因此在描述完整的 OCNCES 模型执行控制部分与 OO 模型的映射关系时，只要考虑组成 OCNCES 模型的执行服务接口功能块 ESI 与 OO 模型的映射关系即可。OCNCES 模型中各执行服务接口功能块 ESI 的内部描述具有共性。ESI 内部的状态库所、活动变迁与 OO 模型中对象及对象属性、操作、联系的映射规则描述如下：

① 活动变迁映射为 OCNCES 所表示的对象类的一个操作；

② 状态库所映射为 OCNCES 所表示的对象类的一类属性。

4.3.2　风电设备制造单元控制系统重构控制部分的动态建模

OCNCES 模型的可重构性是指当风电设备制造单元控制系统环境变化（如加工零件工艺流程的改变、增加 VMD 复合功能块或删除 VMD 复合功能块）时，可在不改变原有模型的 ONCEM 结构的基础上重新构造 OCNCES 模型。OCNCES 模型重构的实质是：在构形策略的支持下，通过各 VMD 重构控制功能块内部的重构函数及重构服务接口功能块的作用，改变各 VMD 复合功能块之间的信息传递关系及执行控制的动作链颜色集。重构控制的实现，标志着风电设备制造单元控制系统新的构形创建成功。

相应的，通过继承基本 ONCES 模型重构控制部分来构造完整的 OCNCES 模型重构控制部分的过程归纳如下：

（1）为了清晰地表达"或门"的输入/输出的触发条件，将由基本 ONCES 模型中的逻辑或及门组成的"或门"用重构服务接口功能块 RSI 来描述。同时将 RSI 进一步分解成多个状态库所及输入/输出活动变迁。

（2）将基本 ONCES 模型中各 VMD 复合功能块的 ONCEM 重构控制部分与重构服务接口功能块 RSI 之间的消息传递关系，描述为 VMD 复合功能块对象库所 $VFBOP^i$ 与 RSI 内部活动变迁之间的消息传递关系。

（3）根据各类不同重构控制信息 y（$y=1$，2，$\cdots$，Y；Y 为不同重构控制信息种类的总数）的流程，将重构控制信息流程中的各控制动作用着色托肯 C^{yq} 来描述（$q=1$，2，$\cdots$，u^y；u^y 为不同重构控制信息种类 y 的所有重构控制动作）。

（4）根据重构控制信息种类的重构控制信息流程所分配到的着色托肯，定义与 VMD 复合功能块对象库所关联的着色托肯集 C（$VFBOP^i$）。

（5）定义与活动变迁关联的着色托肯集 C（RSI^j）及输入圆弧传递函数 I（$VFBOP^i,RSI^j/crsi^{iv}$）和输出圆弧传递函数 O（$VFBOP^i$，$RSI^j/crsi^{iv}$）的着色托肯集。具体过程如下：

（a）首先从 Y 类重构控制信息中选取一种重构控制信息，即 $y=1$；

（b）选取重构控制信息流程中的第一个控制动作，即 $q=1$；

（c）顺序选取与重构控制信息 y 的控制动作相关联的着色托肯对（C^{yq}，C^{yq+1}），确定其所分配到的 VMD 复合功能块对象库所（$VFBOP^{i'}$，$VFBOP^{i''}$）；

（d）按步骤（3）所描述的 VMD 复合功能块对象库所与活动变迁之间的信息传递关系，将与 RSI 内部活动变迁相对应的两个 VMD 复合功能块对象库所（$VFBOP^{i'}$，$VFBOP^{i''}$）连接起来；

（e）确定托肯集，其中 C（RSI^j）＝$\{\ C^{yq}\}$，I（$VFBOP^i$，$RSI^j/crsi^{iv}$）＝

C^{yq}，O（VFBOP$^{i''}$，RSI^j/crsi^{iv}）＝C^{yq+1}；

（f）确定完 $q=1$ 的托肯分配后，回到步骤（c）确定 $q=q+1$ 的托肯分配，直至最后一个重构控制动作的托肯分配完毕；

（g）重复上述（b）～（e）过程，直至所有不同重构控制信息种类的相应托肯集分配完毕。

下面考虑风电设备制造单元增加一个机床 VMD 复合功能块对象以及一个缓冲区 VMD 复合功能块对象，且加工零件工艺流程改变时，OCNCES 重构控制部分的动态建模。首先进行重构控制（从构形 1 到构形 2），如图 4－20 所

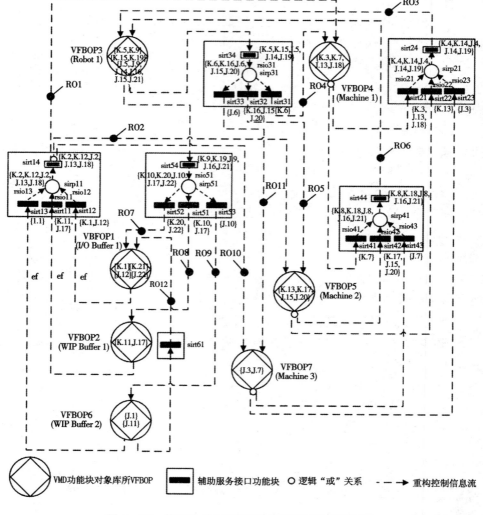

图 4－20　构形 2 的 OCNCES 模型的重构控制部分

Fig. 4 －20　The reconfiguration control part of the OCNCES model for form 2

示；然后建立系统执行控制模型，如图 4 − 21 所示。考虑模型中加入零件 C 与零件 D 的颜色，零件 C 与零件 D 的动作链描述分别见表 4 − 3 与表 4 − 4。重构控制信息流程如表 4 − 5 及表 4 − 6 所示（字母 K 表示信息传递关系保持不变，字母 J 表示添加信息传递关系）。风电设备制造单元控制系统构形 2 重构控制输出传递函数的描述如图 4 − 22 所示，风电设备制造单元控制系统构形 2 重构服务接口功能块内部输出传递函数的描述如图 4 − 23 所示。

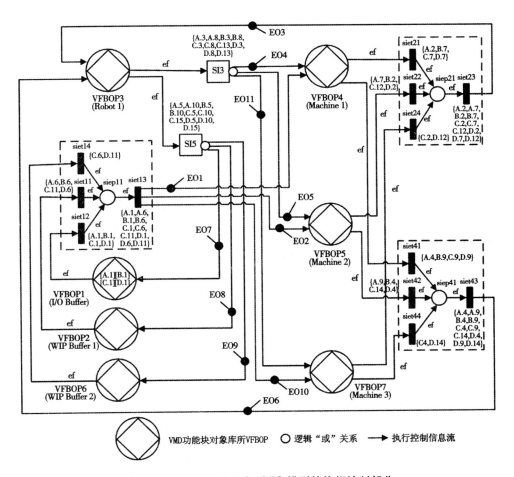

图 4 − 21　构形 2 的 OCNCES 模型的执行控制部分

Fig. 4 − 21　The execution control part of the OCNCES model for form 2

表 4 – 3 零件 C 动作链动作的描述

Tab. 4 – 3 Action chain description for part C

动作链动作	着色托肯	VMD 功能块对象
零件 C 在 I/O 缓冲区 1 等待加工	C. 1	I/O 缓冲区 1
机床 3 准备加工零件 C	C. 2	机床 3
将零件 C 装载到机床 3	C. 3	机器人 1
机床 3 加工零件 C	C. 4	机床 3
将零件 C 卸载到 WIP 缓冲区 2	C. 5	机器人 1
零件 C 在 WIP 缓冲区 2 等待加工	C. 6	WIP 缓冲区 2
机床 1 准备加工零件 C	C. 7	机床 1
将零件 C 装载到机床 1	C. 8	机器人 1
机床 1 加工零件 C	C. 9	机床 1
将零件 C 卸载到 WIP 缓冲区 1	C. 10	机器人 1
零件 C 在 WIP 缓冲区 1 等待加工	C. 11	WIP 缓冲区 1
机床 2 准备加工零件 C	C. 12	机床 2
将零件 C 装载到机床 2	C. 13	机器人 1
机床 2 加工零件 C	C. 14	机床 2
将零件 C 卸载到 I/O 缓冲区 1	C. 15	机器人 1
零件 C 在 I/O 缓冲区 1 等待取走	C. 16	I/O 缓冲区 1

表 4 – 4 零件 D 动作链动作的描述

Tab. 4 – 4 Action chain description for part D

动作链动作	着色托肯	VMD 功能块对象
零件 D 在 I/O 缓冲区 1 等待加工	D. 1	I/O 缓冲区 1
机床 2 准备加工零件 D	D. 2	机床 2
将零件 D 装载到机床 2	D. 3	机器人 1
机床 2 加工零件 D	D. 4	机床 2
将零件 D 卸载到 WIP 缓冲区 1	D. 5	机器人 1
零件 D 在 WIP 缓冲区 1 等待加工	D. 6	WIP 缓冲区 1
机床 1 准备加工零件 D	D. 7	机床 1
将零件 D 装载到机床 1	D. 8	机器人 1
机床 1 加工零件 D	D. 9	机床 1
将零件 D 卸载到 WIP 缓冲区 2	D. 10	机器人 1
零件 D 在 WIP 缓冲区 2 等待加工	D. 11	WIP 缓冲区 2
机床 3 准备加工零件 D	D. 12	机床 3
将零件 D 装载到机床 3	D. 13	机器人 1
机床 3 加工零件 D	D. 14	机床 3
将零件 D 卸载到 I/O 缓冲区 1	D. 15	机器人 1
零件 D 在 I/O 缓冲区 1 等待取走	D. 16	I/O 缓冲区 1

表 4 - 5 　　　　　　　　　**重构控制信息流程 K**

Tab. 4 - 5 　　　**Reconfiguration control information flow for K**

重构控制信息流程	对应的执行控制构建操作	着色托肯	重构控制对象
VFBOP1 到 SI1 信息传递关系不变（VFBOP1 - sirt12）	VFBOP1 - siet12 保持不变	K. 1	VFBOP1
SI1 内部颜色集不变（sirt12 - sirp11 - sirt13）	C(siet12) = C(siet15) = {A. 1, B. 1}	K. 2	sirp11
SI1 到 SI2 信息传递关系不变（sirt13 - VFBOP4 - sirt21）	siet13 - VFBOP4 - siet21 保持不变	K. 3	VFBOP4
SI2 内部颜色集不变（sirt21 - sirp21 - sirt23）	C(siet21) = C(siet25) = {A. 2, B. 7}	K. 4	sirp21
SI2 到 SI3 信息传递关系不变（sirt23 - VFBOP3 - sirt31）	siet25 - VFBOP3 - siet31 保持不变	K. 5	VFBOP3
SI3 内部颜色集不变（sirt31 - sirp31 - sirt32）	C(siet31) = {A. 3, B. 8}	K. 6	sirp31
SI3 到 SI4 信息传递关系不变（sirt31 - VFBOP4 - sirt41）	siet31 - VFBOP4 - siet41 保持不变	K. 7	VFBOP4
SI4 内部颜色集不变（sirt41 - sirp41 - sirt43）	C(siet41) = C(siet43) = {A. 4, B. 9}	K. 8	sirp41
SI4 到 SI5 信息传递关系不变（sirt43 - VFBOP3 - sirt51）	siet43 - VFBOP3 - siet51 保持不变	K. 9	VFBOP3
SI5 内部颜色集不变（sirt51 - sirp51 - sirt53）	C(siet51) = {A. 5, B. 10}	K. 10	sirp51
SI5 到 SI1 信息传递关系不变（sirt53 - VFBOP2 - sirt11）	siet51 - VFBOP2 - siet11 保持不变	K. 11	VFBOP2
SI1 内部颜色集不变（sirt11 - sirp11 - sirt13）	C(siet11) = C(siet13) = {A. 6, B. 6}	K. 12	sirp11
SI1 到 SI2 信息传递关系不变（sirt13 - VFBOP5 - sirt22）	siet13 - VFBOP5 - siet22 保持不变	K. 13	VFBOP5
SI2 内部颜色集不变（sirt22 - sirp21 - sirt23）	C(siet21) = C(siet23) = {A. 7, B. 2}	K. 14	sirp21
SI2 到 SI3 信息传递关系不变（sirt23 - VFBOP3 - sirt31）	siet23 - VFBOP3 - siet31 保持不变	K. 15	VFBOP3
SI3 内部颜色集不变（sirt31 - sirp31 - sirt32）	C(siet31) = {A. 8, B. 3}	K. 16	sirp31
SI3 到 SI4 信息传递关系不变（sirt32 - VFBOP5 - sirt42）	siet31 - VFBOP5 - siet42 保持不变	K. 17	VFBOP5
SI4 内部颜色集不变（sirt42 - sirp41 - sirt43）	C(siet42) = C(siet43) = {A. 9, B. 4}	K. 18	sirp41

续表 4 – 5

重构控制信息流程	对应的执行控制构建操作	着色托肯	重构控制对象
SI4 到 SI5 信息传递关系不变（sirt43 – VFBOP3 – sirt51）	siet43 – VFBOP3 – siet51 保持不变	K. 19	VFBOP3
SI5 内部颜色集不变（sirt51 – sirp51 – sirt52）	C（siet51）= ｛A. 10，B. 5｝	K. 20	sirp51
SI5 到 VFBOP1 信息传递关系不变（sirt52 – VFBOP1）	siet51 – VFBOP1 保持不变	K. 21	VFBOP1

表 4 – 6　　　　　　　　　重构控制信息流程 J

Tab. 4 – 6　　　　Reconfiguration control information flow for J

重构控制信息流程	对应的执行控制构建操作	着色托肯	重构控制对象
添加 VFBOP6 到 SI1 信息传递关系（VFBOP6 – sirt14）	添加 VFBOP6 – siet14	J. 1	VFBOP6
添加 SI1 内部颜色集（sirt14 – sirp11 – sirt13）	+ ΔC（siet14）= + ΔC（siet13）= ｛C. 6，D. 11｝	J. 2	sirp11
添加 SI1 到 SI2 信息传递关系（sirt13 – VFBOP7 – sirt24｝	添加 siet13 – VFBOP4 – siet24	J. 3	VFBOP7
添加 SI2 内部颜色集（sirt24 – sirp21 – sirt23｝	+ ΔC（siet24）= + ΔC（siet23）= ｛C. 2，D. 12｝	J. 4	sirp21
添加 SI2 到 SI3 信息传递关系（sirt23 – VFBOP3 – sirt31｝	添加 siet23 – VFBOP3 – siet31	J. 5	VFBOP3
添加 SI3 内部颜色集（sirt31 – sirp31 – sirt34｝	+ ΔC（siet31）= ｛C. 3，D. 13｝	J. 6	sirp31
添加 SI3 到 SI4 信息传递关系（sirt34 – VFBOP7 – sirt44｝	添加 siet31 – VFBOP7 – siet44	J. 7	VFBOP7
添加 SI4 内部颜色集（sirt44 – sirp41 – sirt43｝	+ ΔC（siet44）= + ΔC（siet43）= ｛C. 4，D. 14｝	J. 8	sirp41
添加 SI4 到 SI5 信息传递关系（sirt43 – VFBOP3 – sirt51｝	添加 siet43 – VFBOP3 – siet51	J. 9	VFBOP3

续表 4 - 6

重构控制信息流程	对应的执行控制构建操作	着色托肯	重构控制对象
添加 SI5 内部颜色集(sirt51 - sirp51 - sirt54)	$+\Delta C(siet51) = \{C.5, D.15\}$	J. 10	sirp51
添加 SI5 到 VFBOP6 信息传递关系(sirt54 - VFBOP6)	添加 siet51 - VFBOP6	J. 11	VFBOP6
添加 VFBOP6 到 VFBOP1 信息传递关系(VFBOP6 - IG6 - VFBOP1)	无对应操作	J. 12	VFBOP1
添加 SI1 内部颜色集(sirt12 - sirp11 - sirt13)	$+\Delta C(siet12) = +\Delta C(siet13) = \{C.1, D.1\}$	J. 13	sirp11
添加 SI2 内部颜色集(sirt21 - sirp21 - sirt23)	$+\Delta C(siet21) = +\Delta C(siet23) = \{C.7, D.7\}$	J. 14	sirp21
添加 SI3 内部颜色集(sirt31 - sirp31 - sirt32)	$+\Delta C(siet31) = \{C.8, D.8\}$	J. 15	sirp31
添加 SI4 内部颜色集(sirt41 - sirp41 - sirt43)	$+\Delta C(siet41) = +\Delta C(siet43) = \{C.9, D.9\}$	J. 16	sirp41
添加 SI5 内部颜色集(sirt51 - sirp51 - sirt52)	$+\Delta C(siet51) = \{C.10, D.10\}$	J. 17	sirp51
添加 SI1 内部颜色集(sirt11 - sirp11 - sirt13)	$+\Delta C(siet11) = +\Delta C(siet13) = \{C.11, D.6\}$	J. 18	sirp11
添加 SI2 内部颜色集(sirt22 - sirp21 - sirt23)	$+\Delta C(siet22) = +\Delta C(siet23) = \{C.12, D.2\}$	J. 19	sirp21
添加 SI3 内部颜色集(sirt31 - sirp31 - sirt31)	$+\Delta C(siet31) = \{C.13, D.3\}$	J. 20	sirp31
添加 SI4 内部颜色集(sirt42 - sirp41 - sirt43)	$+\Delta C(siet42) = +\Delta C(siet43) = \{C.14, D.4\}$	J. 21	sirp41
添加 SI5 内部颜色集(sirt51 - sirp51 - sirt51)	$+\Delta C(siet51) = \{C.15, D.5\}$	J. 22	sirp51

$$RO1 = \begin{cases} O(\text{VFBOP4}, \text{sirt13}/\text{K}.2) = \text{K}.3 \\ O(\text{VFBOP4}, \text{sirt13}/\text{J}.13) = \text{J}.13 \\ O(\text{VFBOP4}, \text{sirt13}/\text{J}.18) = \text{J}.18 \end{cases}$$

$$RO2 = O(\text{VFBOP5}, \text{sirt13}/\text{K}.12) = \text{K}.13$$

$$RO3 = \begin{cases} O(\text{VFBOP3}, \text{sirt23}/\text{K}.4) = \text{K}.5 \\ O(\text{VFBOP3}, \text{sirt23}/\text{K}.14) = \text{K}.15 \\ O(\text{VFBOP3}, \text{sirt23}/\text{J}.4) = \text{J}.5 \\ O(\text{VFBOP3}, \text{sirt23}/\text{J}.14) = \text{J}.14 \\ O(\text{VFBOP3}, \text{sirt23}/\text{J}.19) = \text{J}.19 \end{cases}$$

$$RO4 = O(\text{VFBOP4}, \text{sint32}/\text{K}.6) = \text{K}.7$$

$$RO5 = \begin{cases} O(\text{VFBOP5}, \text{sirt33}/\text{K}.16) = \text{K}.17 \\ O(\text{VFBOP5}, \text{sirt33}/\text{J}.15) = \text{J}.15 \\ O(\text{VFBOP5}, \text{sirt33}/\text{J}.20) = \text{J}.20 \end{cases}$$

$$RO6 = \begin{cases} O(\text{VFBOP3}, \text{sirt43}/\text{K}.8) = \text{K}.9 \\ O(\text{VFBOP3}, \text{sirt43}/\text{K}.18) = \text{K}.19 \\ O(\text{VFBOP3}, \text{sirt43}/\text{J}.8) = \text{J}.9 \\ O(\text{VFBOP3}, \text{sirt43}/\text{J}.16) = \text{J}.16 \\ O(\text{VFBOP3}, \text{sirt43}/\text{J}.21) = \text{J}.21 \end{cases}$$

$$RO7 = \begin{cases} O(\text{VFBOP1}, \text{sirt53}/\text{K}.20) = \text{K}.21 \\ O(\text{VFBOP1}, \text{sirt53}/\text{J}.22) = \text{J}.22 \end{cases}$$

$$RO8 = \begin{cases} O(\text{VFBOP2}, \text{sirt52}/\text{K}.10) = \text{K}.11 \\ O(\text{VFBOP2}, \text{sirt52}/\text{J}.17) = \text{J}.17 \end{cases}$$

$$RO9 = O(\text{VFBOP6}, \text{sirt54}/\text{J}.10) = \text{J}.11$$

$$RO10 = O(\text{VFBOP7}, \text{sirt13}/\text{J}.2) = \text{J}.3$$

$$RO11 = O(\text{VFBOP7}, \text{sirt34}/\text{J}.6) = 1.7$$

$$RO12 = O(\text{VFBOP1}, \text{sirt61}/\text{J}.11) = \text{J}.12$$

图 4 - 22　构形 2 重构控制输出传递函数的描述

Fig. 4 - 22　The description of the reconfiguration control output transform functions for form 2

$$\text{rsio11} = \begin{cases} O(\text{sirp11}, \text{sirt11}/\text{K}.11) = \text{K}.12 \\ O(\text{sirp11}, \text{sirt11}/\text{J}.17) = \text{J}.18 \end{cases}$$

$$\text{rsio12} = \begin{cases} O(\text{sirp11}, \text{sirt12}/\text{K}.1) = \text{K}.2 \\ O(\text{sirp11}, \text{sirt12}/\text{J}.12) = \text{J}.13 \end{cases}$$

$$\text{rsio13} = O(\text{sirp11}, \text{sirt14}/\text{J}.1) = \text{J}.2$$

$$\text{rsio21} = \begin{cases} O(\text{sirp21}, \text{sirt21}/\text{K}.3) = \text{K}.4 \\ O(\text{sirp21}, \text{sirt21}/\text{J}.13) = \text{J}.14 \\ O(\text{sirp21}, \text{sirt21}/\text{J}.18) = \text{J}.19 \end{cases}$$

$$\text{rsio22} = O(\text{sirp21}, \text{sirt22}/\text{K}.13) = \text{K}.14$$

$$\text{rsio23} = O(\text{sirp21}, \text{sirt24}/\text{J}.3) = \text{J}.4$$

$$\text{rsio31} = \begin{cases} O(\text{sirp31}, \text{sirt31}/\text{K}.5) = \text{K}.6 \\ O(\text{sirp31}, \text{sirt31}/\text{K}.15) = \text{K}.15 \\ O(\text{sirp31}, \text{sirt31}/\text{J}.5) = \text{J}.6 \\ O(\text{sirp31}, \text{sirt31}/\text{J}.14) = \text{J}.15 \\ O(\text{sirp31}, \text{sirt31}/\text{J}.19) = \text{J}.20 \end{cases}$$

$$\text{rsio41} = O(\text{sirp41}, \text{sirt41}/\text{K}.7) = \text{K}.8$$

$$\text{rsio43} = O(\text{sirp41}, \text{sirt44}/\text{J}.7) = \text{J}.8$$

$$\text{rsio42} = \begin{cases} O(\text{sirp41}, \text{sirt42}/\text{K}.17) = \text{K}.18 \\ O(\text{sirp41}, \text{sirt42}/\text{J}.15) = \text{J}.16 \\ O(\text{sirp41}, \text{sirt42}/\text{J}.20) = \text{J}.21 \end{cases}$$

$$\text{rsio51} = \begin{cases} O(\text{sirp51}, \text{sirt51}/\text{K}.9) = \text{K}.10 \\ O(\text{sirp51}, \text{sirt51}/\text{K}.19) = \text{K}.20 \\ O(\text{sirp51}, \text{sirt51}/\text{J}.9) = \text{J}.10 \\ O(\text{sirp51}, \text{sirt51}/\text{J}.16) = \text{J}.17 \\ O(\text{sirp51}, \text{sirt51}/\text{J}.21) = \text{J}.22 \end{cases}$$

图 4 - 23　构形 2 重构服务接口功能块内部输出传递函数的描述

Fig. 4 - 23　The description of the output transform functions within reconfiguration service interface function block for form 2

按照 OCNCES 模型与 OO 模型的映射关系，将上述建立的各 VMD 复合功能块 ONCEM 和完整的 OCNCES 模型转化成制造单元控制软件时，各通用 VMD 复合功能块 ONCEM 和完整的 OCNCES 模型必须无死锁。对各通用 VMD 复合功能块 ONCEM 模型和整个控制系统完整的 OCNCES 模型的动态行为分析将在第 5 章中阐述。

4.4　本章小结

控制系统的动态建模方法是基于复合功能块的可重构风电设备制造单元控制系统研究中的重点和难点。本章针对现存功能块应用系统建模方法存在的不足，提出了面向对象着色 NCES（OCNCES）的动态建模方法；并结合一个风电设备制造单元实例，较详细地描述了 OCNCES 模型的构造过程。首先，定义了风电设备制造单元控制系统 OCNCES 模型，同时对模型中的状态库所、消息库所、对象库所、活动变迁、输入/输出圆弧传递函数等概念进行了描述。然后，在构造了基于 VMD 复合功能块的风电设备制造单元仿真模型的基础上，提出了 ONCEM 建模方法，并描述了各通用 VMD 复合功能块的 ONCEM 模型。最后，针对实例阐述了构造基于复合功能块的可重构风电设备制造单元控制系统 OCNCES 模型的过程。

第 5 章 风电设备制造单元控制系统 OCNCES 模型的动态行为分析

在运用 OCNCES 模型对系统进行控制之前，必须确定系统是否存在死锁状态、溢出情况以及系统是否安全等。为此，必须基于所建立的模型进行动态行为分析。死锁的发生会导致制造单元终止运行，严重影响系统性能，如加工时间、在制件数量、机器利用率和交货期等[152-153]。因此，对风电设备制造单元控制系统的 OCNCES 模型进行死锁分析是系统动态建模过程中的必要步骤之一。各通用 VMD 复合功能块的 ONCEM 模型无死锁现象，是 OCNCES 模型不发生死锁的前提条件。对风电设备制造单元控制系统 OCNCES 模型进行死锁分析之前，必须对各通用 VMD 复合功能块的 ONCEM 模型进行死锁分析。

5.1 通用 VMD 复合功能块 ONCEM 模型的死锁分析

5.1.1 ONCEM 模型死锁分析的方法

由第 4 章可知，各通用 VMD 复合功能块 ONCEM 模型是构造风电设备制造单元控制系统 OCNCES 模型的基础。在构造实际的风电设备制造单元控制系统 OCNCES 模型时，各 VMD 复合功能块的 ONCEM 模型都是通过继承其相对应的通用 VMD 复合功能块 ONCEM 模型产生的，故各通用 VMD 复合功能块 ONCEM 模型是否具有可靠性，直接影响构造 OCNCES 模型的可靠性。为此，必须对可重构风电设备制造单元中各通用 VMD 复合功能块 ONCEM 模型进行死锁分析。

在风电设备制造单元控制系统基本 ONCES 模型中，每个 VMD 复合功能块 ONCEM 模型与相互关联的其他 VMD 复合功能块 ONCEM 之间的联系，被用来描述可重构风电设备制造单元控制系统的动态行为。所以，构造各通用 VMD 复合功能块 ONCEM 模型死锁分析的通讯网可通过利用风电设备制造单元控制系统的基本 ONCES 模型的规范来完成，即每个通用 VMD 复合功能块 ONCEM

中输入/输出消息库所与其相关联的 VMD 复合功能块联系，可参照构造基本 ONCES 模型的规范。

对可重构风电设备制造单元控制系统模型进行死锁分析，首先需要构造各通用 VMD 复合功能块 ONCEM 模型的通讯网（Communication Net），然后采用死锁检测算法对各通用 VMD 复合功能块 ONCEM 模型的通讯网进行死锁分析。利用通讯网来分析各通用 VMD 复合功能块的动态行为和与它相关联的 VMD 复合功能块时，分析研究的对象是各通用 VMD 复合功能块 ONCEM 模型的内部动态行为和其输入/输出消息库所与其相关联的其他 VMD 复合功能块的控制逻辑关系。为了简化分析过程，对通讯网中其他 VMD 复合功能块进行临时封装，将它们用相应的具有状态库所的抽象对象来描述。

特定的通用 VMD 复合功能块 ONCEM 模型的死锁，是指任何可到达状态标识的情况下，通讯网中没有活动变迁被触发，即给定初始状态标识 M^0，设定可到达的最终状态标识 M^g，在通讯网中可到达状态标识 M^q 最终无法到达状态标识 M^g。如果 ONCEM 模型的通讯网发生死锁现象，则必须修改特定通用 VMD 复合功能块 ONCEM 模型及与其相关联的其他 VMD 复合功能块的控制逻辑关系。为了有效、简单地分析 ONCEM 模型的动态行为，本书提出了分析 ONCEM 模型的死锁检测算法。通用 VMD 复合功能块 ONCEM 模型的死锁检测的过程如下：

（1）参照构造基本 ONCES 模型的规范，根据各通用 VMD 复合功能块的 ONCEM 模型，分别构造各通用 VMD 复合功能块 ONCEM 模型执行控制部分的通讯网（ONCEMEC^i）以及重构控制部分的通讯网（ONCEMRC^i），具体步骤如下：

① 通过服务接口功能块 SI，确定通用 VMD 复合功能块 ONCEM 模型 VFBOP^i 中各输入消息库所 im 与和其相关联的通用 VMD 复合功能块 ONCEM 模型 VFBOP^j（$i\neq j$）输出消息库所 om 的联系，确定通用 VMD 复合功能块 ONCEM 模型 VFBOP^i 中各输出消息库所 om 与和其相关联的通用 VMD 复合功能块 ONCEM 模型 VFBOP^j（$i\neq j$）输入消息库所 im 的联系；将通用 VMD 复合功能块 ONCEM 模型 OP^j（$i\neq j$）封装成具有状态库所 P 的抽象对象 AO^{ij}，其状态库所 P 由 P^j – T^j – IM^j 和 IM^j – T^j – P^j 的输入/输出关系确定。

② 通过服务接口功能块 SI，将通用 VMD 复合功能块 ONCEM 模型 VFBOP^i 中各输入消息库所 im 及输出消息库所 om 与抽象对象 AO^{ij} 相连。

③ 根据抽象对象 AO^{ij} 相对应的 VMD 复合功能块的输入/输出消息库所所

表达的 i 消息状态及 $P^j - T^j - IM^j$ 和 $IM^j - T^j - P^j$ 的输入/输出关系，确定抽象对象 AO^{ij} 状态库所 P 的状态。

④ 置 $j = j'$，重复上述①~③过程，直至构造出通用 VMD 复合功能块 VF-BOP^i 的通讯网 ONCEMT^i。

（2）对各通用 VMD 复合功能块执行控制部分的的通讯网（ONCEMEC^i）以及重构控制部分的通讯网（ONCEMRC^i）（$i = 1, 2, \cdots, I$），分别进行死锁检测分析，其具体步骤如下：

① 构造通用 VMD 复合功能块的通讯网 ONCEMEC^i 或 ONCEMRC^i 的关联矩阵 $V = V^+ - V^-$，其中 $V^+ = [v_{kj}^+]_{n \times m}$ 是 n 列（$n = 1, 2, \cdots, n^i$；表示变迁 t 和服务接口功能块 SI）m 行（$m = 1, 2, \cdots, m^i$；表示状态库所和输入/输出消息库所）的输出矩阵，$V^- = [v_{kj}^-]_{n \times m}$ 是 n 列 m 行的输入矩阵。如果第 k 个变迁 t 和服务接口功能块 SI 触发引起第 j 个状态库所和输入/输出消息库所的状态改变，则有 $v_{kj}^+ = 1$，否则等于 0；如果第 j 个状态库所和输入/输出消息库所的输入到第 k 个变迁 t 和服务接口功能块 SI，则有 $v_{kj}^- = 1$，否则等于 0。

② 初始化状态标识 M^0，设置目标（最终）状态标识 M^g。

③ 利用状态标识计算式 $M^{q+1} = M^q + S^q \times V$，计算当前状态标识 M^{q+1}；其中 S^q 为触发序列的控制矢量（由活动变迁和服务接口功能块 SI 组成），$q = 1, 2, \cdots$；当第 k 个活动变迁和服务接口功能块触发时，其相应矢量中的元素置为 1，其他元素置为 0。

④ 如果 $M^{q+1} = M^g$，表示 ONCEM^i 的通讯网 ONCEMEC^i 或 ONCEMRC^i 到达目标状态标识，说明通讯网 ONCEMEC^i 或 ONCEMRC^i 是活的，即通用 VMD 复合功能块 ONCEM 模型无死锁现象发生，停止死锁分析；否则转到⑤。

⑤ 设置 $q = q + 1$；返回到③。

⑥ 如果通讯网 ONCEMEC^i 或 ONCEMRC^i 中可到达状态标识 M^{q+1} 最终无法到达目标状态标识 M^g，则说明通讯网发生死锁现象。修改通讯网 ONCEMEC^i 或 ONCEMRC^i 中通用 VMD 复合功能块 ONCEM^i 的内部动态行为描述及与其相关联的其他 VMD 复合功能块 ONCEM^j 的控制逻辑关系。然后再返回到①。

上述所描述的是通用 VMD 复合功能块 ONCEM 模型的死锁分析方法，为了说明上述分析方法及分析 OCNCES 模型中各 VMD 复合功能块 ONCEM 模型是否存在死锁，下面针对 OCNCES 模型中具有不同动态行为的通用机器人、机床和缓冲区 VMD 复合功能块 ONCEM 模型进行死锁检测分析。

5.1.2　通用机器人 VMD 复合功能块 ONCEM 模型的死锁分析

机器人通常用来完成制造单元中的搬运任务，一般用在自动物料装卸过程中。机器人与其他制造实体的联系较为紧密，如通过机器人将缓冲区中的零件装载到机床上，或将机床上的零件卸载到缓冲区上等待与其他制造实体相关联的操作。在基于复合功能块的可重构风电设备制造单元控制系统的动态建模时，必须对通用机器人 VMD 复合功能块的动态模型进行分析。

在风电设备制造单元中，其他制造实体（如机床、小车）竞争占用机器人。机器人物理对象被机床占用时，装卸零件的操作发生在机床和缓冲区之间，可以通过机器人、机床和缓冲区 VMD 复合功能块之间的关联来构造机器人 VMD 复合功能块 ONCEM 模型执行控制部分的通讯网 $ONCEMEC^1$。

建立通用机器人 VMD 复合功能块 ONCEM 模型执行控制部分的通讯网的目的在于，当进行执行控制时，分析通用机器人 VMD 复合功能块 ONCEM 模型的内部动态行为以及与外部相关联的其他 VMD 复合功能块的逻辑控制关系。通用机器人 VMD 复合功能块 ONCEM 模型执行控制部分的通讯网 $ONCEMEC^1$（机床占用机器人时）见图 5 - 1。通用机器人 VMD 复合功能块 ONCEM 执行控制部分的内部动态行为的描述及图 5 - 1 中相应的图标含义见图 4 - 5，服务接口功能块 SI1、SI2、SI3、SI4 和 SI5 的含义见图 4 - 15 与图 4 - 16。通讯网 $ONCEMEC^1$ 中各抽象对象的状态库所封装如下：通用缓冲区 VMD 复合功能块被封装成一个抽象对象（Abstract Object）$AO^{Robot,buffer}$；通用机床 VMD 复合功能块被封装成两个抽象对象 $AO^{Robot,machine\_processing}$ 和 $AO^{Robot,machine\_setting}$。$AO^{Robot,buffer}$ 描述了零件在缓冲区等待装载到机床的状态及零件从机床卸载到缓冲区上的状态（对应的状态库所为 AP1）；$AO^{Robot,machine\_processing}$ 描述机床处于加工零件的状态（对应的状态库所为 AP2）；$AO^{Robot,machine\_setting}$ 描述机床处于准备加工零件的状态（对应的状态库所为 AP3）。由于构造通用 VMD 复合功能块 ONCEM 模型的通讯网的过程已详细叙述过，在此，构造通用机器人 VMD 复合功能块 ON-CEM 模型的通讯网的详细过程不再赘述。

根据通用机器人 VMD 复合功能块 ONCEM 模型执行控制部分的通讯网 $ONCEMEC^1$ 中的活动变迁、服务接口功能块、状态库所、输入/输出消息库所和抽象对象库所的相互关系，构造关联矩阵 V^+、V^-、V 的表达式如下：

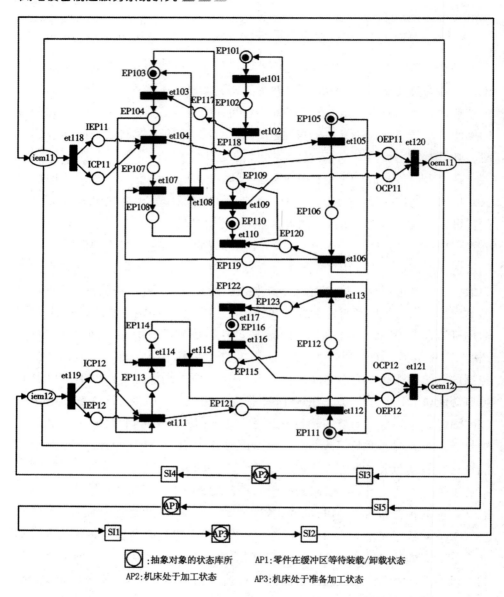

图 5 - 1   通用机器人 VMD 复合功能块 ONCEM 模型中执行控制部分的通讯网

Fig. 5 - 1   Communication net for the execution control part of the general robot VMD composite function block ONCEM model

$$V^{+} = \begin{bmatrix}
0 & 1 & 0 & 0 & 0 & 0 & 0 & 0 & 0 & 0 & 0 & 0 & 0 & 0 & 0 & 0 & 0 & 0 & 0 & 0 & 0 & 0 & 0 & 0 & 0 & 0 & 0 & 0 & 0 & 0 & 0 & 0 & 0 \\
1 & 0 & 0 & 0 & 0 & 0 & 0 & 0 & 0 & 0 & 0 & 0 & 0 & 1 & 0 & 0 & 0 & 0 & 0 & 0 & 0 & 0 & 0 & 0 & 0 & 0 & 0 & 0 & 0 & 0 & 0 & 0 & 0 \\
0 & 0 & 1 & 0 & 0 & 0 & 0 & 0 & 0 & 0 & 0 & 0 & 0 & 0 & 0 & 0 & 0 & 0 & 0 & 0 & 0 & 0 & 0 & 0 & 0 & 0 & 0 & 0 & 0 & 0 & 0 & 0 & 0 \\
0 & 0 & 0 & 0 & 1 & 0 & 0 & 0 & 0 & 0 & 0 & 0 & 0 & 1 & 0 & 0 & 0 & 0 & 0 & 0 & 0 & 0 & 0 & 0 & 0 & 0 & 0 & 0 & 0 & 0 & 0 & 0 & 0 \\
0 & 0 & 0 & 0 & 1 & 0 & 0 & 0 & 0 & 0 & 0 & 0 & 0 & 0 & 0 & 0 & 0 & 0 & 0 & 0 & 0 & 0 & 0 & 0 & 0 & 0 & 0 & 0 & 0 & 0 & 0 & 0 & 0 \\
0 & 0 & 0 & 0 & 1 & 0 & 0 & 0 & 0 & 0 & 0 & 0 & 0 & 0 & 0 & 1 & 1 & 0 & 0 & 0 & 0 & 0 & 0 & 0 & 0 & 0 & 0 & 0 & 0 & 0 & 0 & 0 & 0 \\
0 & 0 & 0 & 0 & 0 & 0 & 1 & 0 & 0 & 0 & 0 & 0 & 0 & 0 & 0 & 0 & 0 & 0 & 0 & 0 & 0 & 0 & 0 & 0 & 0 & 0 & 0 & 0 & 0 & 0 & 0 & 0 & 0 \\
0 & 0 & 1 & 0 & 0 & 0 & 0 & 0 & 0 & 0 & 0 & 0 & 0 & 0 & 0 & 0 & 0 & 0 & 0 & 0 & 1 & 0 & 0 & 0 & 0 & 0 & 0 & 0 & 0 & 0 & 0 & 0 & 0 \\
0 & 0 & 0 & 0 & 0 & 0 & 0 & 1 & 0 & 0 & 0 & 0 & 0 & 0 & 0 & 0 & 0 & 0 & 0 & 0 & 1 & 0 & 0 & 0 & 0 & 0 & 0 & 0 & 0 & 0 & 0 & 0 & 0 \\
0 & 0 & 0 & 0 & 0 & 1 & 0 & 0 & 0 & 0 & 0 & 0 & 0 & 0 & 0 & 0 & 0 & 0 & 0 & 0 & 0 & 0 & 0 & 0 & 0 & 0 & 0 & 0 & 0 & 0 & 0 & 0 & 0 \\
0 & 0 & 0 & 0 & 0 & 0 & 0 & 0 & 0 & 1 & 0 & 0 & 0 & 0 & 0 & 0 & 1 & 0 & 0 & 0 & 0 & 0 & 0 & 0 & 0 & 0 & 0 & 0 & 0 & 0 & 0 & 0 & 0 \\
0 & 0 & 0 & 0 & 0 & 0 & 0 & 0 & 0 & 1 & 0 & 0 & 0 & 0 & 0 & 0 & 0 & 0 & 0 & 0 & 0 & 0 & 0 & 0 & 0 & 0 & 0 & 0 & 0 & 0 & 0 & 0 & 0 \\
0 & 0 & 0 & 0 & 0 & 0 & 0 & 0 & 1 & 0 & 0 & 0 & 0 & 0 & 0 & 0 & 0 & 1 & 1 & 0 & 0 & 0 & 0 & 0 & 0 & 0 & 0 & 0 & 0 & 0 & 0 & 0 & 0 \\
0 & 0 & 0 & 0 & 0 & 0 & 0 & 0 & 0 & 0 & 1 & 0 & 0 & 0 & 0 & 0 & 0 & 0 & 0 & 0 & 0 & 0 & 0 & 0 & 0 & 0 & 0 & 0 & 0 & 0 & 0 & 0 & 0 \\
0 & 0 & 1 & 0 & 0 & 0 & 0 & 0 & 0 & 0 & 0 & 0 & 0 & 0 & 0 & 0 & 0 & 0 & 0 & 0 & 1 & 0 & 0 & 0 & 0 & 0 & 0 & 0 & 0 & 0 & 0 & 0 & 0 \\
0 & 0 & 0 & 0 & 0 & 0 & 0 & 0 & 0 & 0 & 0 & 1 & 0 & 0 & 0 & 0 & 0 & 0 & 0 & 0 & 0 & 0 & 1 & 0 & 0 & 0 & 0 & 0 & 0 & 0 & 0 & 0 & 0 \\
0 & 0 & 0 & 0 & 0 & 0 & 0 & 0 & 0 & 0 & 0 & 1 & 0 & 0 & 0 & 0 & 0 & 0 & 0 & 0 & 0 & 0 & 0 & 0 & 0 & 0 & 0 & 0 & 0 & 0 & 0 & 0 & 0 \\
0 & 0 & 0 & 0 & 0 & 0 & 0 & 0 & 0 & 0 & 0 & 0 & 0 & 0 & 0 & 0 & 0 & 1 & 1 & 0 & 0 & 0 & 0 & 0 & 0 & 0 & 0 & 0 & 0 & 0 & 0 & 0 & 0 \\
0 & 0 & 0 & 0 & 0 & 0 & 0 & 0 & 0 & 0 & 0 & 0 & 0 & 0 & 0 & 0 & 0 & 0 & 1 & 1 & 0 & 0 & 0 & 0 & 0 & 0 & 0 & 0 & 0 & 0 & 0 & 0 & 0 \\
0 & 0 & 0 & 0 & 0 & 0 & 0 & 0 & 0 & 0 & 0 & 0 & 0 & 0 & 0 & 0 & 0 & 0 & 0 & 0 & 0 & 0 & 0 & 0 & 1 & 0 & 0 & 0 & 0 & 0 & 0 & 0 & 0 \\
0 & 0 & 0 & 0 & 0 & 0 & 0 & 0 & 0 & 0 & 0 & 0 & 0 & 0 & 0 & 0 & 0 & 0 & 0 & 0 & 0 & 0 & 0 & 0 & 0 & 0 & 0 & 0 & 0 & 0 & 1 & 0 & 0 \\
0 & 0 & 0 & 0 & 0 & 0 & 0 & 0 & 0 & 0 & 0 & 0 & 0 & 0 & 0 & 0 & 0 & 0 & 0 & 0 & 0 & 0 & 0 & 0 & 0 & 1 & 0 & 0 & 0 & 0 & 0 & 0 & 0 \\
0 & 0 & 0 & 0 & 0 & 0 & 0 & 0 & 0 & 0 & 0 & 0 & 0 & 0 & 0 & 0 & 0 & 0 & 0 & 0 & 0 & 0 & 0 & 0 & 0 & 0 & 0 & 0 & 0 & 0 & 0 & 1 & 0 \\
0 & 0 & 0 & 0 & 0 & 0 & 0 & 0 & 0 & 0 & 0 & 0 & 0 & 0 & 0 & 0 & 0 & 0 & 0 & 0 & 0 & 0 & 0 & 0 & 0 & 1 & 0 & 0 & 0 & 0 & 0 & 0 & 0 \\
0 & 0 & 0 & 0 & 0 & 0 & 0 & 0 & 0 & 0 & 0 & 0 & 0 & 0 & 0 & 0 & 0 & 0 & 0 & 0 & 0 & 0 & 0 & 0 & 0 & 0 & 0 & 0 & 1 & 0 & 0 & 0 & 0 \\
0 & 0 & 0 & 0 & 0 & 0 & 0 & 0 & 0 & 0 & 0 & 0 & 0 & 0 & 0 & 0 & 0 & 0 & 0 & 0 & 0 & 0 & 0 & 0 & 0 & 0 & 0 & 0 & 0 & 1 & 0 & 0 & 0
\end{bmatrix}$$

$$V^{-} = \begin{bmatrix}
1 & 0 & 0 & 0 & 0 & 0 & 0 & 0 & 0 & 0 & 0 & 0 & 0 & 0 & 0 & 0 & 0 & 0 & 0 & 0 & 0 & 0 & 0 & 0 & 0 & 0 & 0 & 0 & 0 & 0 & 0 & 0 & 0 \\
0 & 1 & 0 & 0 & 0 & 0 & 0 & 0 & 0 & 0 & 0 & 0 & 0 & 0 & 0 & 0 & 0 & 0 & 0 & 0 & 0 & 0 & 0 & 0 & 0 & 0 & 0 & 0 & 0 & 0 & 0 & 0 & 0 \\
0 & 0 & 1 & 0 & 0 & 0 & 0 & 0 & 0 & 0 & 0 & 0 & 0 & 1 & 0 & 0 & 0 & 0 & 0 & 0 & 0 & 0 & 0 & 0 & 0 & 0 & 0 & 0 & 0 & 0 & 0 & 0 & 0 \\
0 & 0 & 0 & 1 & 0 & 0 & 0 & 0 & 0 & 0 & 0 & 0 & 0 & 0 & 0 & 0 & 0 & 0 & 1 & 1 & 0 & 0 & 0 & 0 & 0 & 0 & 0 & 0 & 0 & 0 & 0 & 0 & 0 \\
0 & 0 & 0 & 0 & 1 & 0 & 0 & 0 & 0 & 0 & 0 & 0 & 0 & 0 & -1 & 0 & 0 & 0 & 0 & 0 & 0 & 0 & 0 & 0 & 0 & 0 & 0 & 0 & 0 & 0 & 0 & 0 & 0 \\
0 & 0 & 0 & 0 & 0 & 1 & 0 & 0 & 0 & 0 & 0 & 0 & 0 & 0 & 0 & 0 & 0 & 0 & 0 & 0 & 0 & 0 & 0 & 0 & 0 & 0 & 0 & 0 & 0 & 0 & 0 & 0 & 0 \\
0 & 0 & 0 & 0 & 0 & 1 & 0 & 0 & 0 & 0 & 0 & 0 & 0 & 1 & 0 & 0 & 0 & 0 & 0 & 0 & 0 & 0 & 0 & 0 & 0 & 0 & 0 & 0 & 0 & 0 & 0 & 0 & 0 \\
0 & 0 & 0 & 0 & 0 & 1 & 0 & 0 & 0 & 0 & 0 & 0 & 0 & 0 & 0 & 0 & 0 & 0 & 0 & 0 & 0 & 0 & 0 & 0 & 0 & 0 & 0 & 0 & 0 & 0 & 0 & 0 & 0 \\
0 & 0 & 0 & 0 & 0 & 0 & 1 & 0 & 0 & 0 & 0 & 0 & 0 & 0 & 0 & 0 & 0 & 0 & 0 & 0 & 0 & 0 & 0 & 0 & 0 & 0 & 0 & 0 & 0 & 0 & 0 & 0 & 0 \\
0 & 0 & 0 & 0 & 0 & 0 & 0 & 1 & 0 & 0 & 0 & 0 & 0 & 0 & 0 & 0 & 0 & 1 & 0 & 0 & 0 & 0 & 0 & 0 & 0 & 0 & 0 & 0 & 0 & 0 & 0 & 0 & 0 \\
0 & 0 & 1 & 0 & 0 & 0 & 0 & 0 & 0 & 0 & 0 & 0 & 0 & 0 & 0 & 0 & 0 & 0 & 1 & 1 & 0 & 0 & 0 & 0 & 0 & 0 & 0 & 0 & 0 & 0 & 0 & 0 & 0 \\
0 & 0 & 0 & 0 & 0 & 0 & 0 & 0 & 1 & 0 & 0 & 0 & 0 & 0 & 0 & 0 & 1 & 0 & 0 & 0 & 0 & 0 & 0 & 0 & 0 & 0 & 0 & 0 & 0 & 0 & 0 & 0 & 0 \\
0 & 0 & 0 & 0 & 0 & 0 & 0 & 0 & 0 & 1 & 0 & 0 & 0 & 0 & 0 & 0 & 0 & 0 & 0 & 0 & 0 & 0 & 0 & 0 & 0 & 0 & 0 & 0 & 0 & 0 & 0 & 0 & 0 \\
0 & 0 & 0 & 0 & 0 & 0 & 0 & 0 & 0 & 1 & 0 & 0 & 0 & 0 & 0 & 0 & 0 & 0 & 0 & 0 & 0 & 0 & 0 & 0 & 0 & 0 & 0 & 0 & 0 & 0 & 0 & 0 & 0 \\
0 & 0 & 0 & 0 & 0 & 0 & 0 & 0 & 0 & 0 & 1 & 0 & 0 & 0 & 0 & 0 & 0 & 0 & 0 & 0 & 0 & 0 & 0 & 0 & 0 & 0 & 0 & 0 & 0 & 0 & 0 & 0 & 0 \\
0 & 0 & 0 & 0 & 0 & 0 & 0 & 0 & 0 & 0 & 1 & 0 & 0 & 0 & 0 & 0 & 0 & 0 & 0 & 0 & 0 & 0 & 0 & 0 & 0 & 0 & 0 & 0 & 0 & 0 & 0 & 0 & 0 \\
0 & 0 & 0 & 0 & 0 & 0 & 0 & 0 & 0 & 0 & 0 & 1 & 0 & 0 & 0 & 0 & 0 & 0 & 0 & 0 & 0 & 0 & 0 & 0 & 0 & 0 & 0 & 0 & 0 & 0 & 0 & 0 & 0 \\
0 & 0 & 0 & 0 & 0 & 0 & 0 & 0 & 0 & 0 & 0 & 0 & 0 & 0 & 0 & 0 & 0 & 0 & 0 & 0 & 0 & 0 & 0 & 1 & 0 & 0 & 0 & 0 & 0 & 0 & 0 & 0 & 0 \\
0 & 0 & 0 & 0 & 0 & 0 & 0 & 0 & 0 & 0 & 0 & 0 & 0 & 0 & 0 & 0 & 0 & 0 & 0 & 0 & 0 & 0 & 0 & 0 & 1 & 0 & 0 & 0 & 0 & 0 & 0 & 0 & 0 \\
0 & 0 & 0 & 0 & 0 & 0 & 0 & 0 & 0 & 0 & 0 & 0 & 0 & 0 & 0 & 0 & 0 & 0 & 0 & 1 & 1 & 0 & 0 & 0 & 0 & 0 & 0 & 0 & 0 & 0 & 0 & 0 & 0 \\
0 & 0 & 0 & 0 & 0 & 0 & 0 & 0 & 0 & 0 & 0 & 0 & 0 & 0 & 0 & 0 & 0 & 0 & 0 & 0 & 1 & 1 & 0 & 0 & 0 & 0 & 0 & 0 & 0 & 0 & 0 & 0 & 0 \\
0 & 0 & 0 & 0 & 0 & 0 & 0 & 0 & 0 & 0 & 0 & 0 & 0 & 0 & 0 & 0 & 0 & 0 & 0 & 0 & 0 & 0 & 0 & 0 & 0 & 0 & 1 & 0 & 0 & 0 & 0 & 0 & 0 \\
0 & 0 & 0 & 0 & 0 & 0 & 0 & 0 & 0 & 0 & 0 & 0 & 0 & 0 & 0 & 0 & 0 & 0 & 0 & 0 & 0 & 0 & 0 & 0 & 0 & 0 & 0 & 0 & 0 & 0 & 0 & 0 & 1 \\
0 & 0 & 0 & 0 & 0 & 0 & 0 & 0 & 0 & 0 & 0 & 0 & 0 & 0 & 0 & 0 & 0 & 0 & 0 & 0 & 0 & 0 & 0 & 0 & 0 & 1 & 0 & 0 & 0 & 0 & 0 & 0 & 0 \\
0 & 0 & 0 & 0 & 0 & 0 & 0 & 0 & 0 & 0 & 0 & 0 & 0 & 0 & 0 & 0 & 0 & 0 & 0 & 0 & 0 & 0 & 0 & 0 & 0 & 0 & 0 & 0 & 0 & 1 & 0 & 0 & 0 \\
0 & 0 & 0 & 0 & 0 & 0 & 0 & 0 & 0 & 0 & 0 & 0 & 0 & 0 & 0 & 0 & 0 & 0 & 0 & 0 & 0 & 0 & 0 & 0 & 0 & 0 & 0 & 0 & 1 & 0 & 0 & 0 & 0
\end{bmatrix}$$

$$
V=\begin{bmatrix}
-1&1&0&0&0&0&0&0&0&0&0&0&0&0&0&0&0&0&0&0&0&0&0&0&0&0&0&0&0&0&0&0&0&0&0&0&0&0\\
1&-1&0&0&0&0&0&0&0&0&0&0&0&1&0&0&0&0&0&0&0&0&0&0&0&0&0&0&0&0&0&0&0&0&0&0&0&0\\
0&0&-1&1&0&0&0&0&0&0&0&0&0&-1&0&0&0&0&0&0&0&0&0&0&0&0&0&0&0&0&0&0&0&0&0&0&0&0\\
0&0&0&-1&0&0&1&0&0&0&0&0&0&0&1&0&0&0&0&0&0&-1&-1&0&0&0&0&0&0&0&0&0&0&0&0&0&0&0\\
0&0&0&0&-1&1&0&0&0&0&0&0&0&0&0&-1&0&0&0&0&0&0&0&0&0&0&0&0&0&0&0&0&0&0&0&0&0&0\\
0&0&0&0&-1&0&0&0&0&0&0&0&0&1&1&0&0&0&0&0&0&0&0&0&0&0&0&0&0&0&0&0&0&0&0&0&0&0\\
0&0&0&0&0&-1&1&0&0&0&0&0&0&-1&0&0&0&0&0&0&0&0&0&0&0&0&0&0&0&0&0&0&0&0&0&0&0&0\\
0&0&1&0&0&-1&0&0&0&0&0&0&0&0&0&0&0&0&0&0&0&0&0&0&0&0&0&0&0&0&0&0&0&0&0&0&0&0\\
0&0&0&0&0&0&-1&1&0&0&0&0&0&0&0&0&0&0&0&0&0&0&0&0&0&0&0&0&0&0&0&0&0&0&0&0&0&0\\
0&0&0&0&0&0&0&1&-1&0&0&0&0&0&0&0&-1&0&0&0&0&0&0&0&0&0&0&0&0&0&0&0&0&0&0&0&0&0\\
0&0&0&-1&0&0&0&0&0&0&0&0&0&0&0&0&0&0&0&1&0&0&0&0&-1&-1&0&0&0&0&0&0&0&0&0&0&0&0\\
0&0&0&0&0&0&0&-1&1&0&0&0&0&0&0&0&-1&0&0&0&0&0&0&0&0&0&0&0&0&0&0&0&0&0&0&0&0&0\\
0&0&0&0&0&0&0&0&1&-1&0&0&0&0&0&0&0&1&1&0&0&0&0&0&0&0&0&0&0&0&0&0&0&0&0&0&0&0\\
0&0&0&0&0&0&0&0&-1&1&0&0&0&0&0&0&-1&0&0&0&0&0&0&0&0&0&0&0&0&0&0&0&0&0&0&0&0&0\\
0&0&1&0&0&0&0&0&0&-1&0&0&0&0&0&0&0&0&0&0&0&0&0&0&0&0&0&0&0&0&0&0&0&0&0&0&0&0\\
0&0&0&0&0&0&0&0&0&-1&1&0&0&0&0&0&0&0&0&0&0&0&0&0&0&0&0&1&0&0&0&0&0&0&0&0&0&0\\
0&0&0&0&0&0&0&0&0&1&-1&0&0&0&0&0&0&-1&0&0&0&0&0&0&0&0&0&0&0&0&0&0&0&0&0&0&0&0\\
0&0&0&0&0&0&0&0&0&0&0&1&1&0&0&0&0&0&0&-1&0&0&0&0&0&0&0&0&0&0&0&0&0&0&0&0&0&0\\
0&0&0&0&0&0&0&0&0&0&0&0&1&1&0&0&0&0&0&0&-1&0&0&0&0&0&0&0&0&0&0&0&0&0&0&0&0&0\\
0&0&0&0&0&0&0&0&0&0&0&0&0&-1&-1&0&0&0&0&0&1&0&0&0&0&0&0&0&0&0&0&0&0&0&0&0&0&0\\
0&0&0&0&0&0&0&0&0&0&0&0&0&0&0&-1&-1&0&0&0&1&0&0&0&0&0&0&0&0&0&0&0&0&0&0&0&0&0\\
0&0&0&0&0&0&0&0&0&0&0&0&0&0&0&0&0&0&0&0&0&0&0&0&0&0&0&-1&0&1&0&0&0&0&0&0&0&0\\
0&0&0&0&0&0&0&0&0&0&0&0&0&0&0&0&0&0&0&0&0&0&0&0&0&0&0&0&0&0&-1&0&0&0&0&0&0&0\\
0&0&0&0&0&0&0&0&0&0&0&0&0&0&0&0&0&0&0&0&0&0&0&0&0&0&0&0&0&-1&0&0&1&0&0&0&0&0\\
0&0&0&0&0&0&0&0&0&0&0&0&0&0&0&0&0&0&0&0&0&0&0&0&0&0&0&0&0&0&-1&0&0&0&0&0&0&0\\
0&0&0&0&0&0&0&0&0&0&0&0&0&0&0&0&0&0&0&0&0&0&0&0&0&0&0&0&-1&1&0&0&0&0&0&0&0&0\\
\end{bmatrix}
$$

V^{+}，V^{-}，V 都为 26×38 的矩阵，矩阵的行中，从左到右分别表示 EP101，EP102，EP103，EP104，EP105，EP106，EP107，EP108，EP109，EP110，EP111，EP112，EP113，EP114，EP115，EP116，EP117，EP118，EP119，EP120，EP121，EP122，EP123，IEP11，ICP11，IEP12，ICP12，OEP11，OCP11，OEP12，OCP12，iem11，iem12，oem11，oem122，AP1，AP2，AP3；矩阵的列中，从上到下分别表示 et101，et102，et103，et104，et105，et106，et107，et108，et109，et110，et111，et112，et113，et114，et115，et116，et117，et118，et119，et120，et121，SI1，SI2，SI3，SI4，SI5。

假设在初始状态时刻，抽象对象 $AO^{Robot,buffer}$ 中有零件处于等待装载到机床上的状态，同时机器人 VMD 复合功能块执行控制部分处于初始化状态。对应于通讯网 ONCEMEC[1] 的动态行为为 $AO^{Robot,buffer}$ 的状态库所 AP1 和通用机器人 VMD 复合功能块 ONCEM 执行控制部分内部的状态库所 EP101、EP103、

EP105、EP110、EP111、EP116 拥有托肯，即 C（AP1）= 1，C（EP101）= C（EP103）= C（EP105）= C（EP110）= C（EP111）= C（EP116）= 1。机器人 VMD 复合功能块对象完成一次装载和卸载零件后，通讯网 ONCEMEC^1 中各库所的托肯位置与初始状态的时刻相同。

可到达状态标识矢量 M^q 中各元素的含义为各种库所的状态，即当此元素的库所中拥有托肯，则置为 1，否则置为 0；可到达状态标识矢量中各元素的数学表达式为

M^q = ［EP101 EP102 EP103 EP104 EP105 EP106 EP107 EP108 EP109 EP110 EP111 EP112 EP113 EP114 EP115 EP116 EP117 EP118 EP119 EP120 EP121 EP122 EP123 IEP11 ICP11 IEP12 ICP12 OEP11 OCP11 OEP12 OCP12 iem11 iem12 oem11 oem122 AP1 AP2 AP3］

触发序列的控制矢量 S^q 中各元素的含义为各活动变迁和服务接口功能块的触发情况，即当第 k 个活动变迁或服务接口功能块触发时，其相应矢量中的元素置为 1，其他元素为 0。用数学表达式表示为

S^q = ［et101 et102 et103 et104 et105 et106 et107 et108 et109 et110 et111 et112 et113 et114 et115 et116 et117 et118 et119 et120 et121 SI1 SI2 SI3 SI4 SI5］

对应于初始状态的初始状态标识 M^0 为

M^0 = ［1 0 1 0 1 0 0 0 0 1 1 0 0 0 0 1 0 0 0 0 0 0 0 0 0 0 0 0 0 0 0 0 0 0 0 1 0 0］

通用机器人 VMD 复合功能块执行控制部分在正常工作的情形下，最终状态标识与初始状态标识 M^0 相同，即为

M^g = ［1 0 1 0 1 0 0 0 0 1 1 0 0 0 0 1 0 0 0 0 0 0 0 0 0 0 0 0 0 0 0 0 0 0 0 1 0 0］

当 SI1 触发，即触发序列的控制矢量 S^0 = ［0 0 0 0 0 0 0 0 0 0 0 0 0 0 0 0 0 0 0 0 0 1 0 0 0 0］时，由初始状态标识 M^0 可得到可到达状态标识矢量 M^1。

通过可到达状态标识矢量 M^q 的计算式 $M^{q+1} = M^q + S^q \times V$ 求 M^1 的过程描述如下：

$M^1 = M^0 + S^0 \times V^0$

= ［1 0 1 0 1 0 0 0 0 1 1 0 0 0 1 0 0 0 0 0 0 0 0 0 0 0 0 0 0 0 0 0 0 0 1 0 0］ +

$$\begin{bmatrix} 0 \\ 0 \\ 0 \\ 0 \\ 0 \\ 0 \\ 0 \\ 0 \\ 0 \\ 0 \\ 0 \\ 0 \\ 0 \\ 0 \\ 0 \\ 0 \\ 0 \\ 0 \\ 0 \\ 1 \\ 0 \\ 0 \\ 0 \\ 0 \end{bmatrix}^T \times \mathbf{A}$$

$$= \begin{bmatrix} 1\,0\,1\,0\,1\,0\,0\,0\,0\,1\,1\,0\,0\,0\,0\,1\,0\,0\,0\,0\,0\,0\,0\,0\,0\,0\,0\,0\,0\,0\,0\,0\,0\,0\,0\,1 \end{bmatrix}$$

按照触发序列的控制矢量 $\mathbf{S}^q$ 中的触发序列，可计算出其他可到达状态标识 $\mathbf{M}^{q+1}$，由于篇幅有限，其他可到达状态标识的计算步骤不一一列出，只给出计算结果。计算结果见图 5-2，可达树见图 5-3。

从图 5-2 可得到：$\mathbf{M}^{29} = \mathbf{M}^g$，即通用机器人 VMD 复合功能块执行控制部分在正常工作的情况下，它的可到达状态标识能够到达其最终状态标识，通讯网 ONCEMEC[1] 不存在死锁现象。可知，通用机器人 VMD 复合功能块 ONCEM 模型的执行控制部分不存在死锁现象。

然后对通用机器人 VMD 复合功能块 ONCEM 模型的重构控制部分进行死锁分析。

建立通用机器人 VMD 复合功能块 ONCEM 模型重构控制部分的通讯网的目的在于，当进行重构控制时，分析通用机器人 VMD 复合功能块 ONCEM 模型的内部动态行为以及与外部相关联的其他 VMD 复合功能块的逻辑控制关系。通用机器人 VMD 复合功能块 ONCEM 模型重构控制部分的通讯网 ONCEMRC[1]

$M^0 = [1\,0\,1\,0\,1\,0\,0\,0\,0\,1\,1\,0\,0\,0\,0\quad 1\,0\,0\,0\,0\,0\,0\,0\,0\,0\,0\,0\,0\,0\,0\,0\,0\,0\,1\,0\,0]$

$M^1 = [1\,0\,1\,0\,1\,0\,0\,0\,0\,1\,1\,0\,0\,0\,0\quad 1\,0\,0\,0\,0\,0\,0\,0\,0\,0\,0\,0\,0\,0\,0\,0\,0\,0\,0\,0\,1]$

$M^2 = [1\,0\,1\,0\,1\,0\,0\,0\,0\,1\,1\,0\,0\,0\,0\quad 1\,0\,0\,0\,0\,0\,0\,0\,0\,0\,0\,0\,0\,1\,0\,0\,0\,0\,0\,0\,0]$

$M^3 = [1\,0\,1\,0\,1\,0\,0\,0\,0\,1\,1\,0\,0\,0\,0\quad 1\,0\,0\,0\,0\,0\,0\,1\,1\,0\,0\,0\,0\,0\,0\,0\,0\,0\,0\,0\,0]$

$M^4 = [0\,1\,1\,0\,1\,0\,0\,0\,0\,1\,1\,0\,0\,0\,0\quad 1\,0\,0\,0\,0\,0\,0\,1\,1\,0\,0\,0\,0\,0\,0\,0\,0\,0\,0\,0\,0]$

$M^5 = [1\,0\,1\,0\,1\,0\,0\,0\,0\,1\,1\,0\,0\,0\,0\quad 1\,1\,0\,0\,0\,0\,0\,1\,1\,0\,0\,0\,0\,0\,0\,0\,0\,0\,0\,0\,0]$

$M^6 = [1\,0\,0\,1\,1\,0\,0\,0\,0\,1\,1\,0\,0\,0\,0\quad 1\,0\,0\,0\,0\,0\,0\,1\,1\,0\,0\,0\,0\,0\,0\,0\,0\,0\,0\,0\,0]$

$M^7 = [1\,0\,0\,0\,1\,0\,1\,0\,0\,1\,1\,0\,0\,0\,0\quad 1\,0\,1\,0\,0\,0\,0\,0\,0\,0\,0\,0\,0\,0\,0\,0\,0\,0\,0\,0\,0]$

$M^8 = [1\,0\,0\,0\,0\,1\,1\,0\,0\,1\,1\,0\,0\,0\,0\quad 1\,0\,0\,0\,0\,0\,0\,0\,0\,0\,0\,0\,0\,0\,0\,0\,0\,0\,0\,0\,0]$

$M^9 = [1\,0\,0\,0\,1\,0\,1\,0\,0\,1\,1\,0\,0\,0\,0\quad 1\,0\,0\,1\,1\,0\,0\,0\,0\,0\,0\,0\,0\,0\,0\,0\,0\,0\,0\,0\,0]$

$M^{10} = [1\,0\,0\,0\,1\,0\,1\,0\,1\,0\,1\,0\,0\,0\,0\quad 1\,0\,0\,1\,0\,0\,0\,0\,0\,0\,0\,0\,0\,0\,0\,0\,0\,0\,0\,0\,0]$

$M^{11} = [1\,0\,0\,0\,1\,0\,1\,0\,0\,1\,1\,0\,0\,0\,0\quad 1\,0\,0\,1\,0\,0\,0\,0\,0\,0\,1\,0\,0\,0\,0\,0\,0\,0\,0\,0\,0]$

$M^{12} = [1\,0\,0\,0\,1\,0\,0\,1\,0\,1\,1\,0\,0\,0\,0\quad 1\,0\,0\,0\,0\,0\,0\,0\,0\,0\,1\,0\,0\,0\,0\,0\,0\,0\,0\,0\,0]$

$M^{13} = [1\,0\,1\,0\,1\,0\,0\,0\,0\,1\,1\,0\,0\,0\,0\quad 1\,0\,0\,0\,0\,0\,0\,0\,0\,0\,1\,1\,0\,0\,0\,0\,0\,0\,0\,0\,0]$

$M^{14} = [1\,0\,1\,0\,1\,0\,0\,0\,0\,1\,1\,0\,0\,0\,0\quad 1\,0\,0\,0\,0\,0\,0\,0\,0\,0\,0\,0\,0\,0\,0\,1\,0\,0\,0\,0]$

$M^{15} = [1\,0\,1\,0\,1\,0\,0\,0\,0\,1\,1\,0\,0\,0\,0\quad 1\,0\,0\,0\,0\,0\,0\,0\,0\,0\,0\,0\,0\,0\,0\,0\,0\,0\,1\,0]$

$M^{16} = [1\,0\,1\,0\,1\,0\,0\,0\,0\,1\,1\,0\,0\,0\,0\quad 1\,0\,0\,0\,0\,0\,0\,0\,0\,0\,0\,0\,0\,1\,0\,0\,0\,0\,0]$

$M^{17} = [1\,0\,1\,0\,1\,0\,0\,0\,0\,1\,1\,0\,0\,0\,0\quad 1\,0\,0\,0\,0\,0\,0\,0\,1\,1\,0\,0\,0\,0\,0\,0\,0\,0\,0]$

$M^{18} = [0\,1\,1\,0\,1\,0\,0\,0\,0\,1\,1\,0\,0\,0\,0\quad 1\,0\,0\,0\,0\,0\,0\,0\,1\,1\,0\,0\,0\,0\,0\,0\,0\,0\,0]$

$M^{19} = [1\,0\,1\,0\,1\,0\,0\,0\,0\,1\,1\,0\,0\,0\,0\quad 1\,1\,0\,0\,0\,0\,0\,0\,1\,1\,0\,0\,0\,0\,0\,0\,0\,0\,0]$

$M^{20} = [1\,0\,0\,1\,1\,0\,0\,0\,0\,1\,1\,0\,0\,0\,0\quad 1\,0\,0\,0\,0\,0\,0\,0\,1\,1\,0\,0\,0\,0\,0\,0\,0\,0\,0]$

$M^{21} = [1\,0\,0\,0\,1\,0\,0\,0\,0\,1\,1\,0\,1\,0\,0\quad 1\,0\,0\,0\,1\,0\,0\,0\,0\,0\,0\,0\,0\,0\,0\,0\,0\,0\,0]$

$M^{22} = [1\,0\,0\,0\,1\,0\,0\,0\,0\,1\,0\,1\,1\,0\,0\quad 1\,0\,0\,0\,0\,0\,0\,0\,0\,0\,0\,0\,0\,0\,0\,0\,0\,0\,0]$

$M^{23} = [1\,0\,0\,0\,1\,0\,0\,0\,0\,1\,1\,0\,1\,0\,0\quad 1\,0\,0\,0\,0\,1\,1\,0\,0\,0\,0\,0\,0\,0\,0\,0\,0\,0\,0]$

$M^{24} = [1\,0\,0\,0\,1\,0\,0\,0\,0\,1\,1\,0\,1\,0\,1\quad 0\,0\,0\,0\,0\,1\,0\,0\,0\,0\,0\,0\,0\,0\,0\,0\,0\,0\,0]$

$M^{25} = [1\,0\,0\,0\,1\,0\,0\,0\,0\,1\,1\,0\,1\,0\,0\quad 1\,0\,0\,0\,1\,0\,0\,0\,0\,0\,0\,1\,0\,0\,0\,0\,0\,0\,0]$

$M^{26} = [1\,0\,0\,0\,1\,0\,0\,0\,0\,1\,1\,0\,0\,1\,0\quad 1\,0\,0\,0\,0\,0\,0\,0\,0\,0\,1\,0\,0\,0\,0\,0\,0\,0\,0]$

$M^{27} = [1\,0\,1\,0\,1\,0\,0\,0\,0\,1\,1\,0\,0\,0\,0\quad 1\,0\,0\,0\,0\,0\,0\,0\,0\,0\,1\,1\,0\,0\,0\,0\,0\,0\,0]$

$M^{28} = [1\,0\,1\,0\,1\,0\,0\,0\,0\,1\,1\,0\,0\,0\,0\quad 1\,0\,0\,0\,0\,0\,0\,0\,0\,0\,0\,0\,0\,0\,1\,0\,0\,0]$

$M^{29} = [1\,0\,1\,0\,1\,0\,0\,0\,0\,1\,1\,0\,0\,0\,0\quad 1\,0\,0\,0\,0\,0\,0\,0\,0\,0\,0\,0\,0\,0\,0\,1\,0\,0]$

图 5－2　通用机器人 VMD 复合功能块处于执行控制状态时的过程状态标识

Fig. 5－2　The state markings' process of the general robot VMD composite function block at the execution control state

见图 5－4。通用机器人 VMD 复合功能块 ONCEM 重构控制部分的内部动态行为的描述及图中相应的图标含义见图 4－9，服务接口功能块 SI1、SI2、SI3、

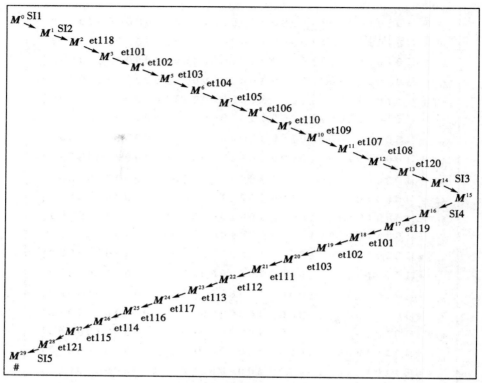

→ ：可到达状态标识的迁移
：可到达状态标识到达最终状态标识

图 5 − 3　通用机器人 VMD 复合功能块通讯网 ONCEMEC[1] 的可达树图
Fig. 5 − 3　The reachability tree of the ONCEMEC[1] for the general robot
VMD composite function block

SI4 和 SI5 的含义见图 4 − 15 与图 4 − 16。通讯网 ONCEMRC[1] 中各抽象对象的含义如下：

$AO^{Machine1, keeping}$ 描述了重构时机床 1 VMD 复合功能块处于不变状态（对应的状态库所为 AP10）；$AO^{Machine2, adding}$ 描述了重构时机床 2 VMD 复合功能块处于添加状态（对应的状态库所为 AP11）；$AO^{Machine2, robot\_ finished}$ 描述了机床 2 VMD 复合功能块与机器人 VMD 复合功能块的连接关系添加完成状态（对应的状态库所为 AP12）；$AO^{Buffer1, keeping}$ 描述了重构时缓冲区 1 VMD 复合功能块处于不变状态（对应的状态库所为 AP13）；$AO^{Buffer2, adding}$ 描述了重构时缓冲区 2 VMD 复合功能块处于添加状态（对应的状态库所为 AP14）；$AO^{Buffer2, robot\_ waiting}$ 描述了缓冲区 2 VMD 复合功能块等待与机器人 VMD 复合功能块添加连接关系（对应的状态库所为 AP15）。

— 88 —

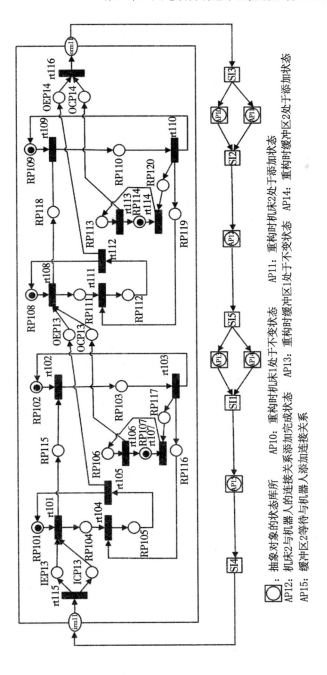

图 5-4　通用机器人 VMD 复合功能块 ONCEM 模型中重构控制部分的通讯网

Fig. 5-4　Communication net of the reconfiguration control part for the general robot VMD composite function block ONCEM model

　　根据通用机器人 VMD 复合功能块 ONCEM 模型重构控制部分的通讯网 ONCEMRC[1] 中的活动变迁、服务接口功能块、状态库所、输入/输出消息库所和抽象对象库所的相互关系，构造关联矩阵 V 的表达式如下：

$$
V = \begin{bmatrix}
-1 & 0 & 0 & 1 & 0 & 0 & 0 & 0 & 0 & 0 & 0 & 0 & 0 & 1 & 0 & 0 & 0 & 0 & 0 & -1 & -1 & 0 & 0 & 0 & 0 & 0 & 0 & 0 & 0 & 0 & 0 & 0 & 0 & 0 \\
0 & -1 & 1 & 0 & 0 & 0 & 0 & 0 & 0 & 0 & 0 & 0 & -1 & 0 & 0 & 0 & 0 & 0 & 0 & 0 & 0 & 0 & 0 & 0 & 0 & 0 & 0 & 0 & 0 & 0 & 0 & 0 & 0 & 0 \\
0 & 1 & -1 & 0 & 0 & 0 & 0 & 0 & 0 & 0 & 0 & 0 & 0 & 0 & 1 & 1 & 0 & 0 & 0 & 0 & 0 & 0 & 0 & 0 & 0 & 0 & 0 & 0 & 0 & 0 & 0 & 0 & 0 & 0 \\
0 & 0 & 0 & -1 & 1 & 0 & 0 & 0 & 0 & 0 & 0 & 0 & 0 & -1 & 0 & 0 & 0 & 0 & 0 & 0 & 0 & 0 & 0 & 0 & 0 & 0 & 0 & 0 & 0 & 0 & 0 & 0 & 0 & 0 \\
1 & 0 & 0 & 0 & -1 & 0 & 0 & 0 & 0 & 0 & 0 & 0 & 0 & 0 & 0 & 0 & 0 & 0 & 0 & 0 & 0 & 0 & 0 & 0 & 0 & 0 & 0 & 0 & 0 & 0 & 0 & 0 & 0 & 0 \\
0 & 0 & 0 & 0 & 0 & -1 & 1 & 0 & 0 & 0 & 0 & 0 & 0 & 0 & 0 & 0 & 0 & 0 & 0 & 0 & 1 & 0 & 0 & 0 & 0 & 0 & 0 & 0 & 0 & 0 & 0 & 0 & 0 & 0 \\
0 & 0 & 0 & 0 & 0 & 1 & -1 & 0 & 0 & 0 & 0 & 0 & 0 & 0 & 0 & 0 & 0 & -1 & 0 & 0 & 0 & 0 & 0 & 0 & 0 & 0 & 0 & 0 & 0 & 0 & 0 & 0 & 0 & 0 \\
0 & 0 & 0 & 0 & 0 & 0 & -1 & 0 & 1 & 0 & 0 & 0 & 0 & 0 & 0 & 1 & 0 & 0 & 0 & 0 & -1 & -1 & 0 & 0 & 0 & 0 & 0 & 0 & 0 & 0 & 0 & 0 & 0 & 0 \\
0 & 0 & 0 & 0 & 0 & 0 & -1 & 1 & 0 & 0 & 0 & 0 & 0 & 0 & 0 & 0 & 0 & -1 & 0 & 0 & 0 & 0 & 0 & 0 & 0 & 0 & 0 & 0 & 0 & 0 & 0 & 0 & 0 & 0 \\
0 & 0 & 0 & 0 & 0 & 0 & -1 & 0 & 0 & 0 & 0 & 0 & 0 & 0 & 0 & 0 & 0 & 0 & 0 & 0 & 0 & 0 & 0 & 0 & 0 & 0 & 0 & 0 & 0 & 0 & 0 & 0 & 0 & 0 \\
0 & 0 & 0 & 0 & 0 & 0 & 0 & -1 & 1 & 0 & 0 & 0 & 0 & 0 & 0 & -1 & 0 & 0 & 0 & 0 & 0 & 0 & 0 & 0 & 0 & 0 & 0 & 0 & 0 & 0 & 0 & 0 & 0 & 0 \\
0 & 0 & 0 & 0 & 0 & 0 & 0 & -1 & 0 & 0 & 0 & 0 & 0 & 0 & 0 & 0 & 0 & 0 & 0 & 0 & 1 & 0 & 0 & 0 & 0 & 0 & 0 & 0 & 0 & 0 & 0 & 0 & 0 & 0 \\
0 & 0 & 0 & 0 & 0 & 0 & 0 & -1 & 1 & 0 & 0 & 0 & 0 & 0 & 0 & 0 & 0 & 0 & 0 & 0 & 0 & 0 & 0 & 0 & 0 & 0 & 0 & 0 & 0 & 0 & 0 & 0 & 0 & 0 \\
0 & 0 & 0 & 0 & 0 & 0 & 0 & 1 & -1 & 0 & 0 & 0 & 0 & 0 & 0 & 0 & 0 & -1 & 0 & 0 & 0 & 0 & 0 & 0 & 0 & 0 & 0 & 0 & 0 & 0 & 0 & 0 & 0 & 0 \\
0 & 0 & 0 & 0 & 0 & 0 & 0 & 0 & 0 & 1 & 1 & 0 & 0 & 0 & 0 & 0 & -1 & 0 & 0 & 0 & 0 & 0 & 0 & 0 & 0 & 0 & 0 & 0 & 0 & 0 & 0 & 0 & 0 & 0 \\
0 & 0 & 0 & 0 & 0 & 0 & 0 & 0 & 0 & 0 & 0 & 0 & 0 & 0 & 0 & 0 & 0 & 0 & -1 & -1 & 0 & 0 & 0 & 0 & 0 & 0 & 0 & 0 & 0 & 0 & 0 & 0 & 0 & 0 \\
0 & 0 & 0 & 0 & 0 & 0 & 0 & 0 & 0 & 0 & 0 & 0 & 0 & 0 & 0 & 0 & 0 & 0 & 0 & 0 & 0 & 0 & 0 & 0 & 0 & 0 & -1 & 1 & 1 & 0 & 0 & 0 & 0 & 0 \\
0 & 0 & 0 & 0 & 0 & 0 & 0 & 0 & 0 & 0 & 0 & 0 & 0 & 0 & 0 & 0 & 0 & 0 & 0 & 0 & 0 & 0 & 0 & 0 & 0 & 0 & -1 & 1 & 1 & 0 & 0 & 0 & 0 & 0 \\
0 & 0 & 0 & 0 & 0 & 0 & 0 & 0 & 0 & 0 & 0 & 0 & 0 & 0 & 0 & 0 & 0 & 0 & 0 & 0 & 0 & 0 & 0 & 0 & 0 & 0 & -1 & 1 & 1 & 0 & 0 & 0 & 0 & 0 \\
0 & 0 & 0 & 0 & 0 & 0 & 0 & 0 & 0 & 0 & 0 & 0 & 0 & 0 & 0 & 0 & 0 & 0 & 0 & 0 & 0 & 0 & 0 & 0 & 0 & 0 & 0 & 0 & 0 & 0 & 0 & 0 & 0 & -1 \\
0 & 0 & 0 & 0 & 0 & 0 & 0 & 0 & 0 & 0 & 0 & 0 & 0 & 0 & 0 & 0 & 0 & 0 & 0 & 0 & 0 & 0 & 0 & 0 & 0 & 0 & 0 & 0 & -1 & 1 & 1 & 0 & 0 & 0 \\
\end{bmatrix}
$$

V 为 21×34 的矩阵，矩阵的行中，从左到右分别表示 RP101，RP102，RP103，RP104，RP105，RP106，RP107，RP108，RP109，RP110，RP111，RP112，RP113，RP114，RP115，RP116，RP117，RP118，RP119，RP120，IEP13，ICP13，OEP13，OCP13，OEP14，OCP14，irm11，orm11，AP10，AP11，AP12，AP13，AP14，AP15；矩阵的列中，从上到下分别表示 rt101，rt102，rt103，rt104，rt105，rt106，rt107，rt108，rt109，rt110，rt111，rt112，rt113，rt114，rt115，rt116，SI1，SI2，SI3，SI4，SI5。

　　假设在初始状态时刻，抽象对象 $AO^{Robot,Buffer2}$ 表示缓冲区 2 VMD 复合功能块等待与机器人 VMD 复合功能块添加连接关系，同时机器人 VMD 复合功能块重构控制部分处于初始化状态。对应于通讯网 ONCEMRC[1] 的动态行为为 $AO^{Robot,Buffer2}$ 的状态库所 AP15 和通用机器人 VMD 复合功能块 ONCEM 重构控制部分内部的状态库所 RP101、RP102、RP107、RP108、RP109、RP114 拥有托肯，即 C（AP15）=1，C（RP101）=C（RP102）=C（RP107）=C（RP108）

= C（RP109）= C（RP114）=1。机器人 VMD 复合功能块完成一次重配置后，通讯网 ONCEMRC[1] 中各库所的托肯位置与初始状态的时刻相同。

可到达状态标识矢量 $\boldsymbol{M}^q$ 中各元素的含义为各种库所的状态，即当此元素的库所中拥有托肯，则置为 1，否则置为 0；可到达状态标识矢量中各元素的数学表达式为

$\boldsymbol{M}^q$ = ［RP101 RP102 RP103 RP104 RP105 RP106 RP107 RP108 RP109 RP110 RP111 RP112 RP113 RP114 RP115 RP116 RP117 RP118 RP119 RP120 IEP13 ICP13 OEP13 OCP13 OEP14 OCP14 irm11 orm11 AP10 AP11 AP12 AP13 AP14 AP15］

触发序列的控制矢量 $\boldsymbol{S}^q$ 中各元素的含义为各活动变迁和服务接口功能块的触发情况，即当第 k 个活动变迁或服务接口功能块触发时，其相应矢量中的元素置为 1，其他元素置为 0。用数学表达式表示为

$\boldsymbol{S}^q$ = ［rt101 rt102 rt103 rt104 rt105 rt106 rt107 rt108 rt109 rt110 rt111 rt112 rt113 rt114 rt115 rt116 SI1 SI2 SI3 SI4 SI5］

对应于初始状态的初始状态标识 $\boldsymbol{M}^0$ 为

$\boldsymbol{M}^0$ = ［1 1 0 0 0 0 1 1 0 0 0 0 1 0 0 0 0 0 0 0 0 0 0 0 0 0 0 0 0 0 0 0 0 1］

通用机器人 VMD 复合功能块重构控制部分在正常工作的情形下，最终状态标识与初始状态标识 $\boldsymbol{M}^0$ 相同，即为

$\boldsymbol{M}^g$ = ［1 1 0 0 0 0 1 1 0 0 0 0 1 0 0 0 0 0 0 0 0 0 0 0 0 0 0 0 0 0 0 0 0 1］

当 SI4 触发，即触发序列的控制矢量 $\boldsymbol{S}^0$ = ［0 0 0 0 0 0 0 0 0 0 0 0 0 0 0 0 0 0 0 0 1 0］时，由初始状态标识 $\boldsymbol{M}^0$ 可得到可到达状态标识矢量 $\boldsymbol{M}^1$。

通过可到达状态标识矢量 $\boldsymbol{M}^q$ 的计算式 $\boldsymbol{M}^{q+1} = \boldsymbol{M}^q + \boldsymbol{S}^q \times \boldsymbol{V}$ 求 $\boldsymbol{M}^1$ 的过程描述如下：

$\boldsymbol{M}^1 = \boldsymbol{M}^0 + \boldsymbol{S}^0 \times \boldsymbol{V}$

= ［1 1 0 0 0 0 1 1 0 0 0 0 1 0 0 0 0 0 0 0 0 0 0 0 0 0 0 0 0 0 0 0 0 1］ +

$$
\begin{bmatrix} 0 \\ 0 \\ 0 \\ 0 \\ 0 \\ 0 \\ 0 \\ 0 \\ 0 \\ 0 \\ 0 \\ 0 \\ 0 \\ 0 \\ 0 \\ 0 \\ 0 \\ 0 \\ 0 \\ 0 \\ 1 \\ 0 \end{bmatrix}^{T}
\times
\begin{bmatrix}
-1 & 0 & 1 & 0 & 0 & 0 & 0 & 0 & 0 & 0 & 0 & 0 & 0 & 1 & 0 & 0 & 0 & 0 & -1 & -1 & 0 & 0 & 0 & 0 & 0 & 0 & 0 & 0 & 0 & 0 \\
0 & -1 & 1 & 0 & 0 & 0 & 0 & 0 & 0 & 0 & 0 & -1 & 0 & 0 & 0 & 0 & 0 & 0 & 0 & 0 & 0 & 0 & 0 & 0 & 0 & 0 & 0 & 0 & 0 & 0 \\
0 & 1 & -1 & 0 & 0 & 0 & 0 & 0 & 0 & 0 & 0 & 0 & 1 & 1 & 0 & 0 & 0 & 0 & 0 & 0 & 0 & 0 & 0 & 0 & 0 & 0 & 0 & 0 & 0 & 0 \\
0 & 0 & 0 & -1 & 1 & 0 & 0 & 0 & 0 & 0 & 0 & 0 & 0 & -1 & 0 & 0 & 0 & 0 & 0 & 0 & 0 & 0 & 0 & 0 & 0 & 0 & 0 & 0 & 0 & 0 \\
1 & 0 & 0 & -1 & 0 & 0 & 0 & 0 & 0 & 0 & 0 & 0 & 0 & 0 & 1 & 0 & 0 & 0 & 0 & 0 & 0 & 0 & 0 & 0 & 0 & 0 & 0 & 0 & 0 & 0 \\
0 & 0 & 0 & 0 & -1 & 1 & 0 & 0 & 0 & 0 & 0 & 0 & 0 & 0 & 1 & 0 & 0 & 0 & 0 & 0 & 0 & 0 & 0 & 0 & 0 & 0 & 0 & 0 & 0 & 0 \\
0 & 0 & 0 & 0 & 1 & -1 & 0 & 0 & 0 & 0 & 0 & 0 & 0 & -1 & 0 & 0 & 0 & 0 & 0 & 0 & 0 & 0 & 0 & 0 & 0 & 0 & 0 & 0 & 0 & 0 \\
0 & 0 & 0 & 0 & 0 & -1 & 0 & 1 & 0 & 0 & 0 & 0 & 0 & 1 & 0 & 0 & 0 & -1 & -1 & 0 & 0 & 0 & 0 & 0 & 0 & 0 & 0 & 0 & 0 & 0 \\
0 & 0 & 0 & 0 & 0 & 0 & 1 & -1 & 0 & 0 & 0 & 0 & 0 & 1 & 1 & 0 & 0 & 0 & 0 & 0 & 0 & 0 & 0 & 0 & 0 & 0 & 0 & 0 & 0 & 0 \\
0 & 0 & 0 & 0 & 0 & 0 & 1 & 0 & 1 & 0 & 0 & 0 & 0 & 1 & 1 & 0 & 0 & 0 & 0 & 0 & 0 & 0 & 0 & 0 & 0 & 0 & 0 & 0 & 0 & 0 \\
0 & 0 & 0 & 0 & 0 & 0 & 0 & -1 & 1 & 0 & 0 & 0 & 0 & -1 & 0 & 0 & 0 & 0 & 0 & 0 & 0 & 0 & 0 & 0 & 0 & 0 & 0 & 0 & 0 & 0 \\
0 & 0 & 0 & 0 & 0 & 0 & 0 & 0 & 1 & -1 & 0 & 0 & 0 & 0 & 0 & 0 & 0 & 0 & 0 & 0 & 0 & 0 & 0 & 0 & 0 & 0 & 0 & 0 & 0 & 0 \\
0 & 0 & 0 & 0 & 0 & 0 & 0 & 0 & 0 & -1 & 1 & 0 & 0 & 0 & 0 & 0 & 0 & 1 & 0 & 0 & 0 & 0 & 0 & 0 & 0 & 0 & 0 & 0 & 0 & 0 \\
0 & 0 & 0 & 0 & 0 & 0 & 0 & 0 & 0 & 1 & -1 & 0 & 0 & 0 & -1 & 0 & 0 & 0 & 0 & 0 & 0 & 0 & 0 & 0 & 0 & 0 & 0 & 0 & 0 & 0 \\
0 & 0 & 0 & 0 & 0 & 0 & 0 & 0 & 0 & 0 & 1 & 1 & 0 & 0 & 0 & 0 & -1 & 0 & 0 & 0 & 0 & 0 & 0 & 0 & 0 & 0 & 0 & 0 & 0 & 0 \\
0 & 0 & 0 & 0 & 0 & 0 & 0 & 0 & 0 & 0 & 0 & 0 & 0 & 0 & 0 & -1 & -1 & 0 & 1 & 0 & 0 & 0 & 0 & 0 & 0 & 0 & 0 & 0 & 0 & 0 \\
0 & 0 & 0 & 0 & 0 & 0 & 0 & 0 & 0 & 0 & 0 & 0 & 0 & 0 & 0 & 0 & 0 & -1 & -1 & -1 & 0 & 0 & 0 & 0 & 0 & 0 & 0 & 0 & 0 & 0 \\
0 & 0 & 0 & 0 & 0 & 0 & 0 & 0 & 0 & 0 & 0 & 0 & 0 & 0 & 0 & 0 & 0 & 0 & -1 & 1 & 1 & 0 & 0 & 0 & 0 & 0 & 0 & 0 & 0 & 0 \\
0 & 0 & 0 & 0 & 0 & 0 & 0 & 0 & 0 & 0 & 0 & 0 & 0 & 0 & 0 & 0 & 0 & 0 & -1 & 1 & 1 & 0 & 0 & 0 & 0 & 0 & 0 & 0 & 0 & 0 \\
0 & 0 & 0 & 0 & 0 & 0 & 0 & 0 & 0 & 0 & 0 & 0 & 0 & 0 & 0 & 0 & 0 & 0 & 1 & 0 & 0 & 0 & 0 & 0 & 0 & 0 & 0 & 0 & 0 & -1 \\
0 & 0 & 0 & 0 & 0 & 0 & 0 & 0 & 0 & 0 & 0 & 0 & 0 & 0 & 0 & 0 & 0 & 0 & 0 & 0 & 0 & 0 & 0 & 0 & -1 & 1 & 1 & 0
\end{bmatrix}
$$

$$
= \begin{bmatrix} 1 & 1 & 0 & 0 & 0 & 0 & 1 & 1 & 1 & 0 & 0 & 0 & 0 & 1 & 0 & 0 & 0 & 0 & 0 & 0 & 0 & 0 & 0 & 0 & 0 & 0 & 1 & 0 & 0 & 0 & 0 & 0 & 0 & 0 \end{bmatrix}
$$

按照触发序列的控制矢量 S^q 中的触发序列，可计算出其他可到达状态标识 M^{q+1}，由于篇幅有限，其他可到达状态标识的计算步骤不一一列出，只给出计算结果。计算结果见图 5−5，可达树见图 5−6。

从图 5−6 可得到 $M^{21}=M^g$，即通用机器人 VMD 复合功能块重构控制部分在正常工作的情况下，它的可到达状态标识能够到达其最终状态标识，通讯网 ONCEMRC[1] 不存在死锁现象。可知，通用机器人 VMD 复合功能块 ONCEM 模型的重构控制部分不存在死锁现象。

这里需要特别指出的是，采用图 5−4 分析通用机器人 VMD 复合功能块 ONCEM 模型重构控制部分的内部动态行为的方法，与分析通用机床 VMD 复合功能块 ONCEM 模型以及通用缓冲区 VMD 复合功能块 ONCEM 模型的重构控制部分的方法十分类似，即这些通用机床 VMD 复合功能块 ONCEM 模型的重构控制部分执行的过程是类似的；只不过在分析与外部相关联的其他 VMD 复合功能块的逻辑控制关系时，由于关联的 VMD 复合功能块不同，结果会略有不同。但是，从分析各个 VMD 复合功能块 ONCEM 模型重构控制部分的内部动态行为的角度来看：如果通用机器人 VMD 复合功能块的通讯网 ONCEMRC[1] 不存在死锁现象，则通用机床 VMD 复合功能块的通讯网 ONCEMRC[2] 及通用缓冲区 VMD 复合功能块的通讯网 ONCEMRC[3] 也将不存在死锁现象。因此，对通用

$$M^{0}=[110000111000010\ 0000000000000000001]$$
$$M^{1}=[110000111000010\ 0000000000010000000]$$
$$M^{2}=[110000111000010\ 0000011000000000000]$$
$$M^{3}=[010100111000011\ 0000000000000000000]$$
$$M^{4}=[001100111000010\ 0000000000000000000]$$
$$M^{5}=[010100111000010\ 1100000000000000000]$$
$$M^{6}=[010101011000010\ 1000000000000000000]$$
$$M^{7}=[010100111000010\ 1000000010000000000]$$
$$M^{8}=[010010111000010\ 0000000010000000000]$$
$$M^{9}=[110000111000010\ 0000000110000000000]$$
$$M^{10}=[110000101010010\ 0010000000000000000]$$
$$M^{11}=[110000100110010\ 0000000000000000000]$$
$$M^{12}=[110000101010010\ 0001100000000000000]$$
$$M^{13}=[110000101010100\ 0001000000000000000]$$
$$M^{14}=[110000101010010\ 0001000000100000000]$$
$$M^{15}=[110000101001010\ 0000000000100000000]$$
$$M^{16}=[110000111000010\ 0000000001100000000]$$
$$M^{17}=[110000111000010\ 0000000000001000000]$$
$$M^{18}=[110000111000010\ 0000000000000110000]$$
$$M^{19}=[110000111000010\ 0000000000000001000]$$
$$M^{20}=[110000111000010\ 0000000000000000110]$$
$$M^{21}=[110000111000010\ 0000000000000000001]$$

图 5－5　通用机器人 VMD 复合功能块处于重构控制状态时的过程状态标识

Fig. 5－5　The state markings' process of the general robot VMD composite function block at the reconfiguration control state

机器人 VMD 复合功能块 ONCEM 模型的重构控制部分进行死锁检测分析后，无须再对通用机床 VMD 复合功能块及通用缓冲区 VMD 复合功能块 ONCEM 模型的重构控制部分进行死锁分析。

5.1.3　通用机床 VMD 复合功能块 ONCEM 模型的死锁分析

在制造单元中，机床是最为关键的制造实体。在风电设备制造单元控制系统的动态建模时，必须对作为制造实体的通用机床 VMD 复合功能块的动态模

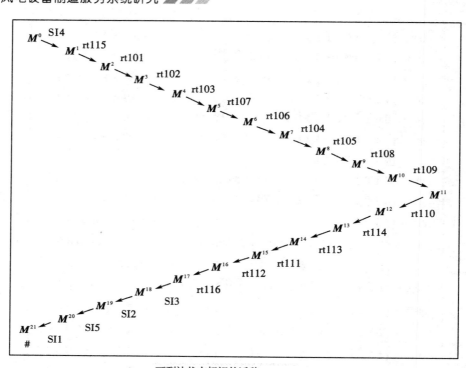

———→ ：可到达状态标识的迁移

\# ：可到达状态标识到达最终状态标识

图 5 - 6　通用机器人 VMD 复合功能块通讯网 ONCEMRC[1] 的可达树图

Fig. 5 - 6　The reachability tree of the ONCEMRC[1] for the general

robot VMD composite function block

型进行分析，其重点在于分析通用机床 VMD 复合功能块 ONCEM 模型的内部动态行为以及与外部相关联的其他 VMD 复合功能块的逻辑控制关系。

　　根据上述构造通用 VMD 功能块 ONCEM 模型的通讯网的方法和步骤，构造出的通用机床 VMD 复合功能块 ONCEM 模型执行控制部分的通讯网 ONCE-MEC[2] 见图 5 - 7。通用机床 VMD 复合功能块 ONCEM 模型的内部动态行为的描述及图中相应的图标含义见图 4 - 11。从风电设备制造单元控制系统基本 ONCES 模型可知，机床 VMD 复合功能块 ONCEM 模型与机器人和缓冲区 VMD 复合功能块相关联。为了便于分析机床 VMD 复合功能块的动态行为，将与之相关联的外部 VMD 复合功能块封装成相应的抽象对象 AO。通讯网 ONCE-MEC[2] 中各抽象对象的状态库所封装如下：缓冲区 VMD 复合功能块被封装成一个抽象对象 $AO^{Machine,buffer}$；机器人 VMD 复合功能块被封装成两个抽象对象 $AO^{Machine,loading}$ 和 $AO^{Machine,unloading}$。$AO^{Machine,buffer}$ 描述了零件在缓冲区等待加工的状

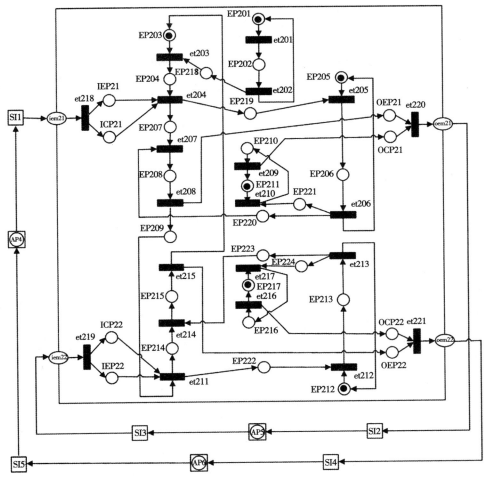

图中图例：
○：抽象对象的状态库所　　AP4：零件在缓冲区等待加工状态
AP5：机器人处于装载零件状态　AP6：机器人处于卸载零件状态

图 5-7　通用机床 VMD 复合功能块 ONCEM 模型中执行控制部分的通讯网

Fig. 5-7　Communication net for the execution control part of the general
machine VMD composite function block ONCEM model

态及加工完的零件区等待下一道工序操作的状态（对应的状态库所为 AP4），
$AO^{Machine, loading}$ 描述了机器人处于装载零件的状态（对应的状态库所为 AP5），
$AO^{Machine, unloading}$ 描述了机器人处于卸载零件的状态（对应的状态库所为 AP6）。
服务接口功能块 SI1、SI2、SI3、SI4 和 SI5 的含义见图 4-15 与图 4-16。

　　针对上述建立的通用机床 VMD 复合功能块 ONCEM 模型的通讯网 ONCE-
MEC^2，采用本书提出的死锁检测方法对通用机床 VMD 复合功能块 ONCEM 模型的内部动态行为进行死锁检测分析。假设通用机床 VMD 复合功能块处于正常工作状态。

根据通用机床 VMD 复合功能块 ONCEM 模型的通讯网 $ONCEMEC^2$ 中的活动变迁、服务接口功能块、状态库所、输入/输出消息库所和抽象对象库所的相互关系，构造关联矩阵 V 的表达式如下：

$$V = \begin{bmatrix}
-1 & 1 & 0 & 0 & 0 & 0 & 0 & 0 & 0 & 0 & 0 & 0 & 0 & 0 & 0 & 0 & 0 & 0 & 0 & 0 & 0 & 0 & 0 & 0 & 0 & 0 & 0 & 0 & 0 & 0 & 0 & 0 & 0 & 0 & 0 & 0 & 0 & 0 & 0 \\
1 & -1 & 0 & 0 & 0 & 0 & 0 & 0 & 0 & 0 & 0 & 0 & 0 & 0 & 1 & 0 & 0 & 0 & 0 & 0 & 0 & 0 & 0 & 0 & 0 & 0 & 0 & 0 & 0 & 0 & 0 & 0 & 0 & 0 & 0 & 0 & 0 & 0 & 0 \\
0 & 0 & -1 & 1 & 0 & 0 & 0 & 0 & 0 & 0 & 0 & 0 & 0 & -1 & 0 & 0 & 0 & 0 & 0 & 0 & 0 & 0 & 0 & 0 & 0 & 0 & 0 & 0 & 0 & 0 & 0 & 0 & 0 & 0 & 0 & 0 & 0 & 0 & 0 \\
0 & 0 & 0 & -1 & 0 & 0 & 1 & 0 & 0 & 0 & 0 & 0 & 0 & 0 & 0 & 0 & 1 & 0 & 0 & 0 & 0 & 0 & -1 & -1 & 0 & 0 & 0 & 0 & 0 & 0 & 0 & 0 & 0 & 0 & 0 & 0 & 0 & 0 & 0 \\
0 & 0 & 0 & -1 & 0 & 0 & 1 & 0 & 0 & 0 & 0 & 0 & 0 & 0 & 0 & 0 & 1 & 0 & 0 & 0 & 0 & 0 & -1 & -1 & 0 & 0 & 0 & 0 & 0 & 0 & 0 & 0 & 0 & 0 & 0 & 0 & 0 & 0 & 0 \\
0 & 0 & 0 & 0 & 1 & -1 & 0 & 0 & 0 & 0 & 0 & 0 & 0 & 0 & 0 & 1 & 1 & 0 & 0 & 0 & 0 & 0 & 0 & 0 & 0 & 0 & 0 & 0 & 0 & 0 & 0 & 0 & 0 & 0 & 0 & 0 & 0 & 0 & 0 \\
0 & 0 & 0 & 0 & 0 & 0 & -1 & 1 & 0 & 0 & 0 & 0 & 0 & 0 & 0 & -1 & 0 & 0 & 0 & 0 & 0 & 0 & 0 & 0 & 0 & 0 & 0 & 0 & 0 & 0 & 0 & 0 & 0 & 0 & 0 & 0 & 0 & 0 & 0 \\
0 & 0 & 0 & 0 & 0 & 0 & -1 & 1 & 0 & 0 & 0 & 0 & 0 & 0 & 0 & 0 & 0 & 0 & 0 & 0 & 0 & 0 & 0 & 1 & 0 & 0 & 0 & 0 & 0 & 0 & 0 & 0 & 0 & 0 & 0 & 0 & 0 & 0 & 0 \\
0 & 0 & 0 & 0 & 0 & 0 & 0 & -1 & 1 & 0 & 0 & 0 & 0 & 0 & 0 & 0 & 0 & 0 & 0 & 0 & 0 & 0 & 0 & 0 & 1 & 0 & 0 & 0 & 0 & 0 & 0 & 0 & 0 & 0 & 0 & 0 & 0 & 0 & 0 \\
0 & 0 & 0 & 0 & 0 & 0 & 0 & 1 & -1 & 0 & 0 & 0 & 0 & 0 & 0 & 0 & 0 & -1 & 0 & 0 & 0 & 0 & 0 & 0 & 0 & 0 & 0 & 0 & 0 & 0 & 0 & 0 & 0 & 0 & 0 & 0 & 0 & 0 & 0 \\
0 & 0 & 0 & 0 & 0 & -1 & 0 & 0 & 0 & 1 & 0 & 0 & 0 & 0 & 0 & 0 & 1 & 0 & 0 & 0 & -1 & -1 & 0 & 0 & 0 & 0 & 0 & 0 & 0 & 0 & 0 & 0 & 0 & 0 & 0 & 0 & 0 & 0 & 0 \\
0 & 0 & 0 & 0 & 0 & 0 & 0 & -1 & 1 & 0 & 0 & 0 & 0 & 0 & 0 & -1 & 0 & 0 & 0 & 0 & 0 & 0 & 0 & 0 & 0 & 0 & 0 & 0 & 0 & 0 & 0 & 0 & 0 & 0 & 0 & 0 & 0 & 0 & 0 \\
0 & 0 & 0 & 0 & 0 & 0 & 1 & -1 & 0 & 0 & 0 & 0 & 0 & 0 & 0 & 1 & 1 & 0 & 0 & 0 & 0 & 0 & 0 & 0 & 0 & 0 & 0 & 0 & 0 & 0 & 0 & 0 & 0 & 0 & 0 & 0 & 0 & 0 & 0 \\
0 & 0 & 0 & 0 & 0 & 0 & 0 & -1 & 1 & 0 & 0 & 0 & 0 & 0 & 0 & -1 & 0 & 0 & 0 & 0 & 0 & 0 & 0 & 0 & 0 & 0 & 0 & 0 & 0 & 0 & 0 & 0 & 0 & 0 & 0 & 0 & 0 & 0 & 0 \\
0 & 0 & 1 & 0 & 0 & 0 & 0 & 0 & 0 & -1 & 0 & 0 & 0 & 0 & 0 & 1 & 0 & 0 & 0 & 0 & 0 & 0 & 0 & 0 & 0 & 0 & 0 & 0 & 0 & 0 & 0 & 0 & 0 & 0 & 0 & 0 & 0 & 0 & 0 \\
0 & 0 & 0 & 0 & 0 & 0 & 0 & -1 & 1 & 0 & 0 & 0 & 0 & 0 & 0 & 0 & 0 & 0 & 0 & 0 & 0 & 0 & 0 & 0 & 0 & 0 & 0 & 0 & 0 & 0 & 0 & 0 & 0 & 0 & 0 & 0 & 0 & 0 & 0 \\
0 & 0 & 0 & 0 & 0 & 0 & 0 & 0 & 1 & -1 & 0 & 0 & 0 & 0 & -1 & 0 & 0 & 0 & 0 & 0 & 0 & 0 & 0 & 0 & 0 & 0 & 0 & 0 & 0 & 0 & 0 & 0 & 0 & 0 & 0 & 0 & 0 & 0 & 0 \\
0 & 0 & 0 & 0 & 0 & 0 & 0 & 0 & 0 & 0 & 1 & 1 & 0 & 0 & 0 & 0 & -1 & 0 & 0 & 0 & 0 & -1 & 0 & 0 & 0 & 0 & 0 & 0 & 0 & 0 & 0 & 0 & 0 & 0 & 0 & 0 & 0 & 0 & 0 \\
0 & 0 & 0 & 0 & 0 & 0 & 0 & 0 & 0 & 0 & 1 & 1 & 0 & 0 & 0 & 0 & -1 & 0 & 0 & 0 & 0 & 0 & 0 & 0 & 0 & 0 & 0 & 0 & 0 & 0 & 0 & 0 & 0 & 0 & 0 & 0 & 0 & 0 & 0 \\
0 & 0 & 0 & 0 & 0 & 0 & 0 & 0 & 0 & 0 & 0 & -1 & -1 & 0 & 0 & 0 & 1 & 0 & 0 & 0 & 0 & 0 & 0 & 0 & 0 & 0 & 0 & 0 & 0 & 0 & 0 & 0 & 0 & 0 & 0 & 0 & 0 & 0 & 0 \\
0 & 0 & 0 & 0 & 0 & 0 & 0 & 0 & 0 & 0 & 0 & 0 & -1 & -1 & 0 & 0 & 0 & 1 & 0 & 0 & 0 & 0 & 0 & 0 & 0 & 0 & 0 & 0 & 0 & 0 & 0 & 0 & 0 & 0 & 0 & 0 & 0 & 0 & 0 \\
0 & 0 & 0 & 0 & 0 & 0 & 0 & 0 & 0 & 0 & 0 & 0 & 0 & 0 & 0 & 0 & 1 & 0 & 0 & 0 & -1 & 0 & 0 & 0 & 0 & 0 & 0 & 0 & 0 & 0 & 0 & 0 & 0 & 0 & 0 & 0 & 0 & 0 & 0 \\
0 & 0 & 0 & 0 & 0 & 0 & 0 & 0 & 0 & 0 & 0 & 0 & 0 & 0 & 0 & 0 & 0 & 0 & 0 & 0 & -1 & 0 & 0 & 1 & 0 & 0 & 0 & 0 & 0 & 0 & 0 & 0 & 0 & 0 & 0 & 0 & 0 & 0 & 0 \\
0 & 0 & 0 & 0 & 0 & 0 & 0 & 0 & 0 & 0 & 0 & 0 & 0 & 0 & 0 & 0 & 0 & 0 & 0 & 0 & 1 & 0 & -1 & 0 & -1 & 0 & 0 & 0 & 0 & 0 & 0 & 0 & 0 & 0 & 0 & 0 & 0 & 0 & 0 \\
0 & 0 & 0 & 0 & 0 & 0 & 0 & 0 & 0 & 0 & 0 & 0 & 0 & 0 & 0 & 0 & 0 & 0 & 0 & 0 & 0 & 0 & 0 & 0 & 0 & 0 & 0 & 0 & 1 & 0 & 0 & 0 & 0 & 0 & 0 & 0 & 0 & 0 & 1 \\
0 & 0 & 0 & 0 & 0 & 0 & 0 & 0 & 0 & 0 & 0 & 0 & 0 & 0 & 0 & 0 & 0 & 0 & 0 & 0 & 0 & 0 & 0 & 0 & 0 & 0 & 0 & 0 & 0 & 0 & 0 & 0 & 0 & 0 & 0 & 1 & 0 & -1 & 0
\end{bmatrix}$$

V 为 26×39 的矩阵，矩阵的行中，从左到右分别表示 EP201，EP202，EP203，EP204，EP205，EP206，EP207，EP208，EP209，EP210，EP211，EP212，EP213，EP214，EP215，EP216，EP217，EP218，EP219，EP220，EP221，EP222，EP223，EP224，IEP21，ICP21，IEP22，ICP22，OCP21，OEP21，OCP12，OEP12，iem21，iem22，oem21，oem22，AP4，AP5，AP6；矩阵的列中，从上到下分别表示 et201，et202，et1203，et204，et205，et206，et207，et208，et209，et210，et211，et212，et213，et214，et215，et216，et217，et218，et219，et220，et221，SI1，SI2，SI3，SI4，SI5。

假设在初始状态时刻，抽象对象 AO$^{\text{Machine,buffer}}$ 中有零件处于等待加工的状态，同时机床 VMD 复合功能块执行控制部分处于初始化状态。对应于通讯网 ONCEMEC^2 的动态行为为 AO$^{\text{Machine,buffer}}$ 的状态库所 AP4 和通用机床 VMD 复合功能块 ONCEM 执行控制部分内部的状态库所 EP201、EP203、EP205、EP211、EP212、EP217 拥有托肯，即 C（AP4）= 1，C（EP201）= C（EP203）= C（EP205）= C（EP211）= C（EP212）= C（EP217）= 1。通用机床 VMD 复合功能块在正常工作的情况下，零件加工完成后，对应的通讯网 ONCEMEC^2 中各库所的托肯位置与初始状态的时刻相同。

可到达状态标识矢量 M^q 中各元素的含义为各种库所的状态，即当此元素的库所中拥有托肯，则置为 1，否则置为 0；可到达状态标识矢量中各元素的数学表达式为

M^q = ［EP201 EP202 EP203 EP204 EP205 EP206 EP207 EP208 EP209 EP210 EP211 EP212 EP213 EP214 EP215 EP216 EP217 EP218 EP219 EP220 EP221 EP222 EP223 EP224 IEP21 ICP21 IEP22 ICP22 OCP21 OEP21 OCP12 OEP12 iem21 iem22 oem21 oem22 AP4 AP5 AP6］

触发序列的控制矢量 S^q 中各元素的含义为各活动变迁和门的触发情况，即当第 k 个活动变迁和门触发时，其相应矢量中的元素置为 1，其他元素置为 0。用数学表达式表示为

S^q = ［et201 et202 et203 et204 et205 et206 et207 et208 et209 et210 et211 et212 et213 et214 et215 et216 et217 et218 et219 et220 et221 SI1 SI2 SI3 SI4 SI5］

对应于初始状态的初始状态标识 M^0 为

M^0 = ［1 0 1 0 1 0 0 0 0 0 1 1 0 0 0 0 1 0 0 0 0 0 0 0 0 0 0 0 0 0 0 0 0 0 0 1 0 0］

通用机床 VMD 复合功能块执行控制部分在正常工作的情形下，最终状态标识与初始状态标识 M^0 相同，即为

M^g = ［1 0 1 0 1 0 0 0 0 0 1 1 0 0 0 0 1 0 0 0 0 0 0 0 0 0 0 0 0 0 0 0 0 0 0 1 0 0］

按照触发序列的控制矢量 S^q 中的触发序列，可计算出其他可到达状态标识 M^{q+1}。由于篇幅有限，可到达状态标识的计算步骤不一一列出，只给出计算结果。计算结果见图 5-8，可达树见图 5-9。

从图 5-8 可得到 $M^{26} = M^g$，即通用机床 VMD 复合功能块执行控制部分在正常工作的情况下，它的可达状态标识能够到达其最终状态标识，通讯网 ON-

$CEMEC^2$ 不存在死锁现象。可知，通用机床 VMD 复合功能块 ONCEM 模型的执行控制部分不存在死锁现象。

$M^0 = [1\ 0\ 1\ 0\ 1\ 0\ 0\ 0\ 0\ 0\ 1\ 1\ 0\ 0\ 0\ 0\ 1\ 0\ 0\ 0\ 0\ 0\ 0\ 0\ 0\ 0\ 0\ 0\ 0\ 0\ 0\ 0\ 1\ 0\ 0]$

$M^1 = [1\ 0\ 1\ 0\ 1\ 0\ 0\ 0\ 0\ 0\ 1\ 1\ 0\ 0\ 0\ 0\ 1\ 0\ 0\ 0\ 0\ 0\ 0\ 0\ 0\ 0\ 0\ 0\ 0\ 1\ 0\ 0\ 0\ 0\ 0]$

$M^2 = [1\ 0\ 1\ 0\ 1\ 0\ 0\ 0\ 0\ 0\ 1\ 1\ 0\ 0\ 0\ 0\ 1\ 0\ 0\ 0\ 0\ 0\ 0\ 1\ 1\ 0\ 0\ 0\ 0\ 0\ 0\ 0\ 0\ 0\ 0]$

$M^3 = [0\ 1\ 1\ 0\ 1\ 0\ 0\ 0\ 0\ 0\ 1\ 1\ 0\ 0\ 0\ 0\ 1\ 0\ 0\ 0\ 0\ 0\ 0\ 1\ 1\ 0\ 0\ 0\ 0\ 0\ 0\ 0\ 0\ 0\ 0]$

$M^4 = [1\ 0\ 1\ 0\ 1\ 0\ 0\ 1\ 0\ 0\ 1\ 1\ 0\ 0\ 0\ 0\ 1\ 0\ 0\ 0\ 0\ 0\ 0\ 1\ 1\ 0\ 0\ 0\ 0\ 0\ 0\ 0\ 0\ 0\ 0]$

$M^5 = [1\ 0\ 0\ 1\ 1\ 0\ 0\ 0\ 0\ 0\ 1\ 1\ 0\ 0\ 0\ 0\ 1\ 0\ 0\ 0\ 0\ 0\ 0\ 1\ 1\ 0\ 0\ 0\ 0\ 0\ 0\ 0\ 0\ 0\ 0]$

$M^6 = [1\ 0\ 0\ 0\ 1\ 0\ 1\ 0\ 0\ 0\ 1\ 1\ 0\ 0\ 0\ 0\ 1\ 0\ 1\ 0\ 0\ 0\ 0\ 0\ 0\ 0\ 0\ 0\ 0\ 0\ 0\ 0\ 0\ 0\ 0]$

$M^7 = [1\ 0\ 0\ 0\ 0\ 1\ 1\ 0\ 0\ 0\ 1\ 1\ 0\ 0\ 0\ 0\ 1\ 0\ 0\ 0\ 0\ 0\ 0\ 0\ 0\ 0\ 0\ 0\ 0\ 0\ 0\ 0\ 0\ 0\ 0]$

$M^8 = [1\ 0\ 0\ 0\ 1\ 0\ 1\ 0\ 0\ 0\ 1\ 1\ 0\ 0\ 0\ 0\ 1\ 0\ 0\ 1\ 1\ 0\ 0\ 0\ 0\ 0\ 0\ 0\ 0\ 0\ 0\ 0\ 0\ 0\ 0]$

$M^9 = [1\ 0\ 0\ 0\ 1\ 0\ 0\ 1\ 0\ 0\ 1\ 1\ 0\ 0\ 0\ 0\ 1\ 0\ 0\ 0\ 1\ 0\ 0\ 0\ 0\ 0\ 0\ 0\ 0\ 0\ 0\ 0\ 0\ 0\ 0]$

$M^{10} = [1\ 0\ 0\ 0\ 1\ 0\ 0\ 0\ 1\ 0\ 1\ 1\ 0\ 0\ 0\ 0\ 1\ 0\ 0\ 0\ 1\ 0\ 0\ 0\ 0\ 0\ 0\ 0\ 1\ 0\ 0\ 0\ 0\ 0\ 0]$

$M^{11} = [1\ 0\ 0\ 0\ 1\ 0\ 0\ 0\ 1\ 1\ 0\ 1\ 0\ 0\ 0\ 0\ 1\ 0\ 0\ 0\ 0\ 0\ 0\ 0\ 0\ 0\ 0\ 1\ 0\ 0\ 0\ 0\ 0\ 0\ 0]$

$M^{12} = [1\ 0\ 0\ 0\ 1\ 0\ 0\ 0\ 1\ 0\ 1\ 1\ 0\ 0\ 0\ 0\ 1\ 0\ 0\ 0\ 0\ 0\ 0\ 0\ 0\ 1\ 1\ 0\ 0\ 0\ 0\ 0\ 0\ 0\ 0]$

$M^{13} = [1\ 0\ 0\ 0\ 1\ 0\ 0\ 0\ 1\ 0\ 1\ 1\ 0\ 0\ 0\ 0\ 1\ 0\ 0\ 0\ 0\ 0\ 0\ 0\ 0\ 0\ 0\ 0\ 1\ 0\ 0\ 0\ 0\ 0\ 0]$

$M^{14} = [1\ 0\ 0\ 0\ 1\ 0\ 0\ 0\ 1\ 0\ 1\ 1\ 0\ 0\ 0\ 0\ 1\ 0\ 0\ 0\ 0\ 0\ 0\ 0\ 0\ 0\ 0\ 0\ 0\ 0\ 1\ 0]$

$M^{15} = [1\ 0\ 0\ 0\ 1\ 0\ 0\ 0\ 1\ 0\ 1\ 1\ 0\ 0\ 0\ 0\ 1\ 0\ 0\ 0\ 0\ 0\ 0\ 0\ 0\ 0\ 0\ 1\ 0\ 0\ 0\ 0\ 0]$

$M^{16} = [1\ 0\ 0\ 0\ 1\ 0\ 0\ 0\ 1\ 0\ 1\ 1\ 0\ 0\ 0\ 0\ 1\ 0\ 0\ 0\ 0\ 0\ 0\ 0\ 1\ 1\ 0\ 0\ 0\ 0\ 0\ 0\ 0\ 0]$

$M^{17} = [1\ 0\ 0\ 0\ 1\ 0\ 0\ 0\ 0\ 0\ 1\ 1\ 0\ 1\ 0\ 0\ 1\ 0\ 0\ 0\ 1\ 0\ 0\ 0\ 0\ 0\ 0\ 0\ 0\ 0\ 0\ 0\ 0\ 0]$

$M^{18} = [1\ 0\ 0\ 0\ 1\ 0\ 0\ 0\ 0\ 0\ 1\ 0\ 1\ 1\ 0\ 0\ 1\ 0\ 0\ 0\ 0\ 0\ 0\ 0\ 0\ 0\ 0\ 0\ 0\ 0\ 0\ 0\ 0\ 0]$

$M^{19} = [1\ 0\ 0\ 0\ 1\ 0\ 0\ 0\ 0\ 0\ 1\ 1\ 0\ 1\ 0\ 0\ 1\ 0\ 0\ 0\ 0\ 1\ 1\ 0\ 0\ 0\ 0\ 0\ 0\ 0\ 0\ 0\ 0\ 0]$

$M^{20} = [1\ 0\ 0\ 0\ 1\ 0\ 0\ 0\ 0\ 0\ 1\ 1\ 0\ 0\ 1\ 0\ 1\ 0\ 0\ 0\ 0\ 0\ 1\ 0\ 0\ 0\ 0\ 0\ 0\ 0\ 0\ 0\ 0\ 0]$

$M^{21} = [1\ 0\ 1\ 0\ 1\ 0\ 0\ 0\ 0\ 0\ 1\ 1\ 0\ 0\ 0\ 0\ 1\ 0\ 0\ 0\ 0\ 0\ 1\ 0\ 0\ 0\ 0\ 0\ 0\ 1\ 0\ 0\ 0\ 0\ 0]$

$M^{22} = [1\ 0\ 1\ 0\ 1\ 0\ 0\ 0\ 0\ 0\ 1\ 1\ 0\ 0\ 0\ 1\ 0\ 0\ 0\ 0\ 0\ 0\ 0\ 0\ 0\ 0\ 0\ 0\ 1\ 0\ 0\ 0\ 0\ 0]$

$M^{23} = [1\ 0\ 1\ 0\ 1\ 0\ 0\ 0\ 0\ 0\ 1\ 1\ 0\ 0\ 0\ 0\ 1\ 0\ 0\ 0\ 0\ 0\ 0\ 0\ 0\ 0\ 0\ 0\ 1\ 1\ 0\ 0\ 0\ 0\ 0]$

$M^{24} = [1\ 0\ 1\ 0\ 1\ 0\ 0\ 0\ 0\ 0\ 1\ 1\ 0\ 0\ 0\ 0\ 1\ 0\ 0\ 0\ 0\ 0\ 0\ 0\ 0\ 0\ 0\ 0\ 0\ 0\ 1\ 0\ 0\ 0]$

$M^{25} = [1\ 0\ 1\ 0\ 1\ 0\ 0\ 0\ 0\ 0\ 1\ 1\ 0\ 0\ 0\ 0\ 1\ 0\ 0\ 0\ 0\ 0\ 0\ 0\ 0\ 0\ 0\ 0\ 0\ 0\ 0\ 0\ 0\ 1]$

$M^{26} = [1\ 0\ 1\ 0\ 1\ 0\ 0\ 0\ 0\ 0\ 1\ 1\ 0\ 0\ 0\ 0\ 1\ 0\ 0\ 0\ 0\ 0\ 0\ 0\ 0\ 0\ 0\ 0\ 0\ 0\ 0\ 1\ 0\ 0]$

图 5-8　通用机床 VMD 复合功能块处于执行控制状态时的过程状态标识

Fig. 5-8　The state markings' process of the general machine VMD composite function block at the execution control state

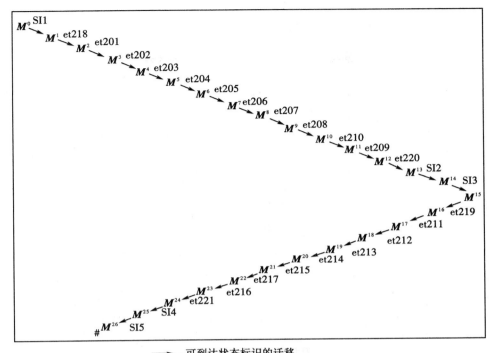

→ :可到达状态标识的迁移

\# :可到达状态标识到达最终状态标识

图 5 - 9　通用机床 VMD 复合功能块通讯网 ONCEMEC^2 的可达树图

Fig. 5 - 9　The reachability tree of the ONCEMEC^2 for the general

machine VMD composite function block

5.1.4　通用缓冲区 VMD 复合功能块 ONCEM 模型的死锁分析

缓冲区作为制造实体具有其特殊性，它不对零件进行某种动作的操作，只是起到临时存放零件的功能。在风电设备制造单元控制系统的动态建模时，必须对作为制造实体的缓冲区 VMD 复合功能块的动态模型进行分析，其目的在于分析缓冲区 VMD 复合功能块 ONCEM 模型的内部动态行为以及与外部相关联的其他 VMD 复合功能块的逻辑控制关系。

根据上述构造通用 VMD 复合功能块 ONCEM 模型的通讯网的方法和步骤，构造出的缓冲区 VMD 复合功能块 ONCEM 模型执行控制部分的通讯网 ONCE-MEC^3 见图 5 - 10。

通用缓冲区 VMD 复合功能块 ONCEM 模型的内部动态行为的描述及图中相应的图标含义见图 4 - 13。由风电设备制造单元控制系统基本 ONCES 模型可知，缓冲区 VMD 复合功能块 ONCEM 模型与机床和机器人 VMD 复合功能块

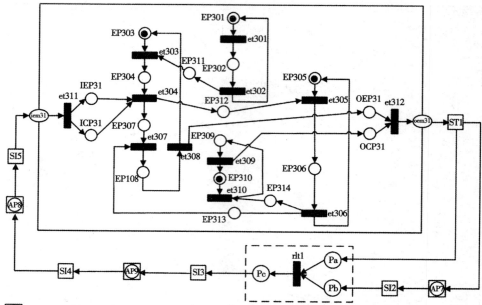

图 5 − 10　通用缓冲区 VMD 复合功能块 ONCEM 模型中执行控制部分的通讯网

Fig. 5 − 10　Communication net for the execution control part of the general buffer VMD composite function block ONCEM model

相关联。为了便于分析缓冲区 VMD 复合功能块的动态行为，将与之相关联的外部 VMD 复合功能块封装成相应的抽象对象 AO。通讯网 ONCEMEC^3 中各抽象对象的状态库所封装如下：机器人 VMD 复合功能块被封装成两个抽象对象 $AO^{Buffer, loading}$ 和 $AO^{Buffer, unloading}$；机床 VMD 复合功能块被封装成两个抽象对象 $AO^{Robot, machine\_processing}$ 和 $AO^{Robot, machine\_setting}$。$AO^{Robot, machine\_processing}$ 描述了机床处于加工零件的状态（对应的状态库所为 AP9）；$AO^{Robot, machine\_setting}$ 描述了机床处于准备加工零件的状态（对应的状态库所为 AP7）；$AO^{Buffer, unloading}$ 描述了机器人处于卸载零件的状态（对应的状态库所为 AP8）；$AO^{Buffer, loading}$ 描述了机器人处于装载零件的状态。服务接口功能块 SI1、SI2、SI3、SI4 和 SI5 的含义见图 4 − 15 与图 4 − 16。

　　针对上述建立的通用缓冲区 VMD 复合功能块 ONCEM 模型的通讯网 ON-CEMEC^3，采用本书提出的死锁检测方法对通用缓冲区 VMD 复合功能块 ON-CEM 模型的内部动态行为进行死锁检测分析。假设通用缓冲区 VMD 复合功能块处于正常工作状态。

　　根据通用缓冲区 VMD 复合功能块 ONCEM 模型的通讯网 ONCEMEC^3 中的

活动变迁、服务接口功能块、状态库所、输入/输出消息库所和抽象对象库所的相互关系，构造关联矩阵 V 的表达式如下：

$$
V = \begin{bmatrix}
-1 & 1 & 0 & 0 & 0 & 0 & 0 & 0 & 0 & 0 & 0 & 0 & 0 & 0 & 0 & 0 & 0 & 0 & 0 & 0 & 0 & 0 & 0 & 0 & 0 & 0 \\
1 & -1 & 0 & 0 & 0 & 0 & 0 & 0 & 0 & 0 & 0 & 1 & 0 & 0 & 0 & 0 & 0 & 0 & 0 & 0 & 0 & 0 & 0 & 0 & 0 & 0 \\
0 & 0 & -1 & 1 & 0 & 0 & 0 & 0 & 0 & 0 & 0 & -1 & 0 & 0 & 0 & 0 & 0 & 0 & 0 & 0 & 0 & 0 & 0 & 0 & 0 & 0 \\
0 & 0 & 0 & -1 & 0 & 0 & 1 & 0 & 0 & 0 & 0 & 1 & 0 & 0 & -1 & -1 & 0 & 0 & 0 & 0 & 0 & 0 & 0 & 0 & 0 & 0 \\
0 & 0 & 0 & 0 & -1 & 1 & 0 & 0 & 0 & 0 & 0 & -1 & 0 & 0 & 0 & 0 & 0 & 0 & 0 & 0 & 0 & 0 & 0 & 0 & 0 & 0 \\
0 & 0 & 0 & 0 & 1 & -1 & 0 & 0 & 0 & 0 & 0 & 0 & 1 & 1 & 0 & 0 & 0 & 0 & 0 & 0 & 0 & 0 & 0 & 0 & 0 & 0 \\
0 & 0 & 0 & 0 & 0 & -1 & 1 & 0 & 0 & 0 & 0 & -1 & 0 & 0 & 0 & 0 & 0 & 0 & 0 & 0 & 0 & 0 & 0 & 0 & 0 & 0 \\
0 & 0 & 1 & 0 & 0 & 0 & -1 & 0 & 0 & 0 & 0 & 0 & 0 & 1 & 0 & 0 & 0 & 0 & 0 & 0 & 0 & 0 & 0 & 0 & 0 & 0 \\
0 & 0 & 0 & 0 & 0 & 0 & -1 & 1 & 0 & 0 & 0 & 0 & 1 & 0 & 0 & 0 & 0 & 0 & 0 & 0 & 0 & 0 & 0 & 0 & 0 & 0 \\
0 & 0 & 0 & 0 & 0 & 0 & 1 & -1 & 0 & 0 & 0 & -1 & 0 & 0 & 0 & 0 & 0 & 0 & 0 & 0 & 0 & 0 & 0 & 0 & 0 & 0 \\
0 & 0 & 0 & 0 & 0 & 0 & 0 & 1 & 1 & 0 & 0 & -1 & 0 & 0 & 0 & 0 & 0 & 0 & 0 & 0 & 0 & 0 & 0 & 0 & 0 & -1 \\
0 & 0 & 0 & 0 & 0 & 0 & 0 & 0 & -1 & -1 & 0 & 1 & 0 & 0 & 0 & 0 & 0 & 0 & 0 & 0 & 0 & 0 & 0 & 0 & 0 & 0 \\
0 & 0 & 0 & 0 & 0 & 0 & 0 & 0 & 0 & -1 & 1 & 0 & 0 & 0 & 0 & 0 & 0 & 0 & 0 & 0 & 0 & 0 & 0 & 0 & 0 & 0 \\
0 & 0 & 0 & 0 & 0 & 0 & 0 & 0 & 0 & 0 & -1 & 0 & 0 & 0 & 0 & 0 & 1 & 0 & -1 & 0 & 0 & 0 & 0 & 0 & 0 & 0 \\
0 & 0 & 0 & 0 & 0 & 0 & 0 & 0 & 0 & 0 & 0 & 0 & 0 & 0 & 0 & 0 & -1 & 0 & 0 & 0 & 0 & 0 & 1 & 0 & 0 & 0 \\
0 & 0 & 0 & 0 & 0 & 0 & 0 & 0 & 0 & 0 & 0 & 0 & 0 & 0 & 0 & 0 & 0 & 0 & 1 & -1 & 0 & 0 & 0 & 0 & 0 & 0 \\
0 & 0 & 0 & 0 & 0 & 0 & 0 & 0 & 0 & 0 & 0 & 0 & 0 & 0 & 0 & 0 & 1 & 0 & 0 & 0 & 0 & 0 & -1 & 0 & 0 & 0 \\
0 & 0 & 0 & 0 & 0 & 0 & 0 & 0 & 0 & 0 & 0 & 0 & 0 & 0 & 0 & 0 & 0 & 0 & -1 & -1 & 1 & 0 & 0 & 0 & 0 & 0 \\
\end{bmatrix}
$$

V 为 18×26 的矩阵，矩阵的行中，从左到右分别表示 EP301，EP302，EP303，EP304，EP305，EP306，EP307，EP308，EP309，EP310，EP311，EP312，EP313，EP314，IEP31，ICP31，OCP31，OEP31，iem31，oem31，Pa，Pb，Pc，AP7，AP8，AP9；矩阵的列中，从上到下分别表示 et301，et302，et303，et304，et305，et306，et307，et308，et309，et310，et311，SI1，SI2，SI3，SI4，SI5，rlt1。

假设在初始状态时刻，抽象对象 $AO^{Machine,buffer}$ 中有零件处于等待加工的状态，同时机床 VMD 复合功能块执行控制部分处于初始化状态。对应于通讯网 $ONCEMEC^3$ 的动态行为为 $AO^{Machine,buffer}$ 的状态库所 AP8 和通用机床 VMD 复合功能块 ONCEM 执行控制部分内部的状态库所 EP301、EP303、EP305、EP311、EP312、EP317 拥有托肯，即 C（AP8）= 1，C（EP301）= C（EP303）= C（EP305）= C（EP311）= C（EP312）= C（EP317）=1。通用缓冲区 VMD 复合功能块在正常工作的情况下，对应的通讯网 $ONCEMEC^3$ 中各库所的托肯位置与初始状态的时刻相同。

可到达状态标识矢量 M^q 中各元素的含义为各种库所的状态，即当此元素的库所中拥有托肯，则置为 1，否则置为 0；可到达状态标识矢量中各元素的数学表达式为

$M^q =$ [EP301 EP302 EP303 EP304 EP305 EP306 EP307 EP308 EP309 EP310 EP311 EP312 EP313 EP314 IEP31 ICP31 OCP31 OEP31 iem31 oem31 Pa Pb Pc AP7 AP8 AP9]

触发序列的控制矢量 S^q 中各元素的含义为各活动变迁和门的触发情况，即当第 k 个活动变迁和门触发时，其相应矢量中的元素置为 1，其他元素置为 0。用数学表达式表示为

$S^q =$ [et301 et302 et303 et304 et305 et306 et307 et308 et309 et310 et311 SI1 SI2 SI3 SI4 SI5 rlt1]

对应于初始状态的初始状态标识 M^0 为

$M^0 =$ [1 0 1 0 1 0 0 0 0 1 0 0 0 0 0 0 0 0 0 0 0 0 0 0 1 0]

通用缓冲区 VMD 复合功能块在正常工作的情形下，其最终状态标识与初始状态标识 M^0 相同，即为

$M^g =$ [1 0 1 0 1 0 0 0 0 1 0 0 0 0 0 0 0 0 0 0 0 0 0 0 1 0]

按照触发序列的控制矢量 S^q 中的触发序列，可计算出其他可到达状态标识 M^{q+1}。由于篇幅有限，可到达状态标识的计算步骤不一一列出，只给出计算结果。计算结果见图 5-11，可达树见图 5-12。

$$M^0 = [1010100001000000000000010]$$
$$M^1 = [1010100001000000010000000]$$
$$M^2 = [1010100001000011000000000]$$
$$M^3 = [0110100001000011000000000]$$
$$M^4 = [1010100001100011000000000]$$
$$M^5 = [1001100001000011000000000]$$
$$M^6 = [1000101001010000000000000]$$
$$M^7 = [1000011001000000000000000]$$
$$M^8 = [1000101001001100000000000]$$
$$M^9 = [1000100101000100000000000]$$
$$M^{10} = [1010100001000100100000000]$$
$$M^{11} = [1010100001000000100000000]$$
$$M^{12} = [1010100001000000110000000]$$
$$M^{13} = [1010100001000000001000000]$$
$$M^{14} = [1010100001000000000100100]$$
$$M^{15} = [1010100001000000000110000]$$
$$M^{16} = [1010100001000000000001000]$$
$$M^{17} = [1010100001000000000000001]$$
$$M^{18} = [1010100001000000000000010]$$

图 5-11　通用缓冲区 VMD 复合功能块处于执行控制状态时的过程状态标识

Fig. 5-11　The state markings' process of the general buffer VMD composite
function block at the execution control state

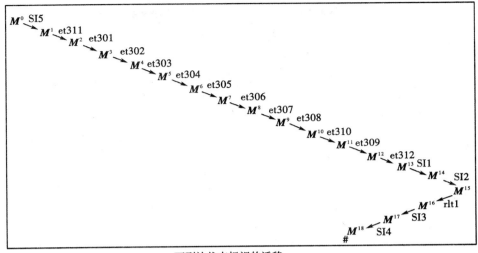

图 5 – 12　通用缓冲区 VMD 复合功能块通讯网 ONCEMEC^3 的可达树图

Fig. 5 – 12　The reachability tree of the ONCEMEC^3 for the general

buffer VMD composite function block

通用缓冲区 VMD 复合功能块对象 ONCEM 模型通讯网 ONCEMEC^3 的死锁分析的详细过程在此不再描述，从图 5 – 11 可得到 $M^{18} = M^g$，即可到达树状态标识都到达其相应的最终状态标识，通讯网 ONCEMEC^3 不存在死锁现象。可知，通用缓冲区 VMD 复合功能块对象 ONCEM 模型的执行控制部分不存在死锁现象。

5.2　风电设备制造单元控制系统 OCNCES 模型的死锁分析

5.2.1　OCNCES 模型死锁分析的方法

通过上述对各个通用 VMD 复合功能块对象 ONCEM 模型的死锁分析可知，各通用 VMD 复合功能块对象的 ONCEM 模型都不存在死锁现象。为了使利用 OCNCES 模型构建的风电设备制造单元控制系统的动态模型具有可靠性，必须对完整的 OCNCES 模型进行死锁分析。只有在此基础上开发的实时控制系统软件才具有可靠性、鲁棒性。

根据基于复合功能块的可重构风电设备制造单元控制系统 OCNCES 模型的特点，本书提出了 OCNCES 模型死锁检测算法，其具体的步骤归纳如下：

（1）根据执行控制信息流和重构信息流的具体"路线"，对完整的 OCNC-ES 模型进行"解耦"操作，得到 OCNCES 的执行控制部分以及重构控制部分，分别根据给定制造单元的初始状态和最终状态，构造 OCNCES 的上述模型的初始状态标识 M^0 和可到达最终（目标）状态标识 M^g。定义每个服务接口功能块 SI^i 的着色托肯集，其中，C（SI^i）＝ $\{csi^{i1}, csi^{i2}, \cdots, csi^{iv}\}$。

（2）根据 OCNCES 模型的具体说明，分别构造 OCNCES 的执行控制部分以及重构控制部分的关联矩阵 $V = V^+ - V^-$。其中，$V^+ = [v_{ij}^+]_{m \times n}$，$m$ 列由输入/输出消息库所及活动变迁内部的状态库所组成，n 行由活动变迁组成，$v_{ij}^+ = \{O（VFBOP^i, SI^i/csi^j）, csi^j \in C（SI^i）$；$V^- = [v_{ij}^-]_{m \times n}$，$v_{ij}^- = \{I（VFBOP^i, SI^i/csi^j）, csi^j \in C（SI^i）$；$i = 1, 2, \cdots, m$；$j = 1, 2, \cdots, n$。

（3）根据当前的可到达状态标识 M^q 和每个服务接口功能块 SI 的着色托肯集，确定所有可触发的与活动变迁 $T^{act-k} = \{SI/csi\}$（$csi \in C（SI）$）相关联的着色托肯。

（4）如果 T^{act-k} 为空，即 $T^{act-k} = \varnothing$，则转移到（8）；否则任选一个可触发的服务接口功能块以及与其相关联的着色托肯 SI/csi。

（5）计算触发序列的特征矢量 S^q，其中 S^q 为服务接口功能块 SI^i 中对应的实体，然后，利用状态方程计算下一个可到达状态标识 M^{q+1}，$M^{q+1} = M^q + V \times S^q$。

（6）如果 $M^{q+1} = M^g$，则 OCNCES 模型可到达状态标识到达目标状态标识，从而得出结论：OCNCES 模型网是活的，无死锁发生，停止死锁分析；否则，转移到（7）。

（7）将可到达状态标识 M 的上标变量 q 加 1，即 $q = q + 1$，转移到（3）。

（8）如果 OCNCES 模型发生死锁，则必须修改 OCNCES 模型，同时，转移到（2）。

5.2.2　OCNCES 模型执行控制部分的死锁分析

为了说明上述死锁分析的算法以及分析基于复合功能块的可重构风电设备制造单元控制系统完整的 OCNCES 模型是否存在死锁现象，下面针对第 4 章构造的完整的 OCNCES 模型进行死锁检测分析。

首先是控制系统初始化过程。初始化过程是重构过程的特例，由于篇幅所限，这里仅给出重构过程的分析过程。假定初始化过程已经完成，下面进行 OCNCES 模型在构形 1 情况下执行控制的死锁分析。

根据表 4-1 与表 4-2 中动作链的第一个动作和最后一个动作确定初始状态标识 $\boldsymbol{M}^0$ 和最终状态标识 $\boldsymbol{M}^g$，可到达状态标识 $\boldsymbol{M}^k$ 的表达式及 $\boldsymbol{M}^0$ 和 $\boldsymbol{M}^g$ 描述如下：

$$\boldsymbol{M}^k = [\,\mathrm{M}(\mathrm{siep}^{11})\ \mathrm{M}(\mathrm{siep}^{21})\ \mathrm{M}(\mathrm{siep}^{41})\ \mathrm{M}(\mathrm{VFBOP}^1)\ \mathrm{M}(\mathrm{VFBOP}^2)\ \mathrm{M}(\mathrm{VFBOP}^3)$$
$$\mathrm{M}(\mathrm{VFBOP}^4)\ \mathrm{M}(\mathrm{VFBOP}^5)\,]^{\mathrm{T}}$$

$$\boldsymbol{M}^0 = [\,0\quad 0\quad 0\quad \mathrm{A.1+B.1}\quad 0\quad 0\quad 0\quad 0\,]^{\mathrm{T}}$$

$$\boldsymbol{M}^g = [\,0\quad 0\quad 0\quad \mathrm{A.11+B.11}\quad 0\quad 0\quad 0\quad 0\,]^{\mathrm{T}}$$

触发序列的控制矢量 $\boldsymbol{S}^q$ 中的各元素用数学表达式表示为

$$\boldsymbol{S}^q = [\,\mathrm{siet}^{11}\ \mathrm{siet}^{12}\ \mathrm{siet}^{13}\ \mathrm{siet}^{21}\ \mathrm{siet}^{22}\ \mathrm{siet}^{23}\ \mathrm{siet}^{31}\ \mathrm{siet}^{41}\ \mathrm{siet}^{42}\ \mathrm{siet}^{43}\ \mathrm{siet}^{51}\,]$$

根据可重构风电设备制造单元控制系统 OCNCES 模型的执行控制部分（见图 4-14），构造出的关联矩阵 $\boldsymbol{V}^+$、$\boldsymbol{V}^-$ 及 $\boldsymbol{V}$ 的表达式如下：

$$\boldsymbol{V}^+ = \begin{bmatrix}
\mathrm{ef} & \mathrm{ef} & 0 & 0 & 0 & 0 & 0 & 0 & 0 & 0 & 0 \\
0 & 0 & 0 & \mathrm{ef} & \mathrm{ef} & 0 & 0 & 0 & 0 & 0 & 0 \\
0 & 0 & 0 & 0 & 0 & 0 & 0 & \mathrm{ef} & \mathrm{ef} & 0 & 0 \\
0 & 0 & 0 & 0 & 0 & 0 & 0 & 0 & 0 & 0 & \mathrm{ef} \\
0 & 0 & 0 & 0 & 0 & 0 & 0 & 0 & 0 & 0 & \mathrm{EO7} \\
0 & 0 & 0 & 0 & 0 & 0 & 0 & 0 & 0 & 0 & \mathrm{EO8} \\
0 & 0 & 0 & 0 & 0 & \mathrm{EO3} & 0 & 0 & 0 & \mathrm{EO6} & 0 \\
0 & 0 & \mathrm{EO1} & 0 & 0 & 0 & \mathrm{EO4} & 0 & 0 & 0 & 0 \\
0 & 0 & \mathrm{EO2} & 0 & 0 & 0 & \mathrm{EO5} & 0 & 0 & 0 & 0
\end{bmatrix}$$

$$\boldsymbol{V}^- = \begin{bmatrix}
0 & 0 & \mathrm{ef} & 0 & 0 & 0 & 0 & 0 & 0 & 0 & 0 \\
0 & 0 & 0 & 0 & 0 & \mathrm{ef} & 0 & 0 & 0 & 0 & 0 \\
0 & 0 & 0 & 0 & 0 & 0 & 0 & 0 & 0 & \mathrm{ef} & 0 \\
0 & \mathrm{ef} & 0 & 0 & 0 & 0 & 0 & 0 & 0 & 0 & 0 \\
\mathrm{ef} & 0 & 0 & 0 & 0 & 0 & 0 & 0 & 0 & 0 & 0 \\
0 & 0 & 0 & 0 & 0 & 0 & \mathrm{ef} & 0 & 0 & \mathrm{ef} & 0 \\
0 & 0 & 0 & \mathrm{ef} & 0 & 0 & 0 & \mathrm{ef} & 0 & 0 & 0 \\
0 & 0 & 0 & 0 & \mathrm{ef} & 0 & 0 & 0 & \mathrm{ef} & 0 & 0
\end{bmatrix}$$

$$V = \begin{bmatrix} ef & ef & -ef & 0 & 0 & 0 & 0 & 0 & 0 & 0 & 0 \\ 0 & 0 & 0 & ef & ef & -ef & 0 & 0 & 0 & 0 & 0 \\ 0 & 0 & 0 & 0 & 0 & 0 & 0 & ef & ef & -ef & 0 \\ 0 & -ef & 0 & 0 & 0 & 0 & 0 & 0 & 0 & 0 & EO7 \\ -ef & 0 & 0 & 0 & 0 & 0 & 0 & 0 & 0 & 0 & EO8 \\ 0 & 0 & 0 & 0 & 0 & EO3 & -ef & 0 & 0 & EO6 & -ef \\ 0 & 0 & EO1 & -ef & 0 & 0 & EO4 & -ef & 0 & 0 & 0 \\ 0 & 0 & EO2 & 0 & -ef & 0 & EO5 & 0 & -ef & 0 & 0 \end{bmatrix}$$

$$\boldsymbol{S}^q = \begin{bmatrix} siet^{11} & siet^{12} & siet^{13} & siet^{21} & siet^{22} & siet^{23} & siet^{31} & siet^{41} & siet^{42} & siet^{43} & siet^{51} \end{bmatrix}$$

$\boldsymbol{V}^+$、$\boldsymbol{V}^-$ 及 $\boldsymbol{V}$ 都为 8×11 的矩阵，矩阵的行中，从左到右分别表示服务接口功能块及服务接口功能块内部的活动变迁：$siet^{11}$，$siet^{12}$，$siet^{13}$，$siet^{21}$，$siet^{22}$，$siet^{23}$，$siet^{31}$，$siet^{41}$，$siet^{42}$，$siet^{43}$，$siet^{51}$；矩阵的列中，从上到下分别表示执行服务接口功能块内部的状态库所和各 VMD 复合功能块对象库所：$siep^{11}$，$siep^{21}$，$siep^{41}$，$VFBOP^1$，$VFBOP^2$，$VFBOP^3$，$VFBOP^4$，$VFBOP^5$。

在 OCNCES 模型中，如果 VMD 复合功能块对象库所 $VFBOP^i$ 拥有的着色托肯数大于或等于其相应的输入传递函数所拥有的托肯数，即 $M（VFBOP^i）\geqslant I（VFBOP^i，SI/cesi）$，则具有可触发的着色托肯 cesi 被执行服务接口功能块 ESI 触发。下面利用上述死锁检测算法，描述各可到达状态标识的计算。

当 $q = 0$ 时，$T^{act-0} = \{siet^{12}/A.1，siet^{12}/B.1\}$。

由于

$M（VFBOP^1） = \{A.1 + B.1\} > I（VFBOP^1，siet^{12}/A.1） = A.1$

$M（VFBOP^1） = \{A.1 + B.1\} > I（VFBOP^1，siet^{12}/B.1） = B.1$

表示 $siet^{12}/A.1$、$siet^{12}/B.1$ 都可选中触发。

如果先触发 $siet^{12}/A.1$，则触发序列的控制矢量：

$$\boldsymbol{S}^0 = \begin{bmatrix} 0 & A.1 & 0 & 0 & 0 & 0 & 0 & 0 & 0 & 0 & 0 \end{bmatrix}^T$$

根据死锁检测计算公式：$\boldsymbol{M}^{q+1} = \boldsymbol{M}^q + \boldsymbol{V} \times \boldsymbol{S}^q$，计算可到达状态标识 $\boldsymbol{M}^1$ 的过程如下：

$$\boldsymbol{M}^1 = \begin{bmatrix} 0 \\ 0 \\ 0 \\ A.1 + B.1 \\ 0 \\ 0 \\ 0 \\ 0 \end{bmatrix} +$$

$$\begin{bmatrix} \mathrm{ef} & \mathrm{ef} & -\mathrm{ef} & 0 & 0 & 0 & 0 & 0 & 0 & 0 & 0 \\ 0 & 0 & 0 & \mathrm{ef} & \mathrm{ef} & -\mathrm{ef} & 0 & 0 & 0 & 0 & 0 \\ 0 & 0 & 0 & 0 & 0 & 0 & 0 & \mathrm{ef} & \mathrm{ef} & -\mathrm{ef} & 0 \\ 0 & -\mathrm{ef} & 0 & 0 & 0 & 0 & 0 & 0 & 0 & 0 & \mathrm{EO7} \\ -\mathrm{ef} & 0 & 0 & 0 & 0 & 0 & 0 & 0 & 0 & 0 & \mathrm{EO8} \\ 0 & 0 & 0 & 0 & 0 & \mathrm{EO3} & -\mathrm{ef} & 0 & 0 & \mathrm{EO6} & -\mathrm{ef} \\ 0 & 0 & \mathrm{EO1} & -\mathrm{ef} & 0 & 0 & \mathrm{EO4} & -\mathrm{ef} & 0 & 0 & 0 \\ 0 & 0 & \mathrm{EO2} & 0 & -\mathrm{ef} & 0 & \mathrm{EO5} & 0 & -\mathrm{ef} & 0 & 0 \end{bmatrix} \begin{bmatrix} 0 \\ \mathrm{A.1} \\ 0 \\ 0 \\ 0 \\ 0 \\ 0 \\ 0 \\ 0 \\ 0 \\ 0 \\ 0 \end{bmatrix}$$

$$= \begin{bmatrix} 0 \\ 0 \\ 0 \\ \mathrm{A.1+B.1} \\ 0 \\ 0 \\ 0 \\ 0 \end{bmatrix} + \begin{bmatrix} \mathrm{ef\,(A.1)} \\ 0 \\ 0 \\ -\mathrm{ef\,(A.1)} \\ 0 \\ 0 \\ 0 \\ 0 \end{bmatrix} = \begin{bmatrix} \mathrm{A.1} \\ 0 \\ 0 \\ \mathrm{B.1} \\ 0 \\ 0 \\ 0 \\ 0 \end{bmatrix}$$

可到达状态标识 $\boldsymbol{M}^1 = [\mathrm{A.1} \quad 0 \quad 0 \quad \mathrm{B.1} \quad 0 \quad 0 \quad 0 \quad 0]^{\mathrm{T}} \neq \boldsymbol{M}^g$，设置 $q = q+1 = 1$，此时选 $\mathrm{siet}^{12}/\mathrm{B.1}$ 被触发，则触发序列的控制矢量：

$$\boldsymbol{S}^1 = [0 \quad \mathrm{B.1} \quad 0 \quad 0 \quad 0 \quad 0 \quad 0 \quad 0 \quad 0 \quad 0 \quad 0 \quad 0]^{\mathrm{T}}$$

计算可到达状态标识 $\boldsymbol{M}^2$ 的结果如下：

$$\boldsymbol{M}^2 = [\mathrm{A.1+B.1} \quad 0 \quad 0 \quad 0 \quad 0 \quad 0 \quad 0 \quad 0]^{\mathrm{T}}$$

可知 $\boldsymbol{M}^2 \neq \boldsymbol{M}^g$，则设置 $q = q+1 = 2$，重复上述过程，计算可到达状态标识 $\boldsymbol{M}^q$。从图 5-13 中可得，可到达状态标识 $\boldsymbol{M}^{32} = [0 \quad 0 \quad 0 \quad \mathrm{A.11+B.11} \quad 0 \quad 0 \quad 0 \quad 0]^{\mathrm{T}}$。对比最终状态标识 $\boldsymbol{M}^g$ 可知，$\boldsymbol{M}^{32} = \boldsymbol{M}^g$，因此风电设备制造单元控制系统 OCNCES 模型执行控制部分不存在死锁现象。

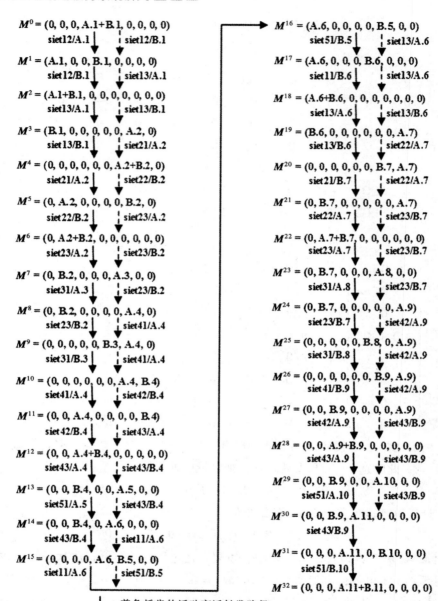

$M^0 = (0, 0, 0, A.1+B.1, 0, 0, 0, 0)$
    siet12/A.1 | siet12/B.1

$M^1 = (A.1, 0, 0, B.1, 0, 0, 0, 0)$
    siet12/B.1 | siet13/A.1

$M^2 = (A.1+B.1, 0, 0, 0, 0, 0, 0, 0)$
    siet13/A.1 | siet13/B.1

$M^3 = (B.1, 0, 0, 0, 0, 0, A.2, 0)$
    siet13/B.1 | siet21/A.2

$M^4 = (0, 0, 0, 0, 0, 0, A.2+B.2, 0)$
    siet21/A.2 | siet22/B.2

$M^5 = (0, A.2, 0, 0, 0, 0, B.2, 0)$
    siet22/B.2 | siet23/A.2

$M^6 = (0, A.2+B.2, 0, 0, 0, 0, 0, 0)$
    siet23/A.2 | siet23/B.2

$M^7 = (0, B.2, 0, 0, 0, A.3, 0, 0)$
    siet31/A.3 | siet23/B.2

$M^8 = (0, B.2, 0, 0, 0, 0, A.4, 0)$
    siet23/B.2 | siet41/A.4

$M^9 = (0, 0, 0, 0, 0, B.3, A.4, 0)$
    siet31/B.3 | siet41/A.4

$M^{10} = (0, 0, 0, 0, 0, 0, A.4, B.4)$
    siet41/A.4 | siet42/B.4

$M^{11} = (0, 0, A.4, 0, 0, 0, 0, B.4)$
    siet42/B.4 | siet43/A.4

$M^{12} = (0, 0, A.4+B.4, 0, 0, 0, 0, 0)$
    siet43/A.4 | siet43/B.4

$M^{13} = (0, 0, B.4, 0, 0, A.5, 0, 0)$
    siet51/A.5 | siet43/B.4

$M^{14} = (0, 0, B.4, 0, A.6, 0, 0, 0)$
    siet43/B.4 | siet11/A.6

$M^{15} = (0, 0, 0, 0, A.6, B.5, 0, 0)$
    siet11/A.6 | siet51/B.5

$M^{16} = (A.6, 0, 0, 0, 0, B.5, 0, 0)$
    siet51/B.5 | siet13/A.6

$M^{17} = (A.6, 0, 0, 0, B.6, 0, 0, 0)$
    siet11/B.6 | siet13/A.6

$M^{18} = (A.6+B.6, 0, 0, 0, 0, 0, 0, 0)$
    siet13/A.6 | siet13/B.6

$M^{19} = (B.6, 0, 0, 0, 0, 0, 0, A.7)$
    siet13/B.6 | siet22/A.7

$M^{20} = (0, 0, 0, 0, 0, 0, B.7, A.7)$
    siet21/B.7 | siet22/A.7

$M^{21} = (0, B.7, 0, 0, 0, 0, 0, A.7)$
    siet22/A.7 | siet23/B.7

$M^{22} = (0, A.7+B.7, 0, 0, 0, 0, 0, 0)$
    siet23/A.7 | siet23/B.7

$M^{23} = (0, B.7, 0, 0, 0, A.8, 0, 0)$
    siet31/A.8 | siet23/B.7

$M^{24} = (0, B.7, 0, 0, 0, 0, 0, A.9)$
    siet23/B.7 | siet42/A.9

$M^{25} = (0, 0, 0, 0, 0, B.8, 0, A.9)$
    siet31/B.8 | siet42/A.9

$M^{26} = (0, 0, 0, 0, 0, 0, B.9, A.9)$
    siet41/B.9 | siet42/A.9

$M^{27} = (0, 0, B.9, 0, 0, 0, 0, A.9)$
    siet42/A.9 | siet43/B.9

$M^{28} = (0, 0, A.9+B.9, 0, 0, 0, 0, 0)$
    siet43/A.9 | siet43/B.9

$M^{29} = (0, 0, B.9, 0, 0, A.10, 0, 0)$
    siet51/A.10 | siet43/B.9

$M^{30} = (0, 0, B.9, A.11, 0, 0, 0, 0)$
    siet43/B.9

$M^{31} = (0, 0, 0, A.11, 0, B.10, 0, 0)$
    siet51/B.10

$M^{32} = (0, 0, 0, A.11+B.11, 0, 0, 0, 0)$

↓ ：着色托肯的活动变迁触发路径

↓ ：可被活动变迁触发的着色托肯，但未被触发

sietij/csi：带有着色托肯csi的活动变迁sietij可被触发

图 5 – 13 一种可行的可到达状态标识触发序列图（执行控制）

Fig. 5 – 13 A feasible firing sequence of the reachability
state markings（execution control）

5.2.3　OCNCES 模型重构控制部分的死锁分析

首先进行完整的 OCNCES 模型重构控制的死锁分析，然后进行重构以后新构形执行控制的死锁分析。

假设风电设备制造单元添加一个机床 3 VMD 复合功能块对象以及一个 WIP 缓冲区 2 复合 VMD 功能块对象。根据第 4 章构形 2 的完整 OCNCES 模型，通过"解耦"操作得到重构控制模型以及执行控制模型。确定初始状态标识 M^0 和最终状态标识 M^g，可到达状态标识 M^k 的表达式及 M^0 和 M^g 描述如下（字母 K 表示保持原连接关系，字母 J 表示添加新连接关系，字母 R 表示去除连接关系）：

$$M^k = [\ M(sirp^{11})\ \ M(sirp^{21})\ \ M(sirp^{31})\ \ M(sirp^{41})\ \ M(sirp^{51})\ \ M(VFBOP^1)$$
$$M(VFBOP^2)\ \ M(VFBOP^6)\ \ M(VFBOP^3)\ \ M(VFBOP^4)\ \ M(VFBOP^5)\ \ M(VF\text{-}BOP^7)\ ]^T$$

$$M^0 = [\ 0\ \ 0\ \ 0\ \ 0\ \ K.1\ \ 0\ \ J.1\ \ 0\ \ 0\ \ 0\ \ 0\ ]^T$$

$$M^g = [\ 0\ \ 0\ \ 0\ \ 0\ \ K.21 + J.22\ \ 0\ \ 0\ \ 0\ \ 0\ \ 0\ \ 0\ ]^T$$

触发序列的控制矢量 S^q 中各元素用数学表达式表示为

$$S^q = [\ sirt^{11}\ sirt^{12}\ sirt^{13}\ sirt^{14}\ sirt^{21}\ sirt^{22}\ sirt^{23}\ sirt^{24}\ sirt^{31}\ sirt^{32}\ sirt^{33}\ sirt^{34}\ sirt^{41}$$
$$sirt^{42}\ sirt^{43}\ sirt^{44}\ sirt^{51}\ sirt^{52}\ sirt^{53}\ sirt^{54}\ sirt^{61}\ ]$$

根据制造单元控制系统 OCNCES 模型的重构控制部分（见图 4 – 20），构造出的关联矩阵 V^+、V^- 及 V 的表达式如下：

$$
V^+ = \begin{bmatrix}
sio11 & sio12 & sio13 & 0 & 0 & 0 & 0 & 0 & 0 & 0 & 0 & 0 & 0 & 0 & 0 & 0 & 0 & 0 & 0 & 0 & 0 \\
0 & 0 & 0 & 0 & sio21 & sio22 & sio23 & 0 & 0 & 0 & 0 & 0 & 0 & 0 & 0 & 0 & 0 & 0 & 0 & 0 & 0 \\
0 & 0 & 0 & 0 & 0 & 0 & 0 & 0 & 0 & 0 & sio31 & 0 & 0 & 0 & 0 & 0 & 0 & 0 & 0 & 0 & 0 \\
0 & 0 & 0 & 0 & 0 & 0 & 0 & 0 & 0 & 0 & sio41 & sio42 & sio43 & 0 & 0 & 0 & 0 & 0 & 0 & 0 & 0 \\
0 & 0 & 0 & 0 & 0 & 0 & 0 & 0 & 0 & 0 & 0 & 0 & 0 & 0 & 0 & 0 & sio51 & 0 \\
0 & 0 & 0 & 0 & 0 & 0 & 0 & 0 & 0 & 0 & 0 & 0 & 0 & 0 & RO7 & 0 & 0 & RO12 \\
0 & 0 & 0 & 0 & 0 & 0 & 0 & 0 & 0 & 0 & 0 & 0 & 0 & RO8 & 0 & 0 & 0 & 0 \\
0 & 0 & 0 & 0 & 0 & 0 & 0 & 0 & 0 & 0 & 0 & 0 & RO9 & 0 & 0 & 0 \\
0 & 0 & 0 & 0 & 0 & RO3 & 0 & 0 & 0 & 0 & RO6 & 0 & 0 & 0 & 0 \\
0 & 0 & 0 & RO1 & 0 & 0 & RO4 & 0 & 0 & 0 & 0 & 0 & 0 & 0 & 0 \\
0 & 0 & 0 & RO2 & 0 & 0 & RO5 & 0 & 0 & 0 & 0 & 0 & 0 & 0 & 0 \\
0 & 0 & 0 & RO10 & 0 & 0 & 0 & 0 & 0 & RO11 & 0 & 0 & 0 & 0 & 0 & 0 & 0
\end{bmatrix}
$$

$$V^{-}=\begin{bmatrix} 0 & 0 & 0 & ef & 0 & 0 & 0 & 0 & 0 & 0 & 0 & 0 & 0 & 0 & 0 & 0 & 0 & 0 & 0 & 0 & 0 \\ 0 & 0 & 0 & 0 & 0 & 0 & 0 & ef & 0 & 0 & 0 & 0 & 0 & 0 & 0 & 0 & 0 & 0 & 0 & 0 & 0 \\ 0 & 0 & 0 & 0 & 0 & 0 & 0 & 0 & ef & ef & ef & 0 & 0 & 0 & 0 & 0 & 0 & 0 & 0 & 0 & 0 \\ 0 & 0 & 0 & 0 & 0 & 0 & 0 & 0 & 0 & 0 & 0 & 0 & 0 & 0 & ef & 0 & 0 & 0 & 0 & 0 & 0 \\ 0 & 0 & 0 & 0 & 0 & 0 & 0 & 0 & 0 & 0 & 0 & 0 & 0 & 0 & 0 & ef & ef & ef & 0 & 0 & 0 \\ 0 & ef & 0 & 0 & 0 & 0 & 0 & 0 & 0 & 0 & 0 & 0 & 0 & 0 & 0 & 0 & 0 & 0 & 0 & 0 & 0 \\ ef & 0 & 0 & 0 & 0 & 0 & 0 & 0 & 0 & 0 & 0 & 0 & 0 & 0 & 0 & 0 & 0 & 0 & 0 & 0 & 0 \\ 0 & 0 & er & 0 & 0 & 0 & 0 & 0 & 0 & 0 & 0 & 0 & 0 & 0 & 0 & 0 & 0 & 0 & 0 & 0 & 0 \\ 0 & 0 & 0 & 0 & 0 & 0 & 0 & 0 & 0 & 0 & 0 & ef & 0 & 0 & 0 & 0 & 0 & 0 & ef & 0 & 0 \\ 0 & 0 & 0 & er & 0 & 0 & 0 & 0 & 0 & 0 & 0 & ef & 0 & 0 & 0 & 0 & 0 & 0 & 0 & 0 & 0 \\ 0 & 0 & 0 & 0 & 0 & ef & 0 & 0 & 0 & 0 & 0 & 0 & ef & 0 & s0 & 0 & 0 & 0 & 0 & 0 & 0 \\ 0 & 0 & 0 & 0 & 0 & ef & 0 & 0 & 0 & 0 & 0 & 0 & ef & 0 & 0 & 0 & 0 & 0 & 0 & 0 & 0 \end{bmatrix}$$

$$V=\begin{bmatrix} sio11 & sio12 & sio13 & -ef & 0 & 0 & 0 & 0 & 0 & 0 & 0 & 0 & 0 & 0 & 0 & 0 & 0 & 0 & 0 & 0 & 0 \\ 0 & 0 & 0 & 0 & sio21 & sio22 & sio23 & -ef & 0 & 0 & 0 & 0 & 0 & 0 & 0 & 0 & 0 & 0 & 0 & 0 & 0 \\ 0 & 0 & 0 & 0 & 0 & 0 & 0 & 0 & -ef & -ef & -efsio31 & 0 & 0 & 0 & 0 & 0 & 0 & 0 & 0 & 0 & 0 \\ 0 & 0 & 0 & 0 & 0 & 0 & 0 & 0 & 0 & 0 & 0 & sio41 & sio42 & sio43 & -ef & 0 & 0 & 0 & 0 & 0 & 0 \\ 0 & 0 & 0 & 0 & 0 & 0 & 0 & 0 & 0 & 0 & 0 & 0 & 0 & 0 & 0 & -ef & -ef & -efsio51 & 0 \\ 0 & -ef & 0 & 0 & 0 & 0 & 0 & 0 & 0 & 0 & 0 & 0 & 0 & 0 & 0 & RO7 & 0 & 0 & RO12 \\ -ef & 0 & 0 & 0 & 0 & 0 & 0 & 0 & 0 & 0 & 0 & 0 & 0 & 0 & 0 & RO8 & 0 & 0 & 0 & 0 \\ 0 & 0 & -ef & 0 & 0 & 0 & 0 & 0 & 0 & 0 & 0 & 0 & 0 & 0 & 0 & RO9 & 0 & 0 \\ 0 & 0 & 0 & 0 & 0 & 0 & RO3 & 0 & 0 & 0 & -ef & 0 & 0 & RO6 & 0 & 0 & -ef & 0 \\ 0 & 0 & RO1 & -ef & 0 & 0 & 0 & RO4 & 0 & 0 & 0 & -ef & 0 & 0 & 0 & 0 \\ 0 & 0 & 0 & RO2 & 0 & -ef & 0 & 0 & 0 & RO5 & 0 & 0 & 0 & -ef & 0 & 0 & 0 \\ 0 & 0 & 0 & RO10 & 0 & -ef & 0 & 0 & 0 & RO11 & 0 & 0 & 0 & -ef & 0 & 0 & 0 \end{bmatrix}$$

V^{+}、V^{-}及 V 都为 12×21 的矩阵，矩阵的行中，从左到右分别表示服务接口功能块及服务接口功能块内部的活动变迁：$sirt^{11}$，$sirt^{12}$，$sirt^{13}$，$sirt^{14}$，$sirt^{21}$，$sirt^{22}$，$sirt^{23}$，$sirt^{24}$，$sirt^{31}$，$sirt^{32}$，$sirt^{33}$，$sirt^{34}$，$sirt^{41}$，$sirt^{42}$，$sirt^{43}$，$sirt^{44}$，$sirt^{51}$，$sirt^{52}$，$sirt^{53}$，$sirt^{54}$，$sirt^{61}$；矩阵的列中，从上到下分别表示重构服务接口功能块内部的状态库所和各 VMD 复合功能块对象库所：$sirp^{11}$，$sirp^{21}$，$sirp^{31}$，$sirp^{41}$，$sirp^{51}$，$VFBOP^{1}$，$VFBOP^{2}$，$VFBOP^{6}$，$VFBOP^{3}$，$VFBOP^{4}$，$VFBOP^{5}$，$VFBOP^{7}$。

在 OCNCES 模型中，如果 VMD 复合功能块对象库所 $VFBOP^{i}$ 拥有的着色托肯数大于或等于其相应的输入传递函数所拥有的托肯数，即 M（$VFBOP^{i}$）$\geqslant$ I（$VFBOP^{i}$，RSI/crsi），则具有可触发的着色托肯 crsi 被重构服务接口功能块 RSI 触发。下面利用上述死锁检测算法，描述各可到达状态标识的计算。

当 $q = 0$ 时，$T^{activated-0}$ = ｛$sirt^{12}$/K. 1，$sirt^{13}$/J. 1｝。

由于

$$M（VFBOP^{1}）=｛K. 1｝\geqslant I（VFBOP^{1}，sirt^{12}/K. 1）= K. 1$$

$$M（VFBOP^6）= \{J.1\} \geqslant I（VFBOP^6, sirt^{13}/J.1）= J.1$$

表示 $sirt^{12}/K.1$、$sirt^{13}/J.1$ 都可选中触发。

如果先触发 $sirt^{12}/K.1$，则触发序列的控制矢量：

$$S^0 = [\,0\ \ K.1\ \ 0\ 0\ 0\ 0\ 0\ 0\ 0\ 0\ 0\ 0\ 0\ 0\ 0\ 0\ 0\ 0\,]^T$$

根据死锁检测计算公式：$M^{q+1} = M^q + V \times S^q$，计算可到达状态标识 M^1 的过程如下：

$$
M^1 =
\begin{bmatrix}
0 \\ 0 \\ 0 \\ 0 \\ 0 \\ K.1 \\ 0 \\ J.1 \\ 0 \\ 0 \\ 0 \\ 0
\end{bmatrix}
+
$$

$$
\begin{bmatrix}
sio11\ sio12\ sio13 & -ef & 0 & 0 & 0 & 0 & 0 & 0 & 0 & 0 & 0 & 0 & 0 & 0 & 0 & 0 & 0 & 0 \\
0 & 0 & 0 & 0 & sio21\ sio22\ sio23 & -ef & 0 & 0 & 0 & 0 & 0 & 0 & 0 & 0 & 0 & 0 & 0 & 0 \\
0 & 0 & 0 & 0 & 0 & 0 & 0 & 0 & -ef & -ef & -ef\ sio31 & 0 & 0 & 0 & 0 & 0 & 0 & 0 \\
0 & 0 & 0 & 0 & 0 & 0 & 0 & 0 & 0 & 0 & 0 & 0 & sio41\ sio42\ sio43 & -ef & 0 & 0 & 0 & 0 \\
0 & 0 & 0 & 0 & 0 & 0 & 0 & 0 & 0 & 0 & 0 & 0 & 0 & 0 & 0 & 0 & -ef & -ef & -ef\ sio51 & 0 \\
0 & -ef & 0 & 0 & 0 & 0 & 0 & 0 & 0 & 0 & 0 & 0 & 0 & 0 & 0 & 0 & RO7 & 0 & 0 & RO12 \\
-ef & 0 & 0 & 0 & 0 & 0 & 0 & 0 & 0 & 0 & 0 & 0 & 0 & 0 & 0 & RO8 & 0 & 0 & 0 & 0 \\
0 & 0 & -ef & 0 & 0 & 0 & 0 & 0 & 0 & 0 & 0 & 0 & 0 & 0 & 0 & RO9 & 0 & 0 \\
0 & 0 & 0 & 0 & 0 & 0 & RO3 & 0 & 0 & 0 & -ef & 0 & 0 & 0 & RO6 & 0 & 0 & 0 & -ef & 0 \\
0 & 0 & 0 & RO1 & -ef & 0 & 0 & 0 & RO4 & 0 & 0 & 0 & -ef & 0 & 0 & 0 & 0 & 0 \\
0 & 0 & 0 & RO2 & 0 & -ef & 0 & 0 & 0 & RO5 & 0 & 0 & 0 & -ef & 0 & 0 & 0 & 0 \\
0 & 0 & 0 & RO10 & 0 & 0 & -ef & 0 & 0 & 0 & RO11 & 0 & 0 & 0 & -ef & 0 & 0 & 0 & 0 & 0
\end{bmatrix}
\times
$$

$$
\begin{bmatrix} 0 \\ K.1 \\ 0 \\ 0 \\ 0 \\ 0 \\ 0 \\ 0 \\ 0 \\ 0 \\ 0 \\ 0 \\ 0 \\ 0 \\ 0 \\ 0 \\ 0 \\ 0 \\ 0 \\ 0 \end{bmatrix}
=
\begin{bmatrix} 0 \\ 0 \\ 0 \\ 0 \\ 0 \\ K.1 \\ 0 \\ J.1 \\ 0 \\ 0 \\ 0 \\ 0 \end{bmatrix}
+
\begin{bmatrix} \mathrm{sio}12\ (K.1) \\ 0 \\ 0 \\ 0 \\ 0 \\ -\,\mathrm{ef}\ (K.1) \\ 0 \\ 0 \\ 0 \\ 0 \\ 0 \\ 0 \end{bmatrix}
=
\begin{bmatrix} K.2 \\ 0 \\ 0 \\ 0 \\ 0 \\ 0 \\ J.1 \\ 0 \\ 0 \\ 0 \\ 0 \end{bmatrix}
$$

可到达状态标识 $M^1 = \begin{bmatrix} K.2 & 0 & 0 & 0 & 0 & 0 & J.1 & 0 & 0 & 0 & 0 \end{bmatrix}^{\mathrm{T}} \neq$ M^g，设置 $q = q + 1 = 1$，此时选 $\mathrm{sirt}^{13}/J.1$ 被触发，则触发序列的控制矢量：

$$S^1 = \begin{bmatrix} 0 & 0 & J.1 & 0 & 0 & 0 & 0 & 0 & 0 & 0 & 0 & 0 & 0 & 0 & 0 & 0 & 0 \end{bmatrix}^{\mathrm{T}}$$

同样的，计算可到达状态标识 M^2 的结果如下：

$$M^2 = \begin{bmatrix} K.2 + J.2 & 0 & 0 & 0 & 0 & 0 & 0 & 0 & 0 & 0 & 0 & 0 \end{bmatrix}^{\mathrm{T}}$$

可知 $M^2 \neq M^g$，则设置 $q = q + 1 = 2$，重复上述过程，计算可到达状态标识 M^q。从图 5 – 14 可得，可到达状态标识 $M^{51} = \begin{bmatrix} 0 & 0 & 0 & 0 & 0 & K.21 + J.22 & 0 \end{bmatrix}$ $0 \quad 0 \quad 0 \quad 0 \quad 0 \,]^{\mathrm{T}}$。对比最终状态标识 M^g 可知，$M^{51} = M^g$，因此可重构制造单元控制系统 OCNCES 模型的重构控制部分不存在死锁现象。

重构后执行控制的死锁分析方法与上述分析方法完全相同，这里不再赘述。

通过对完整的 OCNCES 模型重构控制的死锁分析以及重构后执行控制的死锁分析，发现均不存在死锁现象，从而说明风电设备制造单元控制系统可成功地实现实时动态重构。

$M^0 = (0, 0, 0, 0, 0, K.1, 0, J.1, 0, 0, 0, 0)$
sirt12/K.1　　sirt13/J.1

$M^1 = (K.2, 0, 0, 0, 0, 0, 0, J.1, 0, 0, 0, 0)$
sirt13/J.1　　sirt14/K.2

$M^2 = (K.2+J.2, 0, 0, 0, 0, 0, 0, 0, 0, 0, 0, 0)$
sirt14/K.2　　sirt14/J.2

$M^3 = (J.2, 0, 0, 0, 0, 0, 0, 0, 0, K.3, 0, 0)$
sirt14/J.2　　sirt21/K.3

$M^4 = (0, 0, 0, 0, 0, 0, 0, 0, 0, K.3, 0, J.3)$
sirt21/K.3　　sirt23/J.3

$M^5 = (0, K.4, 0, 0, 0, 0, 0, 0, 0, 0, 0, J.3)$
sirt23/J.3　　sirt24/K.4

$M^6 = (0, K.4+J.4, 0, 0, 0, 0, 0, 0, 0, 0, 0, 0)$
sirt24/K.4　　sirt24/J.4

$M^7 = (0, J.4, 0, 0, 0, 0, 0, 0, K.5, 0, 0, 0)$
sirt24/J.4　　sirt34/K.5

$M^8 = (0, 0, 0, 0, 0, 0, 0, 0, K.5+J.5, 0, 0, 0)$
sirt34/K.5　　sirt34/J.5

$M^9 = (0, 0, K.6, 0, 0, 0, 0, 0, J.5, 0, 0, 0)$
sirt34/J.5　　sirt31/K.6

$M^{10} = (0, 0, K.6+J.6, 0, 0, 0, 0, 0, 0, 0, 0, 0)$
sirt31/K.6　　sirt33/J.6

$M^{11} = (0, 0, J.6, 0, 0, 0, 0, 0, 0, K.7, 0, 0)$
sirt33/J.6　　sirt41/K.7

$M^{12} = (0, 0, 0, 0, 0, 0, 0, 0, K.7, 0, J.7)$
sirt41/K.7　　sirt43/J.7

$M^{13} = (0, 0, 0, K.8, 0, 0, 0, 0, 0, 0, J.7)$
sirt43/J.7　　sirt44/K.8

$M^{14} = (0, 0, 0, K.8+J.8, 0, 0, 0, 0, 0, 0, 0)$
sirt44/K.8　　sirt44/J.8

$M^{15} = (0, 0, 0, J.8, 0, 0, 0, 0, K.9, 0, 0)$
sirt44/J.8　　sirt54/K.9

$M^{16} = (0, 0, 0, 0, 0, 0, 0, 0, K.9+J.9, 0, 0)$
sirt54/K.9　　sirt54/J.9

$M^{17} = (0, 0, 0, 0, K.10, 0, 0, 0, J.9, 0, 0, 0)$
sirt54/J.9　　sirt51/K.10

$M^{18} = (0, 0, 0, 0, K.10+J.10, 0, 0, 0, 0, 0, 0, 0)$
sirt51/K.10　　sirt53/J.10

$M^{19} = (0, 0, 0, 0, J.10, 0, K.11, 0, 0, 0, 0)$
sirt53/J.10　　sirt11/K.11

$M^{20} = (0, 0, 0, 0, 0, 0, K.11, J.11, 0, 0, 0)$
sirt61/J.11　　sirt11/K.11

$M^{21} = (0, 0, 0, 0, 0, J.12, K.11, 0, 0, 0, 0)$
sirt11/K.11　　sirt12/J.12

$M^{22} = (K.12, 0, 0, 0, 0, J.12, 0, 0, 0, 0)$
sirt12/J.12　　sirt14/K.12

$M^{23} = (K.12+J.13, 0, 0, 0, 0, 0, 0, 0, 0, 0, 0)$
sirt14/K.12　　sirt14/J.13

$M^{24} = (J.13, 0, 0, 0, 0, 0, 0, 0, 0, K.13, 0)$
sirt14/J.13　　sirt22/K.13

$M^{25} = (0, 0, 0, 0, 0, 0, 0, 0, J.13, K.13, 0)$
sirt22/K.13　　sirt21/J.13

$M^{26} = (0, K.14, 0, 0, 0, 0, 0, 0, J.13, 0, 0)$
sirt21/J.13　　sirt24/K.14

$M^{27} = (0, K.14+J.14, 0, 0, 0, 0, 0, 0, 0, 0, 0)$
sirt24/K.14　　sirt24/J.14

$M^{28} = (0, J.14, 0, 0, 0, 0, 0, 0, K.15, 0, 0)$
sirt24/J.14　　sirt34/K.15

$M^{29} = (0, 0, 0, 0, 0, 0, 0, 0, K.15+J.14, 0, 0)$
sirt34/K.15　　sirt34/J.14

$M^{30} = (0, 0, K.16, 0, 0, 0, 0, J.14, 0, 0)$
sirt34/J.14　　sirt32/K.16

$M^{31} = (0, 0, K.16+J.15, 0, 0, 0, 0, 0, 0, 0, 0)$
sirt32/K.16　　sirt32/J.15

$M^{32} = (0, 0, J.15, 0, 0, 0, 0, 0, 0, K.17, 0)$
sirt32/J.15　　sirt42/K.17

$M^{33} = (0, 0, 0, 0, 0, 0, 0, 0, 0, K.17+J.15, 0)$
sirt42/K.17　　sirt42/J.15

(S)

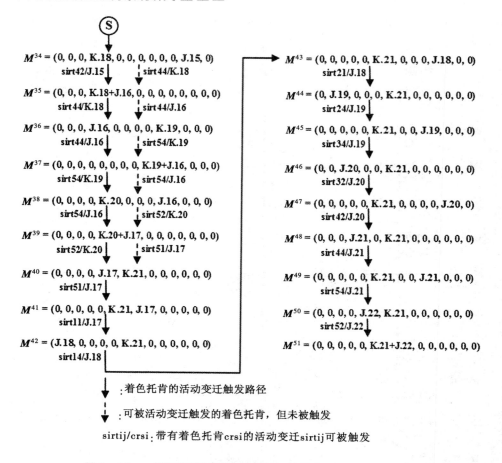

M^{34} = (0, 0, 0, K.18, 0, 0, 0, 0, 0, 0, J.15, 0)
sirt42/J.15   sirt44/K.18

M^{35} = (0, 0, 0, K.18+J.16, 0, 0, 0, 0, 0, 0, 0, 0)
sirt44/K.18   sirt44/J.16

M^{36} = (0, 0, 0, J.16, 0, 0, 0, 0, K.19, 0, 0, 0)
sirt44/J.16   sirt54/K.19

M^{37} = (0, 0, 0, 0, 0, 0, 0, 0, K.19+J.16, 0, 0, 0)
sirt54/K.19   sirt54/J.16

M^{38} = (0, 0, 0, 0, K.20, 0, 0, J.16, 0, 0, 0)
sirt54/J.16   sirt52/K.20

M^{39} = (0, 0, 0, 0, K.20+J.17, 0, 0, 0, 0, 0, 0)
sirt52/K.20   sirt51/J.17

M^{40} = (0, 0, 0, 0, J.17, K.21, 0, 0, 0, 0, 0)
sirt51/J.17

M^{41} = (0, 0, 0, 0, 0, K.21, J.17, 0, 0, 0, 0)
sirt11/J.17

M^{42} = (J.18, 0, 0, 0, 0, K.21, 0, 0, 0, 0, 0)
sirt14/J.18

M^{43} = (0, 0, 0, 0, 0, K.21, 0, 0, 0, J.18, 0, 0)
sirt21/J.18

M^{44} = (0, J.19, 0, 0, 0, K.21, 0, 0, 0, 0, 0, 0)
sirt24/J.19

M^{45} = (0, 0, 0, 0, 0, K.21, 0, J.19, 0, 0, 0)
sirt34/J.19

M^{46} = (0, 0, J.20, 0, 0, K.21, 0, 0, 0, 0, 0)
sirt32/J.20

M^{47} = (0, 0, 0, 0, 0, K.21, 0, 0, 0, J.20, 0)
sirt42/J.20

M^{48} = (0, 0, 0, J.21, 0, K.21, 0, 0, 0, 0, 0)
sirt44/J.21

M^{49} = (0, 0, 0, 0, 0, K.21, 0, 0, J.21, 0, 0)
sirt54/J.21

M^{50} = (0, 0, 0, 0, J.22, K.21, 0, 0, 0, 0, 0)
sirt52/J.22

M^{51} = (0, 0, 0, 0, 0, K.21+J.22, 0, 0, 0, 0, 0)

:着色托肯的活动变迁触发路径

:可被活动变迁触发的着色托肯，但未被触发

sirtij/crsi：带有着色托肯crsi的活动变迁sirtij可被触发

图5-14 一种可行的可到达状态标识触发序列图（重构控制）

Fig. 5-14 A feasible firing sequence of the reachability state markings
(reconfiguration control)

5.3 本章小结

本章对第4章中构造的通用 VMD 复合功能块 ONCEM 模型和风电设备制造单元控制系统的 OCNCES 模型进行了动态行为分析。根据 ONCEM 和 OCNCES 模型的动态行为特点，主要对各通用 VMD 复合功能块 ONCEM 和整个风电设备制造单元控制系统的 OCNCES 模型进行了死锁分析。

第6章　风电设备传动系统关键机械部件状态监测与故障诊断

风电设备传动系统增速箱齿轮传动主要是通过齿轮间的啮合传动完成的，齿轮的运转正常与否直接关系到整个机组的运行。一方面，齿轮箱的齿轮通常高速运转，负载超重，身处特殊介质中；另一方面，要求齿轮结构紧凑，对可靠性、平稳性等性能有较高的要求，使得齿轮发生故障的影响因素越来越多并最终诱发机组故障。实际运行中，设计不当、安装误差、运行操作不当、长期运行劳损、维修不良等原因，都将导致齿轮发生诸如点蚀、疲劳脱落、磨损、胶合、裂纹甚至断齿的严重故障[1]。

风电设备传动系统中轴承出现故障非常普遍。在设备运转过程中，由于设计参数、制造工艺、工作环境等因素，均会使轴承出现疲劳脱落、磨损失效、腐蚀、胶合等故障[154]。

风电设备状态监测与故障诊断中多研究其振动信号，通常采用时域、频域、时频域方法对信号进行分析处理。针对传动系统振动信号的非平稳特性，为有效提高信噪比，弱化背景噪声的影响，应在组件运行过程中监测其健康或退化状态。基于小波相关滤波降噪方法，本书提出了基于小波相关滤波－主元分析法的关键机械部件统计过程状态监测。针对传统的前馈神经网络学习算法无法处理随时间变化的信息流、训练时间长，以及原有学习机在固定样本容量时，统一参量比重、不能有效反映故障信息、训练速度有待进一步提高的问题，本书提出了改进的极限学习机的风电设备传动系统故障诊断方法。

6.1　基于小波相关滤波－主元分析的状态监测方法

主元分析（PCA，Principal Component Analysis）是多元分析统计过程监控技术的一种方法。该方法首先通过对相关信号矩阵进行压缩处理，建立统一降维的统计模型——PCA 模型[155]，进而计算该模型下的统计特征参量，依靠得到的参量来量化所监测对象的运行状态。运用到故障诊断中，即是进一步凭借对特征参数的训练，运用人工智能方法来辨识故障类型、判断故障位置甚至故障严重程度，为基于状态的系统维护保养提供决策支持[156-157]。

系统运行过程中，要实现有效监测运行状态，判断其是否处在正常或者退化状态，前提是对采集信号进行有效降噪，提高信噪比，然后提取得到特征信息。根据上述思路，本书提出了基于小波相关滤波-主元分析法的传动系统关键机械部件统计过程状态监测。其算法实施步骤如下：

Step 1：采集前端获得的原始信号，进行多尺度小波变换；

Step 2：信号相关值归一化，提取边缘信息；

Step 3：对上述步骤迭代计算，直到满足相应条件；

Step 4：滤波完毕，基于第2.5.1节的相关理论，进行参数的计算；

Step 5：根据上述参数，构建参数矩阵，计算样本协方差矩阵；

Step 6：计算协方差矩阵的特征值，确定主元个数；

Step 7：建立正常状态下的主元模型，计算在显著性水平 α 下的 T^2 及 SPE 统计量的控制限；

Step 8：计算采集获得的更新信号的 T^2 及 SPE 统计量，并同具有一定置信度的控制限相比较，判断运行状态。

判断监测过程运行状态是否发生故障或者运行良好，当仅仅出现某一个统计量超出控制限的情况时，可能出现异常，但也可能是因工况变化引起的扰动，但是均需引起警惕；一旦两个统计量均偏离超过控制限，则可以判断设备出现了异常状况。

6.2 改进的极限学习机故障诊断

工程应用中，往往综合信号分析和故障模式分类二者的评估结果来实现对旋转机械快速不解体检测诊断。采集能够表征设备运行状态信息的参量（诸如振动、噪声、油压、油温）来提取设备运行状态特征参数，采用模式识别的方法将特征向量进行分类，以达到故障诊断的目的。

前馈神经网络在旋转机械的故障分类中凭借其较好的非线性辨识能力而得到了广泛的应用。然而，随着工业应用对故障诊断的速度和精度提出更高的要求以及相关机器学习理论的快速发展，前馈神经网络逐步显示出其不足，诸如复杂烦琐的网络训练参数设置、频繁的迭代过程、缓慢的学习速度、泛化性能欠佳以及容易陷入局部最优解[158-159]等。基于以上存在的问题，Huang 不再采用梯度下降算法的迭代方法，而是提出了极限学习机（Extreme Learning Machine，ELM）的快速学习策略[160]。作为一种单隐层前馈神经网络（Single Hidden Layer Feed forward Neural Networks，SLFNs），其输入权值以及偏差项只需随机赋值，整个训练过程中无须再调整，再通过一步计算确定输出层权值。整个过程参数设置简单，学习速度迅速，具备良好的全局寻优能力。

6.2.1　极限学习机

典型的单隐层前馈神经网络包含位于最下层的输入层、中间位置的隐含层和最上层的输出层，各层神经元之间实行全连接[161]。

输入层神经元数目为 n，与输入向量一一对应，隐含层节点数目为 L，与之对应的是 m 个输出状态，输入层与隐含层各节点之间的连接权值矩阵 $\boldsymbol{W}$ 如下：

$$\boldsymbol{W} = \begin{bmatrix} w_{11} & w_{12} & \cdots & w_{1n} \\ w_{21} & w_{22} & \cdots & w_{2n} \\ \vdots & \vdots & & \vdots \\ w_{L1} & w_{L2} & \cdots & w_{Ln} \end{bmatrix}_{L \times n} \tag{6-1}$$

式中，w_{pq} 表示第 p 个输入神经元与第 q 个隐层神经元之间的连接权值。隐含层与输出层各神经元之间的连接权值矩阵 $\boldsymbol{\beta}$ 如下：

$$\boldsymbol{\beta} = \begin{bmatrix} \beta_{11} & \beta_{12} & \cdots & \beta_{1m} \\ \beta_{21} & \beta_{22} & \cdots & \beta_{2m} \\ \vdots & \vdots & & \vdots \\ \beta_{L1} & \beta_{L2} & \cdots & \beta_{Lm} \end{bmatrix}_{L \times m} \tag{6-2}$$

式中，β_{ij} 表示隐含层第 i 个神经元与输出层第 j 个神经元之间的连接权值。

每个隐含层节点的阈值 $\boldsymbol{b}$ 为

$$\boldsymbol{b} = \begin{bmatrix} b_1, & b_2, & \cdots, & b_L \end{bmatrix}^{\mathrm{T}}_{1 \times L} \tag{6-3}$$

具有 N 个训练样本的输入矩阵 $\boldsymbol{X}$ 和对应的输出矩阵 $\boldsymbol{Y}$ 为

$$\boldsymbol{X} = \begin{bmatrix} x_{11} & x_{12} & \cdots & x_{1N} \\ x_{21} & x_{22} & \cdots & x_{2N} \\ \vdots & \vdots & & \vdots \\ x_{n1} & x_{n2} & \cdots & x_{nN} \end{bmatrix}_{n \times N} \tag{6-4}$$

$$Y = \begin{bmatrix} y_{11} & y_{12} & \cdots & y_{1N} \\ y_{21} & y_{22} & \cdots & y_{2N} \\ \vdots & \vdots & & \vdots \\ y_{m1} & y_{m2} & \cdots & y_{mN} \end{bmatrix}_{m \times N} \tag{6-5}$$

假设隐含层节点的激活函数为 $G（\boldsymbol{W}，\boldsymbol{x}，\boldsymbol{b}）$，则网络模型输出矩阵 $\boldsymbol{T}$ 为

$$\boldsymbol{T} = \begin{bmatrix} \boldsymbol{t}_1，& \boldsymbol{t}_2，& \cdots，& \boldsymbol{t}_N \end{bmatrix}_{m \times N} \tag{6-6}$$

$$\boldsymbol{t}_j = \begin{bmatrix} t_{1j} \\ t_{2j} \\ \vdots \\ t_{mj} \end{bmatrix}_{m \times 1} = \begin{bmatrix} \sum_{i=1}^{L} \beta_{i1} G(\boldsymbol{w}_i, \boldsymbol{x}_j, b_i) \\ \sum_{i=1}^{L} \beta_{i2} G(\boldsymbol{w}_i, \boldsymbol{x}_j, b_i) \\ \vdots \\ \sum_{i=1}^{L} \beta_{im} G(\boldsymbol{w}_i, \boldsymbol{x}_j, b_i) \end{bmatrix}_{m \times 1} \quad (j = 1, 2, \cdots, N) \tag{6-7}$$

式中，$\boldsymbol{w}_i = \begin{bmatrix} w_{i1}，& w_{i2}，& \cdots，& w_{in} \end{bmatrix}$，$\boldsymbol{x}_j = \begin{bmatrix} x_{1j}，& x_{2j}，& \cdots，& x_{nj} \end{bmatrix}^{\mathrm{T}}$。

上式经简化可表示为

$$\boldsymbol{H}\boldsymbol{\beta} = \boldsymbol{T}' \tag{6-8}$$

式中，$\boldsymbol{T}'$ 为 $\boldsymbol{T}$ 的转置矩阵，$\boldsymbol{H}$ 为网络模型的隐含层输出矩阵，如下所示：

$$\boldsymbol{H}（\boldsymbol{w}_1，\boldsymbol{w}_2，\cdots，\boldsymbol{w}_L，b_1，b_2，\cdots，b_L，\boldsymbol{x}_1，\boldsymbol{x}_2，\cdots，\boldsymbol{x}_N）=$$

$$\begin{bmatrix} G（\boldsymbol{w}_1，\boldsymbol{x}_1，b_1） & G（\boldsymbol{w}_2，\boldsymbol{x}_1，b_2） & \cdots & G（\boldsymbol{w}_L，\boldsymbol{x}_1，b_L） \\ G（\boldsymbol{w}_1，\boldsymbol{x}_2，b_1） & G（\boldsymbol{w}_2，\boldsymbol{x}_2，b_2） & \cdots & G（\boldsymbol{w}_L，\boldsymbol{x}_2，b_L） \\ \vdots & \vdots & & \vdots \\ G（\boldsymbol{w}_1，\boldsymbol{x}_N，b_1） & G（\boldsymbol{w}_2，\boldsymbol{x}_N，b_2） & \cdots & G（\boldsymbol{w}_L，\boldsymbol{x}_N，\boldsymbol{b}_L） \end{bmatrix}_{N \times L}$$

$$\tag{6-9}$$

Huang 证明了，对于一个具有 N 个训练样本的输入集合 $\{\boldsymbol{x}_i，\boldsymbol{t}_i\}$，其中，$\boldsymbol{x}_i = \begin{bmatrix} x_{i1}，& x_{i2}，& \cdots，& x_{in} \end{bmatrix}^{\mathrm{T}} \in \mathbf{R}^n$，$\boldsymbol{t}_i = \begin{bmatrix} t_{i1}，& t_{i2}，& \cdots，& t_{im} \end{bmatrix}^{\mathrm{T}} \in \mathbf{R}^m$，其隐含层节点数 L 与训练样本数 N 相等的前馈神经网络，当其激活函数 $G：\mathbf{R} \rightarrow \mathbf{R}$ 满足无限可微，那么对任意输入权值 $\boldsymbol{w}_i \in \mathbf{R}^n$ 和节点阈值 $b_i \in \mathbf{R}$，SLFNs 可以无限逼近训练样本[160]，即

$$\sum_{j=1}^{n} \boldsymbol{t}_j - \boldsymbol{y}_j = \boldsymbol{0} \tag{6-10}$$

式中，$\boldsymbol{y}_j = \begin{bmatrix} y_{1j}，& y_{2j}，& \cdots，& y_{mj} \end{bmatrix}_{1 \times m}^{\mathrm{T}}$（$j = 1，2，\cdots，N$）为测试样本的理论输

出。

然而，在样本训练时，隐含层节点数目 L 通常比训练样本数目 N 小，故对于一个训练样本容量为 N 的输入集合 $(\boldsymbol{x}_i, \boldsymbol{t}_i)$，其中，$\boldsymbol{x}_i = [x_{i1}, x_{i2}, \cdots, x_{in}]^T \in \mathbf{R}^n$，$\boldsymbol{t}_i = [t_{i1}, t_{i2}, \cdots, t_{im}]^T \in \mathbf{R}^m$，当其激活函数 $G : \mathbf{R} \to \mathbf{R}$ 满足无限可微，那么对任意输入权值 $\boldsymbol{w}_i \in \mathbf{R}^n$ 和节点阈值 $b_i \in \mathbf{R}$，总存在隐含层节点数 L（$L \leqslant N$）的前馈神经网络以任意给定小误差（$\varepsilon > 0$）来逼近训练样本，即

$$\sum_{j=1}^{N} \boldsymbol{t}_j - y_j < \varepsilon \qquad (6-11)$$

因此，当激活函数满足无限可微时，SLFNs 无须重复调整相关参数，只需要在训练之初随机设置输入权值以及阈值即可，后续训练过程中维持不变。通过最小二乘解来求解方程组，计算出隐含层输出权值 $\boldsymbol{\beta}$：

$$min \| \boldsymbol{H\beta} - \boldsymbol{T}' \| \qquad (6-12)$$

得到最佳最小二乘解：

$$\hat{\boldsymbol{\beta}} = \boldsymbol{H}^+ \boldsymbol{T}' \qquad (6-13)$$

其中，$\boldsymbol{H}^+$ 为隐含层输出矩阵 $\boldsymbol{H}$ 的 Moore - Penrose 广义逆矩阵。当 $\boldsymbol{H}$ 为可逆矩阵时，则有 $\boldsymbol{H}^+ = \boldsymbol{H}^{-1}$。

6.2.2 改进的极限学习机

传统的前馈神经网络通常均为批量离线学习模式，整个学习过程是静止的。在旋转机械故障诊断中采集得到的样本数据是基于时间变化的信息流，当原始数据集更新后，在新样本逐渐增多的情况下，同类样本集之间必然存在相似度极高的样本。如果再次连同历史数据重新训练网络，无疑会加大计算量，同时耗费大量学习时间[162-163]。工业中往往只要求更新数据后的新网络而无须对历史数据重新训练。在保证样本信息不缺失、样本数量稳定的情况下，当任意两个样本相似度高时，可以有效剔除掉同类样本中的历史样本，保留新样本。

基于上述思路，本书提出改进的极限学习机（Improved Extreme Learning Machine，IELM）方法训练网络，通过引入主元分析，根据输入向量各参量贡献率以此确定各输入参量所占比重，以此比重作为权重参数引入到相关性计算公式中，代替固定尺寸序贯极限学习机（FSSELM）原始相关性计算中的各参量同权重、统一计算相关性的方法，精确剔除历史数据，保留最新信息。测试阶段加入一个新样本并识别完毕后，将样本由测试数据转化为训练样本，此时

计算查找出相同类别下，原始训练样本集中与新样本相似度最高的样本并予以剔除，以达到更新样本信息的同时不增加容量的目的。改进后的网络具有以下优点：

（1）算法学习通过顺序执行数据训练，数据可以基于时间顺序，其长度可以是固定或者变化的；

（2）学习过程只针对及时更新的数据，按权重计算相关性大小，避免统一比重计算不能准确反映特征参量故障特征信息，从而有效剔除相似度最高的历史数据；

（3）新的样本学习完毕后，就会相应丢弃同类别的一部分数据；

（4）训练样本个数的确定不需要先验知识。

在第6.2.1节中，$H\boldsymbol{\beta} = T'$的方法来实现的最小二乘解$\hat{\boldsymbol{\beta}} = H^+ T'$。在这一条件下，计算左伪逆$H^{-1} = (H^T H)^{-1} H^T$，将左式代入最小二乘解中，有

$$\boldsymbol{\beta} = (H^T H)^{-1} H^T T' \tag{6-14}$$

对于具有N_0个训练样本的输入集合$(\boldsymbol{x}_i, \boldsymbol{t}_i)$，其中，$\boldsymbol{x}_i = [x_{i1}, x_{i2}, \cdots, x_{in}]^T \in \mathbf{R}^n$，$\boldsymbol{t}_i = [t_{i1}, t_{i2}, \cdots, t_{im}]^T \in \mathbf{R}^m$，$n$为输入参量数目，$m$为输出分类种数。为实现样本尺寸固定，在加入新样本$(\boldsymbol{x}_p, \boldsymbol{t}_p)$后，通过计算新旧样本的相关性，剔除掉相似性最高的旧样本$(\boldsymbol{x}_i, \boldsymbol{t}_i)$，其相关性计算采用添加引入主元权重$w_l$的夹角余弦来量化任意样本间相似度的改进计算方法，如下式所示：

$$r_{ij} = \frac{\sum_{l=1}^{m} w_l \times \boldsymbol{x}_i(l) \times \boldsymbol{x}_j(l)}{\sqrt{\sum_{l=1}^{m} [(\boldsymbol{x}_i(l))^2 \sum_{l=1}^{m} [\boldsymbol{x}_j(l)]^2}} \tag{6-15}$$

式中：$\boldsymbol{x}_i(l)$表示与添加样本同类别的历史训练样本的特征向量，$\boldsymbol{x}_j(l)$表示添加样本的特征向量；w_l为各输入量所占权重，如下式所示：

$$w_l = \frac{\lambda_l}{\sum_{i=1}^{m} \lambda_i} \tag{6-16}$$

其中：λ_i为样本集经PCA降维后主元对应的特征值，m为所确定的主元个数，也是神经网络输入参量的维数。通过添加每维向量所占权重系数w_l，改进前相当于各参量权重系数相同：$w_l = 1$，避免统一比重计算不能准确反映特征参量故障特征信息。由改进计算方法确定相关样本的相关性，依此剔除相似度较高的样本。

剔除历史样本后，隐含层输出矩阵更新为 $\boldsymbol{H}_{p+1} = [\boldsymbol{h}_1^{\mathrm{T}}, \cdots, \boldsymbol{h}_{i-1}^{\mathrm{T}}, \boldsymbol{h}_{i+1}^{\mathrm{T}},$ $\cdots, \boldsymbol{h}_{N_0}^{\mathrm{T}}, \boldsymbol{h}_p^{\mathrm{T}}]_{L \times N_0}^{\mathrm{T}}$，此时输出类别向量 $\boldsymbol{T}_{p+1} = [\boldsymbol{t}_1, \cdots, \boldsymbol{t}_{i-1}, \boldsymbol{t}_{i+1}, \cdots, \boldsymbol{t}_{N_0},$ $\boldsymbol{t}_p]_{m \times N_0}$，根据式（6 – 14）得

$$\boldsymbol{\beta}_{p+1} = (\boldsymbol{H}_{p+1}^{\mathrm{T}} \boldsymbol{H}_{p+1})^{-1} \boldsymbol{H}_{p+1}^{\mathrm{T}} \boldsymbol{T}'_{p+1} \tag{6 – 17}$$

则

$$\boldsymbol{H}_{p+1}^{\mathrm{T}} \boldsymbol{H}_{p+1} = [\boldsymbol{h}_1^{\mathrm{T}}, \cdots, \boldsymbol{h}_{i-1}^{\mathrm{T}}, \boldsymbol{h}_{i+1}^{\mathrm{T}}, \cdots, \boldsymbol{h}_{N_0}^{\mathrm{T}}, \boldsymbol{h}_p^{\mathrm{T}}] \quad [\boldsymbol{h}_1^{\mathrm{T}}, \cdots, \boldsymbol{h}_{i-1}^{\mathrm{T}}, \boldsymbol{h}_{i+1}^{\mathrm{T}},$$
$$\cdots, \boldsymbol{h}_{N_0}^{\mathrm{T}}, \boldsymbol{h}_p^{\mathrm{T}}]^{\mathrm{T}}$$
$$= \boldsymbol{h}_1^{\mathrm{T}} \boldsymbol{h}_1 + \cdots + \boldsymbol{h}_{i-1}^{\mathrm{T}} \boldsymbol{h}_{i-1} + \boldsymbol{h}_{i+1}^{\mathrm{T}} \boldsymbol{h}_{i+1} + \cdots + \boldsymbol{h}_p^{\mathrm{T}} \boldsymbol{h}_p$$
$$= \boldsymbol{H}_p^{\mathrm{T}} \boldsymbol{H}_p + \boldsymbol{h}_p^{\mathrm{T}} \boldsymbol{h}_p - \boldsymbol{h}_i^{\mathrm{T}} \boldsymbol{h}_i \tag{6 – 18}$$

$$\boldsymbol{H}_{p+1}^{\mathrm{T}} \boldsymbol{T}'_{p+1} = [\boldsymbol{h}_1^{\mathrm{T}}, \cdots, \boldsymbol{h}_{i-1}^{\mathrm{T}}, \boldsymbol{h}_{i+1}^{\mathrm{T}}, \cdots, \boldsymbol{h}_{N_0}^{\mathrm{T}}, \boldsymbol{h}_p^{\mathrm{T}}] \quad [\boldsymbol{t}_1, \cdots, \boldsymbol{t}_{i-1}, \boldsymbol{t}_{i+1},$$
$$\cdots, \boldsymbol{t}_{N_0}, \boldsymbol{t}_p]$$
$$= \boldsymbol{H}_p^{\mathrm{T}} \boldsymbol{T}' + \boldsymbol{h}_p^{\mathrm{T}} \boldsymbol{t}_p - \boldsymbol{h}_i^{\mathrm{T}} \boldsymbol{t}_i \tag{6 – 19}$$

令 $\boldsymbol{R}_p = (\boldsymbol{H}_p^{\mathrm{T}} \boldsymbol{H}_p)^{-1}$，$\boldsymbol{R}_{p+1} = (\boldsymbol{H}_{p+1}^{\mathrm{T}} \boldsymbol{H}_{p+1})^{-1}$，则

$$\boldsymbol{R}_{p+1}^{-1} = \boldsymbol{R}_p^{-1} + \boldsymbol{h}_p^{\mathrm{T}} \boldsymbol{h}_p - \boldsymbol{h}_i^{\mathrm{T}} \boldsymbol{h}_i \tag{6 – 20}$$

又令 $\boldsymbol{W} = \boldsymbol{R}_p^{-1} + \boldsymbol{h}_p^{\mathrm{T}} \boldsymbol{h}_p$，则 $\boldsymbol{R}_{p+1}^{-1} = \boldsymbol{W} - \boldsymbol{h}_i^{\mathrm{T}} \boldsymbol{h}_i$。又根据 Sherman – Morrison 矩阵求逆引理[164]推得

$$\boldsymbol{W}^{-1} = (\boldsymbol{R}_p^{-1} + \boldsymbol{h}_p^{\mathrm{T}} \boldsymbol{h}_p)^{-1} = \boldsymbol{R}_p - \frac{\boldsymbol{R}_p \boldsymbol{h}_p^{\mathrm{T}} \boldsymbol{h}_p \boldsymbol{R}_p}{1 + \boldsymbol{h}_p \boldsymbol{R}_p \boldsymbol{h}_p^{\mathrm{T}}} \tag{6 – 21}$$

$$\boldsymbol{R}_{p+1} = (\boldsymbol{W} - \boldsymbol{h}_p^{\mathrm{T}} \boldsymbol{h}_p)^{-1} = \boldsymbol{W}^{-1} + \frac{\boldsymbol{W}^{-1} \boldsymbol{h}_p^{\mathrm{T}} \boldsymbol{h}_p \boldsymbol{W}^{-1}}{1 - \boldsymbol{h}_i \boldsymbol{W}^{-1} \boldsymbol{h}_i^{\mathrm{T}}} \tag{6 – 22}$$

代入式（6 – 17）中推算得到剔除历史样本更新后的输出权值矩阵：

$$\boldsymbol{\beta}_{p+1} = \boldsymbol{R}_{p+1} \boldsymbol{H}_{p+1}^{\mathrm{T}} \boldsymbol{T}'_{p+1}$$
$$= \boldsymbol{R}_{p+1} (\boldsymbol{R}_p^{-1} \boldsymbol{R}_p \boldsymbol{H}_p^{\mathrm{T}} \boldsymbol{T}_p + \boldsymbol{h}_p^{\mathrm{T}} \boldsymbol{t}_p - \boldsymbol{h}_i^{\mathrm{T}} \boldsymbol{t}_i)$$
$$= \boldsymbol{R}_{p+1} (\boldsymbol{R}_p^{-1} \boldsymbol{\beta}_p + \boldsymbol{h}_p^{\mathrm{T}} \boldsymbol{t}_p - \boldsymbol{h}_i^{\mathrm{T}} \boldsymbol{t}_i)$$
$$= \boldsymbol{\beta}_p - \boldsymbol{R}_p \boldsymbol{h}_p^{\mathrm{T}} (\boldsymbol{h}_p \boldsymbol{\beta}_p - \boldsymbol{t}_p) + \boldsymbol{R}_p \boldsymbol{h}_i^{\mathrm{T}} (\boldsymbol{h}_i \boldsymbol{\beta}_p - \boldsymbol{t}_i) \tag{6 – 23}$$

式（6 – 23）表明，可以通过更新前的权值 $\boldsymbol{\beta}_p$ 递推计算出剔除历史样本、添加新样本后的输出权值 $\boldsymbol{\beta}_{p+1}$，避免反复求逆运算。

IELM 网络训练步骤如下：

Step 1：选择 N_0 个样本初始化训练 IELM 网络，计算得到初始隐含层输出矩阵 $\boldsymbol{H}_0$、初始输出权值 $\boldsymbol{\beta}_0$；

Step 2：待新样本（$\boldsymbol{x}_p$，$\boldsymbol{t}_p$）测试完毕后更新至训练样本集，寻找并剔除掉与 $\boldsymbol{t}_p$ 同类别且相似度最高的样本；

Step 3：利用式（6－22）求解更新数据集后的 R_{p+1}，以此求解输出权值 β_{p+1}。

Step 4：更新下一样本，跳转至 Step 2。

当上述训练过程完毕后，样本容量固定且拥有最新输出权值的网络将反映最新的样本信息。这种改进的极限学习机方法相比于其他神经网络，无疑会提高运行速度。整个过程中只需要确定隐含层节点的数目，无须反复修正权值等参数；同时，IELM 可用于增加隐含层节点的神经网络，具有较强的泛化能力。

6.3 基于 PCA－IELM 的风电设备关键机械部件监测和诊断方法

为准确监控风机传动系统运行状态，在出现故障情况下及时做出判断并进行故障确诊，本书采用小波相关滤波方法对信号进行有效降噪后，对特征信息进行主元分析提取信号主元，建立正常情况下的离线监控模型，计算正常情况下的统计量，同时建立基于极限学习机的神经网络诊断模型；当风机在线运行时，实时采集数据，经处理完毕后，计算实时信息的统计量从而判断设备运行的状态，一旦传动系统统计量超出控制限，迅速送往诊断模型进行故障诊断。以下是风机传动系统状态监测与故障诊断的主要步骤：建立正常状态下的 PCA 多变量统计过程监控模型；建立 IELM 故障诊断模型；在线监控与故障诊断。状态监测与故障诊断流程如图 6－1 所示。

6.3.1 建立正常状态下的 PCA 多变量统计过程监控模型

Step 1：通过信号采集系统采集齿轮箱正常运转情况下的振动信号，对信号进行小波相关滤波后计算时频域特征参量（诸如均值、均方根、转频幅值、峭度指标、歪度指标），组成相应的特征向量，并对特征矩阵运用主元分析法进行相应处理，得到相关系数矩阵；

Step 2：对协方差矩阵求解特征方程 $|\lambda I - X| = 0$，得到特征值矩阵，并按照大小顺序依次排序，即 $\lambda_1 > \lambda_2 > \cdots > \lambda_m > 0$，其中单位矩阵 I 和 X 同秩；

Step 3：依据方差贡献率确定主元数目并提取主元；

Step 4：计算正常状态下数据集 T^2 和 SPE 统计量；

Step 5：计算该状态下 T^2 和 SPE 统计量相应的控制限。

剔除历史样本后，隐含层输出矩阵更新为 $H_{p+1} = [h_1^{\mathrm{T}}, \cdots, h_{i-1}^{\mathrm{T}}, h_{i+1}^{\mathrm{T}},$ $\cdots, h_{N_0}^{\mathrm{T}}, h_p^{\mathrm{T}}]_{L \times N_0}^{\mathrm{T}}$，此时输出类别向量 $T_{p+1} = [t_1, \cdots, t_{i-1}, t_{i+1}, \cdots, t_{N_0},$ $t_p]_{m \times N_0}$，根据式（6-14）得

$$\boldsymbol{\beta}_{p+1} = (H_{p+1}^{\mathrm{T}} H_{p+1})^{-1} H_{p+1}^{\mathrm{T}} T'_{p+1} \tag{6-17}$$

则

$$
\begin{aligned}
H_{p+1}^{\mathrm{T}} H_{p+1} &= [h_1^{\mathrm{T}}, \cdots, h_{i-1}^{\mathrm{T}}, h_{i+1}^{\mathrm{T}}, \cdots, h_{N_0}^{\mathrm{T}}, h_p^{\mathrm{T}}] \, [h_1^{\mathrm{T}}, \cdots, h_{i-1}^{\mathrm{T}}, h_{i+1}^{\mathrm{T}}, \\
&\quad \cdots, h_{N_0}^{\mathrm{T}}, h_p^{\mathrm{T}}]^{\mathrm{T}} \\
&= h_1^{\mathrm{T}} h_1 + \cdots + h_{i-1}^{\mathrm{T}} h_{i-1} + h_{i+1}^{\mathrm{T}} h_{i+1} + \cdots + h_p^{\mathrm{T}} h_p \\
&= H_p^{\mathrm{T}} H_p + h_p^{\mathrm{T}} h_p - h_i^{\mathrm{T}} h_i
\end{aligned} \tag{6-18}
$$

$$
\begin{aligned}
H_{p+1}^{\mathrm{T}} T'_{p+1} &= [h_1^{\mathrm{T}}, \cdots, h_{i-1}^{\mathrm{T}}, h_{i+1}^{\mathrm{T}}, \cdots, h_{N_0}^{\mathrm{T}}, h_p^{\mathrm{T}}] \, [t_1, \cdots, t_{i-1}, t_{i+1}, \\
&\quad \cdots, t_{N_0}, t_p] \\
&= H_p^{\mathrm{T}} T' + h_p^{\mathrm{T}} t_p - h_i^{\mathrm{T}} t_i
\end{aligned} \tag{6-19}
$$

令 $R_p = (H_p^{\mathrm{T}} H_p)^{-1}$，$R_{p+1} = (H_{p+1}^{\mathrm{T}} H_{p+1})^{-1}$，则

$$R_{p+1}^{-1} = R_p^{-1} + h_p^{\mathrm{T}} h_p - h_i^{\mathrm{T}} h_i \tag{6-20}$$

又令 $W = R_p^{-1} + h_p^{\mathrm{T}} h_p$，则 $R_{p+1}^{-1} = W - h_i^{\mathrm{T}} h_i$。又根据 Sherman-Morrison 矩阵求逆引理[164]推得

$$W^{-1} = (R_p^{-1} + h_p^{\mathrm{T}} h_p)^{-1} = R_p - \frac{R_p h_p^{\mathrm{T}} h_p R_p}{1 + h_p R_p h_p^{\mathrm{T}}} \tag{6-21}$$

$$R_{p+1} = (W - h_p^{\mathrm{T}} h_p)^{-1} = W^{-1} + \frac{W^{-1} h_p^{\mathrm{T}} h_p W^{-1}}{1 - h_i W^{-1} h_i^{\mathrm{T}}} \tag{6-22}$$

代入式（6-17）中推算得到剔除历史样本更新后的输出权值矩阵：

$$
\begin{aligned}
\boldsymbol{\beta}_{p+1} &= R_{p+1} H_{p+1}^{\mathrm{T}} T'_{p+1} \\
&= R_{p+1} (R_p^{-1} R_p H_p^{\mathrm{T}} T_p + h_p^{\mathrm{T}} t_p - h_i^{\mathrm{T}} t_i) \\
&= R_{p+1} (R_p^{-1} \boldsymbol{\beta}_p + h_p^{\mathrm{T}} t_p - h_i^{\mathrm{T}} t_i) \\
&= \boldsymbol{\beta}_p - R_p h_p^{\mathrm{T}} (h_p \boldsymbol{\beta}_p - t_p) + R_p h_i^{\mathrm{T}} (h_i \boldsymbol{\beta}_p - t_i)
\end{aligned} \tag{6-23}
$$

式（6-23）表明，可以通过更新前的权值 $\boldsymbol{\beta}_p$ 递推计算出剔除历史样本、添加新样本后的输出权值 $\boldsymbol{\beta}_{p+1}$，避免反复求逆运算。

IELM 网络训练步骤如下：

Step 1：选择 N_0 个样本初始化训练 IELM 网络，计算得到初始隐含层输出矩阵 H_0、初始输出权值 $\boldsymbol{\beta}_0$；

Step 2：待新样本 (x_p, t_p) 测试完毕后更新至训练样本集，寻找并剔除掉与 t_p 同类别且相似度最高的样本；

Step 3：利用式（6-22）求解更新数据集后的 R_{p+1}，以此求解输出权值 β_{p+1}。

Step 4：更新下一样本，跳转至 Step 2。

当上述训练过程完毕后，样本容量固定且拥有最新输出权值的网络将反映最新的样本信息。这种改进的极限学习机方法相比于其他神经网络，无疑会提高运行速度。整个过程中只需要确定隐含层节点的数目，无须反复修正权值等参数；同时，IELM 可用于增加隐含层节点的神经网络，具有较强的泛化能力。

6.3 基于 PCA - IELM 的风电设备关键机械部件监测和诊断方法

为准确监控风机传动系统运行状态，在出现故障情况下及时做出判断并进行故障确诊，本书采用小波相关滤波方法对信号进行有效降噪后，对特征信息进行主元分析提取信号主元，建立正常情况下的离线监控模型，计算正常情况下的统计量，同时建立基于极限学习机的神经网络诊断模型；当风机在线运行时，实时采集数据，经处理完毕后，计算实时信息的统计量从而判断设备运行的状态，一旦传动系统统计量超出控制限，迅速送往诊断模型进行故障诊断。以下是风机传动系统状态监测与故障诊断的主要步骤：建立正常状态下的 PCA 多变量统计过程监控模型；建立 IELM 故障诊断模型；在线监控与故障诊断。状态监测与故障诊断流程如图 6-1 所示。

6.3.1 建立正常状态下的 PCA 多变量统计过程监控模型

Step 1：通过信号采集系统采集齿轮箱正常运转情况下的振动信号，对信号进行小波相关滤波后计算时频域特征参量（诸如均值、均方根、转频幅值、峭度指标、歪度指标），组成相应的特征向量，并对特征矩阵运用主元分析法进行相应处理，得到相关系数矩阵；

Step 2：对协方差矩阵求解特征方程 $|\lambda I - X| = 0$，得到特征值矩阵，并按照大小顺序依次排序，即 $\lambda_1 > \lambda_2 > \cdots > \lambda_m > 0$，其中单位矩阵 I 和 X 同秩；

Step 3：依据方差贡献率确定主元数目并提取主元；

Step 4：计算正常状态下数据集 T^2 和 SPE 统计量；

Step 5：计算该状态下 T^2 和 SPE 统计量相应的控制限。

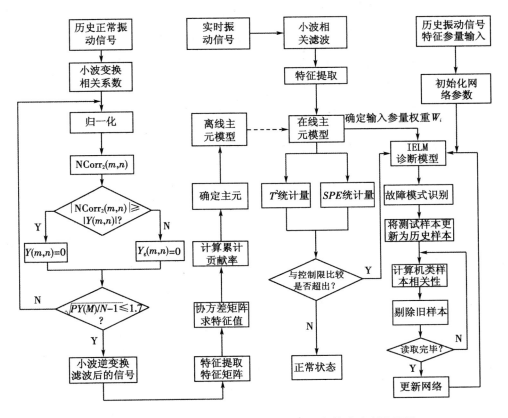

图 6 – 1　风电设备关键机械组件状态监控与故障诊断流程图

Fig. 6 – 1　Flowchart of condition monitoring and fault diagnosis for wind

turbine key mechanical components

6.3.2　建立 IELM 故障诊断模型

Step 1：获取故障数据集，计算数据集用于 IELM 分类器的训练样本，记为 $N_0 = N_0\{(\boldsymbol{x}_i,\ \boldsymbol{t}_i)_{i=1}^{N_0}\}$，$\boldsymbol{x}_i \in \mathbf{R}^n$，$n$ 为极限学习机输入向量的维数；

Step 2：确定隐含层节点数目 L 以及激活函数 $G(\boldsymbol{W},\ \boldsymbol{x},\ \boldsymbol{b})$，并为输入层连接权值 $\boldsymbol{W}$ 和阈值 $\boldsymbol{b}$ 随机赋值，计算初始数据集输出矩阵 $\boldsymbol{H}_0$；

Step 3：基于上面的条件，训练样本集并保存训练后的网络模型。

6.3.3　风电设备关键机械部件在线监控与故障诊断

Step 1：对实时输入数据进行预处理、标准化，同时对相应的故障进行预先分类；

Step 2：计算实时数据的 T^2 或者 SPE 统计量；

Step 3：监控实时数据的 T^2 或者 SPE 统计量是否超出控制限，一旦超出控制限，则将故障数据输入极限学习机训练神经网络；

Step 4：逐点或者批次更新训练数据，剔除历史相似数据样本数据，IELM分类器进行故障模式识别；

Step 5：输出故障类别。

6.4　传动系统故障模拟实验台简介

风电设备传动系统完成风能向机械能的转换，典型的风电设备传动系统主要包括轮毂、主轴、主轴承、齿轮箱、制动器、联轴器、发电机等部件。风机往往所处工作环境恶劣，面对不断变化的风速，风电设备需承受较大的冲击和交变载荷，以至于传动系统故障频发，尤其在齿轮箱部分。针对市场上2.0MW 主流风机传动系统的两级平行轴加一级行星传动结构，本书设计了一个风电设备传动系统故障模拟实验平台。实验平台通过模拟风速不断变化的工况及齿轮箱常见故障形式，采集振动信号，提取分析多故障特征，分析实验结果以验证本书提出的监控、诊断方法，为监控与故障诊断系统的研究和开发做好理论验证基础。

故障模拟实验台基于风力发电机传动系统结构，主要为验证本书所提出的方法而设计，实验台架主要包括实验台主体装置和故障部件。主体装置构成完整的模拟传动系统，故障部件实现模拟常见齿轮、轴承故障。通过需求分析确定传感器选型、安装，以及确定采集系统的相关参数。

6.4.1　实验台主体装置

实验台主体部分包括 YVF 三相交流电机、矢量变频器、传动支架、齿轮箱、磁粉制动器、加速度传感器、MPS 采集卡和电脑等。

实验台通过变频器调节三相交流电机的转速，经过传动支架至齿轮箱，再连接磁粉制动器用以提供负载转矩。齿轮箱采用单级平行轴增速结构配置，模拟风机平行轴部分的结构。尽管由于条件限制，采用一级平行轴，增速比为3，但是研究其故障特征对于风机故障诊断具有实际意义。实验台配置 EV500磁通矢量变频器对电动机进行精确调速，保证齿轮箱转速按照预定曲线运行，以模拟风机变转速传动的工况，实验台如图 6-2 所示。

实验台中电动机采用 YVF 三相交流变频电机，额定功率 0.55kW，额定转速 1450r/min，变频器型号 EV500-0037G/0055P-T4，输出频率精度 ±0.01Hz，输出频率范围 0 ~ 500Hz，采用非磁通矢量控制。传动支架实现电动机向齿轮箱的转矩输出。齿轮箱齿轮模数为 2，主动轮齿数为 75，从动轮齿数为 25。磁粉制动器由 24V 直流电源提供激励，提供 5N·m 的制动转矩。

图 6 - 2　传动系统故障模拟实验台

Fig. 6 - 2　Fault simulation experiment table of drive system

采集前端采用压电式加速度传感器，分别布置在齿轮箱输入轴 X 轴（径向）、Y 轴（径向）、箱体表面、轴向端，输出轴 X 轴（径向）、Y 轴（径向）、箱体表面、轴向端 8 个点位。传感器型号为 MPS - ACC01X，灵敏度为 100mV/g，频率范围 0.3 ~ 12000Hz（±10%）。加速度传感器测得的电信号传送至 MPS - 140801 采集卡，采集卡内部包含八路高性能 16 位 ADC，每通道最高采样频率达到 128kHz，采用 USB2.0 高速总线接口，USB 自供电，无须外部电源，同时提供四路 4mA 输出恒流源，为 IEPE 传感器提供恒流激励。采集卡还内置了可编程信号增益放大器，用以放大或衰减信号，以获得最佳采集效果。

MPS - 140801 采用跨平台的动态链接库提供驱动函数接口，用以支持 VC ++ 等编程语言，为后续上位机软件实时采集提供链接端口。

6.4.2　故障部件

为模拟传动系统中齿轮和轴承常见的故障，准备了相应的故障部件，包含不同故障类型的齿轮和轴承，实验时将故障部件替换为正常部件，采集相应 8 个点位的振动信号。针对齿轮点蚀故障，是通过角磨机在齿面打磨出近似剥落的小坑来实现的；磨损故障则是用角磨机对齿面逐渐打磨使齿面变薄、齿距变大；断齿故障则是将其中一个齿切掉。实验台故障部件如表 6 - 1 所示。

表 6 – 1   齿轮箱故障部件

Tab. 6 – 1   Gear box fault setting

齿轮箱故障部件	数量/只	模拟故障
低速级大齿轮	3	点蚀故障、磨损故障、断齿故障
高速级小齿轮	3	点蚀故障、磨损故障、断齿故障
输入支撑轴承	4	内外圈、滚动体磨损、保持架变形断裂
输出支撑轴承	4	内外圈、滚动体、保持架变形断裂

6.4.3 传感器的安装

传感器是监测与诊断系统最前端的设备，其选型、安装是否得当将直接影响到系统能否获得正常的振动信号。系统采用标准的加速度传感器，在满足高频信号采集的需求时，也能进行低频信号的测量。结合本系统测量的实际情况，采用绝缘磁座吸合的安装方式。

绝缘磁座固定时，安装过程为：将传感器与磁座之间的螺栓拧至一半深度，再拧上传感器，过程中不宜太松或者太紧，磁座与传感器下端面完全结合即可；清理待安装测量面，将磁座平稳放置在测量表面，确保两表面之间密切吸合。

本实验中按照上述安装方法，将加速度传感器分别安装在 8 个点位上，以采集相应测点的振动信号。

6.4.4 采集系统的确定

数据采集系统从传感器获取信号，并经处理后传送给上层处理器。按照工作方式划分，采集卡分为巡回采样和同步采样。巡回采样是按照一定的顺序采集各路信号，信号之间存在时间差，并不同步。同步采样则是多路信号同时触发，保持同步采集。对传动系统进行信号采样时，采用同步采样的方式，保证采样信息的时效性。采集卡在选择过程中，考虑以下参数。

（1）通道数目，指同时获取信号的路数。一般采集卡分为 2、4、8 通道。

（2）采样频率。采集卡的采样频率一般可根据具体信号特征进行相应的设置，采集卡最大采样频率越高，采集卡性能越好。

（3）信噪比。信噪比决定采集卡的动态范围，一般情况下，信噪比越高越好。

（4）分辨率。分辨率是获取信号幅值细微变化的能力，该指标由 A/D 芯片的位长决定。位长越长，分辨率越高，量化误差越小。

（5）接口方式。常用接口分为 USB 接口、PCI 总线接口、以太网接口等，不同接口其数据传输协议和速度不同。

基于上述考虑，本实验采用基于 USB 接口的数据采集卡 MPS – 140801 作为采集前端。

采集卡通过有线方式进行数据传输，它含有 8 个同步信号采集通道，实现多测点同时采集，同时板载有 191k 字节超大 FIFO 缓存，便于保证数据的完整性。内置高性能 DSP 和 ADC 信号处理，无须额外的信号调理，具有极低的采样噪声。

6.5　实验方案

由前面的介绍可知，风机运行过程中，传动系统常见故障包括齿轮点蚀、齿轮磨损、齿轮断齿以及轴承中的内外圈点蚀、滚动体磨损和保持架变形断裂故障。同时，由于风速的不断变化，有必要研究分析不同转速下的故障特征。基于此，本书确立了模拟传动系统中齿轮和轴承的常见故障，分析故障内在特征作为实验主要研究内容。另外，为研究传动系统中齿轮运行的退化过程，对其齿面逐步加强磨损故障程度直至出现断齿，采集振动信号以获取其故障特征。实验过程中，为保证有足够的实验数据可供分析，每次实验均进行两次采集。

6.5.1　实验准备

（1）清洗故障零件与实验设备。

实验的故障齿轮与轴承在更换之前，需进行表面清洗以去除表面的铁屑等杂质，然后涂上润滑油进行润滑，尽量避免齿轮以及轴承各部件之间出现无润滑摩擦运转。

（2）安装实验设备。

安装过程中，将电动机、传动支架、齿轮箱、磁粉制动器安装固定后，进行轴心校准，确保轴系对中性良好，以此保证实验的精度。

（3）安装传感器及测试系统。

将传感器接线与采集卡连接完毕后，在指定测点放置传感器（确保测点处的清洁度和平整度），对上述的 8 个测点依次编号，便于实验数据的保存。打开监控软件，启动数据库连接，保证后续顺利地保存实验数据。

（4）变频器参数设定。

将变频器频率通道、运转指令通道、面板数组设定频率、启停参数等基本运行参数设定完毕后，将频率调节旋钮调节至待运行频率，摁下"开始"按钮即可。

6.5.2 实验过程

（1）正常运行状态。

首先让实验台在正常状态下运转，将采集得到的正常状态的振动信号作为故障信号的参考基准。当风力发电机的转速为1500r/min左右时，对应实验台变频器频率应调整到50Hz左右，因传动比为3，故将变频器频率设置在10～30Hz每隔5Hz在上述相应8个测点测量该频率对应的稳定转速下的振动数据。采集过程中为防止高频信息丢失，将采集频率设置为20000Hz，每一测点采集时间2min，重复做两次，以保证数据的可重复性。

（2）故障状态。

本书主要对齿轮的点蚀、磨损和断齿故障以及轴承的内圈、外圈、滚动体和保持架故障进行研究。上述七种故障测试实验过程均按照以下步骤完成：将齿轮箱从实验台底板上拆卸下来，卸下齿轮，换上故障齿轮或者轴承，固定轴承两端端盖后，再将齿轮箱固定在实验台上；最后进行轴系对中，调整固定各组件，开始采集数据。故障实验过程中的频率设置与正常状态下的参数设置相同。

6.6 特征提取

齿轮及轴承的早期故障信息（诸如轻微磨损、点蚀）极其微弱，且极易被实验噪声淹没。本书在提取信号特征之前对信号进行小波相关滤波处理，有效降噪后，计算8个时域特征值以及6个频域特征值，对上述8种状态下的振动信号进行分析。所用到的时域特征值分别为信号均值、均方根、峰值、方差、峭度、峭度指标、波形指标、峰值指标，频域特征值为转频幅值、啮合频率、啮合频率二倍频幅值、重心频率、均方频率、频率方差。

6.7　实验结果分析

上述实验过程中，每次采样时间为 2min，对应 240 万个数据样点，分析过程中将数据样本分为 240 个小序列，每个序列包含 8192 个数据点，在 MAT-LAB 2010 中分别计算每一序列对应的特征参数。实验分析主要分为两个部分，分别为基于小波相关滤波 – PCA 的传动系统齿轮退化状态监测结果分析和基于 IELM 的传动系统故障诊断结果分析。

6.7.1　基于小波相关滤波 – PCA 的多变量统计过程监控

当变频器设置频率为 20Hz 时，分析对齿轮进行逐步磨损的振动信号，监测齿轮的退化状态。实验分析步骤如下：

6.7.1.1　磨损信号降噪处理

对磨损信号进行小波相关滤波，并同 db4 小波阈值滤波进行对比，波形图如图 6 – 3 所示。从图 6 – 3 中可看出，利用传统的 db 小波阈值法进行降噪可以达到降噪的效果，但是在一些高频处，降噪效果仍不明显，信号中仍存在随机噪声。在运用小波相关滤波对信号降噪后，振动信号在信号高频处降噪效果明显，信噪比得到了提升。

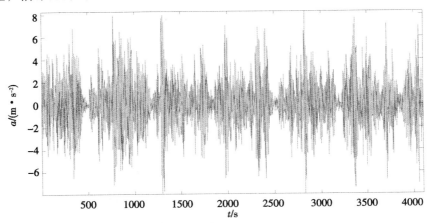

（a）齿轮磨损振动原始信号

（a）Original vibration signal of wear gear

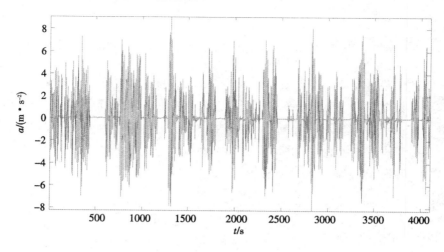

（b）db 小波阈值降噪后的振动信号

（b）Vibration signal of db wavelet threshold de – noising

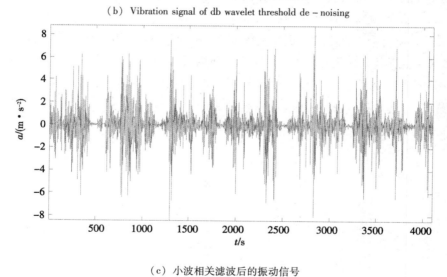

（c）小波相关滤波后的振动信号

（c）Vibration signal of wavelet correlation filtering

图 6 – 3　齿轮磨损振动信号滤波结果

Fig. 6 – 3　Filtering results of wear gear vibration signal

6.7.1.2　建立主元模型

当对正常振动信号进行小波相关滤波降噪之后，首先按照特征提取部分的步骤提取 120 个样本信号相应的 14 个特征参量，组成正常状态下的样本矩阵 $A_{120 \times 14}$。

求取标准化后的特征参数矩阵的统计信息，如下：

（1）变量均值向量：

$$U = [1.096e - 05,\ 2.1180e - 2,\ 4.4958e - 4,\ 3.9770,\ 1.2903,$$
$$7.7253e - 2,\ 3.6426,\ 2.3562e - 2,\ 3.4697,\ 6.8602e - 2,\ 2.9112,$$
$$5.7103e - 6,\ 5.7103e - 06,\ 5.7103e - 06]$$

（2）特征值矩阵：

$$D_\lambda = \mathrm{diag}\,(25.427,\ 20.241,\ 18.932,\ 13.711,\ 9.369,\ 5.631,\ 1.466,\ 0.337,$$
$$0.198,\ 0.048,\ 0.023,\ 3.61e - 05,\ 7.16e - 06,\ 3.1e - 06)$$

计算方差贡献率 PV 及累计方差贡献率 CPV，如表 6-2 所示。

表 6-2　　　　　　　　　方差贡献率及累计方差贡献率

Tab. 6-2　Variance contribution rate and cumulative variance contribution rate

主元个数	1	2	3	4	5	6	7
$PV/\%$	26.66	21.22	19.85	14.37	9.83	5.9	1.54
$CPV/\%$	26.66	47.88	67.73	82.10	91.93	97.83	99.37

综合计算前 6 个主元的累计方差贡献率的百分比达到 95% 以上，故取主元数为 $k=6$。相应的主元变换矩阵

$$P_6 = \begin{bmatrix}
0.9911 & 0.0778 & -0.1077 & -0.0017 & -0.0027 & -0.0003 \\
-0.0533 & 0.6917 & -0.0113 & 0.5996 & 0.3773 & 0.0828 \\
0.0031 & -0.0015 & 0.0236 & -0.3717 & 0.5752 & -0.1231 \\
-0.0525 & 0.7176 & 0.0534 & -0.5780 & -0.3601 & -0.0789 \\
0.0040 & -0.0022 & 0.0277 & -0.3807 & 0.6086 & 0.0369 \\
0.0021 & 0.0009 & 0.0043 & -0.0906 & 0.0595 & 0.8903 \\
-0.0099 & -0.0065 & 0.4372 & 0.1945 & 0.1916 & -0.3642 \\
0.0075 & -0.0053 & 0.2966 & -0.1290 & 0.1967 & -0.4923 \\
0.0164 & 0.0004 & 0.0011 & 0.3518 & -0.0673 & 0.1511 \\
0.0181 & -0.0539 & -0.3910 & -0.4077 & -0.4212 & 0.5281 \\
0.0098 & -0.0048 & 0.0358 & 0.1398 & -0.4737 & -0.2002 \\
0.1852 & -0.0042 & 0.0024 & -0.2108 & -0.4100 & -0.3426 \\
0.0014 & 0.0577 & 0.0096 & -0.0026 & 0.00570 & 0.0019 \\
0.0056 & 0.0032 & 0.0030 & 0.0417 & -0.0128 & 0.0422
\end{bmatrix}$$

同时由于 IELM 中输入参量的权重由各主元贡献率求得，设

$$\boldsymbol{\lambda}' = [\lambda_1,\ \lambda_2,\ \lambda_3,\ \lambda_4,\ \lambda_5,\ \lambda_6]$$

输入参量的权重如下：

$$W_1 = 0.272,\quad W_2 = 0.217,\quad W_3 = 0.203$$

$$W_4 = 0.147, \quad W_5 = 0.100, \quad W_6 = 0.060$$

（3）检测统计量：

计算 Hotelling T^2 统计量的受控限：

样本数 $N = 120$，主元数 $k = 6$，查 F 分布表，当 $\alpha = 0.025$ 时，$F_\alpha (k, N)$ = 2.52，则

$$\delta_{T^2, \alpha} = 15.7905$$

计算 SPE 统计量的受控限：

查标准正态分布表，当 $\alpha = 0.025$ 时，$c_{0.025} = 1.96$，则

$$\delta_{SPE, \alpha} = 8.4356$$

计算每个正常样本的 T^2 统计量和 SPE 统计量，分别绘制正常样本集的 T^2 统计量图和 SPE 统计量图，如图 6-4 所示，其中的虚线为置信度为 97.5% 的统计量对应的控制限。

由图 6-4 可以看到，正常状态下的 T^2 统计量的控制限为 15.7905，SPE 统计量的控制限为 8.4356，正常样本的 T^2 统计量和 SPE 统计量曲线均在控制限以下波动。处于正常状态下的齿轮振动信号样本分布在控制限以内，没有超出控制限，正常状态下样本偏离主元模型的程度在允许范围之内。

6.7.1.3 齿轮健康退化在线监控

随着齿轮箱运行时间的延长，齿轮磨损逐渐加剧，应通过实时在线采集振动信号，计算其相应的 T^2 统计量和 SPE 统计量，并同正常状态下的控制限进

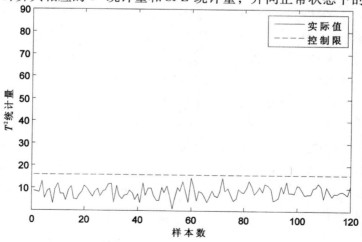

（a）正常样本的 T^2 统计量图

（a）T square magnitude diagram of gear under normal state

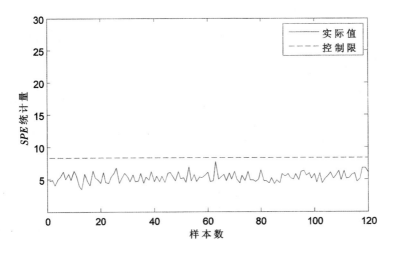

（b）正常样本的 SPE 统计量图

（b）*SPE* statistical magnitude diagram of gear under normal state

图 6 - 4　齿轮正常状态下的统计量图

Fig. 6 - 4　Statistical magnitude diagram of gear under normal state

行比较，长期跟踪其发展趋势，以此监测齿轮的健康状态退化。实验中逐步加剧齿轮磨损状态，直至出现断齿故障，分析其统计量，每一次退化采集 40 个数据样本，分 9 组进行，同时加上最初运行的正常状态，共计 10 组 400 个检测样本。分别计算监测样本的 T^2 统计量和 SPE 统计量，得到 T^2 统计量图和 SPE 统计量图如图 6 - 5 所示，并观测其发展趋势。

对于新获得的监测样本，处于正常状态下时，其 T^2 统计量和 SPE 统计量均应处在相应控制限以下，一旦出现故障则会偏离以至于超出控制限。从图 6 - 5（a）中可以看出，从第 150 个样本点开始，T^2 统计量逐渐出现偏离，超出控制限且偏差越来越大；图 6 - 5（b）中，从第 160 个样本点开始，SPE 统计量逐渐出现偏离，超出控制限且偏差越来越大；这说明第 160 个样本点之后，监测样本各过程变量之间的相关性偏离了正常工况下的允许范围，T^2 统计量和 SPE 统计量不再遵循正常运行状态下的统计分布。综合观察分析两个统计量，可直观看出齿轮箱运行状态从第 160 个样本点开始偏离正常状况，即主元模型迅速检测到了异常的发生。

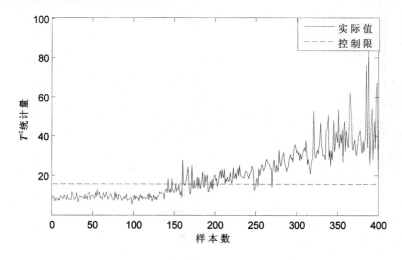

（a）在线监测样本的 T^2 统计量图

（a）*T* square magnitude diagram of gear under degenerate state

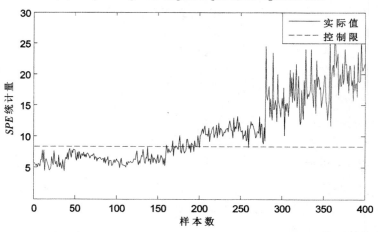

（b）在线监测样本的 *SPE* 统计量图

（b）*SPE* statistical magnitude diagram of gear under degenerate state

图 6-5　齿轮退化状态下 T^2 统计量图和 *SPE* 统计量图

Fig. 6-5　Statistical magnitude diagram of gear under degenerate state

　　T^2 统计量和 *SPE* 统计量偏离正常状态可以判断出运行过程出现了异常，但是并不能从二者的统计量图上确定究竟是在哪一过程或者哪一位置出现状况。为进一步确定故障所在的环节，需要对检测样本进行基于极限学习机的故障诊断。

6.7.2　基于 IELM 的风电设备传动系统关键机械部件故障诊断分析

第 6.7.1 节中通过实时监测采集样本的 T^2 统计量和 SPE 统计量来判断传动系统的运行状态。当统计量显示运行中存在异常时，需要运用基于极限学习机的前向神经网络做进一步的故障诊断。

通过故障特征提取，以主元分析降维后的 6 个主元分别作为神经网络的 6 个输入量。计算出正常、齿轮磨损、点蚀、断齿以及轴承内外圈、保持架、滚动体的故障，分别对应输出为 0、1、2、3、4、5、6、7 八种状态的特征参数进行模式分类，每种状态有 120 个训练样本，共计 960 个训练样本。同时按照 3∶1 的比例，每种状态取 40 个测试样本，共计 320 个测试样本。训练和测试诊断模型均在计算机硬件配置达到 2.2GHz 的 CPU 和 1GHz 的 RAM 的标准下进行。

6.7.2.1　激活函数对网络性能的影响分析

为建立 IELM 故障诊断模型，首先必须确定最优激活函数，分析不同激活函数对网络性能的影响。ELM 网络参数的选取相对简单，只需要选择隐含层节点和激活函数，本书选择 sigmoid、sine、rbf、hardlim 四种函数在隐含层节点逐步增加的情况下进行比较。初始隐含层神经元数目设置为 3，以 1 为周期增加隐含层神经元数目，直到与训练样本容量相等。网络性能随隐含层神经元数目的变化如图 6 - 6 所示。

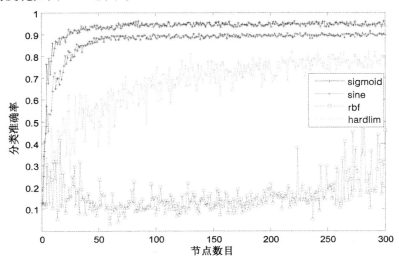

图 6 - 6　不同激活函数对分类准确率的影响分析

Fig. 6 - 6　Influence analysis of different activation functions to classification accuracy

图 6-6 中选用 sigmoid 函数作为激活函数时，网络分类准确率最高且相对平稳；选用 sine 函数同样具有较好的稳定性，但是准确率稍低；选用 rbf 函数在准确率和稳定性两方面均不及前面两种函数；选用 hardlim 函数同其他三种函数相比，在稳定性和准确率两方面误差均较大。因此在 IELM 网络中采用性能最佳的 sigmoid 函数作为激活函数。

6.7.2.2　隐含层节点对网络学习时间和分类准确率的影响分析

同样选择初始神经元数目为 10，以 1 为周期增加隐含层神经元数目，直至节点数目达到 300 时，网络学习时间和分类准确率随着隐含层神经元数目变化的曲线分别如图 6-7、图 6-8 所示。

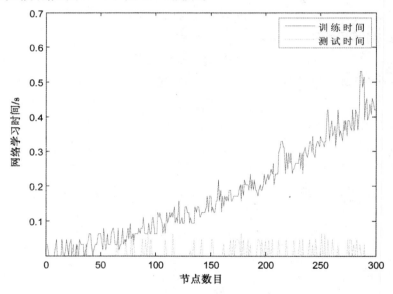

图 6-7　网络学习时间随隐含层节点数目的变化

Fig. 6-7　Online learning time changing with the numbers of hidden layers

由图 6-7 可知，网络学习时间主要消耗在训练样本阶段，一旦模型确立，测试阶段所需时间较短。图 6-8 中，总体趋势上准确率随着神经元数目的增加而提高，且到一定数量时趋于稳定，但却不能达到完全准确预测的效果。其原因是对含有噪声的故障信号未能有效降噪且 ELM 算法只考虑最小经验风险，测试分类准确率受到部分远离集群点的影响而不能进一步提高。

6.7.2.3　改进的极限学习机故障诊断建模

IELM 在 ELM 基础上做出了改进，引进了时间和相似度的概念，通过剔除相似性较高的历史样本保留新样本，不断更新网络输出权值及阈值，对在线获

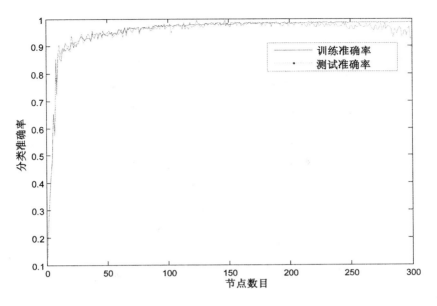

图 6 - 8　网络分类准确率随隐含层节点数目的变化

Fig. 6 - 8　Network classification accuracy changing with the numbers of hidden layers

得的故障数据进行分类。除引进时间和相似性概念外，其在参数选择等方面与 ELM 相同。网络中激活函数仍选择 sigmoid 函数，设定初始训练样本数为 60，通过随机赋值给输入连接权值及阈值，并确定输出权值及阈值，以初始化网络诊断模型。设定每次实时更新 50 个数据段，以此模拟连续变化的故障信息流以达到训练 IELM 的目的。960 组训练样本即可模拟 18 次故障数据更新，相应的诊断模型参数更新 18 次。

数据更新时，IELM 样本相关性计算中，输入参量权重 $W_1 = 0.272$，$W_2 = 0.217$，$W_3 = 0.203$，$W_4 = 0.147$，$W_5 = 0.100$，$W_6 = 0.060$，剔除同类别中相似性最高的样本。

6.7.2.4　传动系统故障的分类诊断分析

为进一步验证改进诊断模型的有效性，对现有故障类别的 320 组样本进行测试，表 6 - 3 列出了各状态下的测试样本的数据表。同时为体现 IELM 网络模型性能，分别与 BP 神经网络、支持向量机（SVM）以及 ELM、FSSELM 展开对比分析。其中，BP 神经网络采用 6 - 8 - 8 结构，惯性系数 $\eta = 0.2$，学习速率 $\alpha = 0.01$；SVM 中核函数采用径向基函数，通过交叉验证得到最优参数，惩罚因子 $c = 26$，核函数参数 $g = 0.3$；ELM、FSSELM、IELM 三个分类器中，在训练精度相当且均保持较高准确率的情况下，选择合适的隐含层节点数目，故三种分类器中选择隐含层节点数目分别为 150、80、80。5 种分类器性能对比如表 6 - 4、表 6 - 5 所示。

表 6 - 3　　　　　　　　　　　部分测试样本数据表

Tab. 6 - 3　　　　　　　　Data tables for part of the test sample

样本故障类型	第一输入参量	第二输入参量	第三输入参量	第四输入参量	第五输入参量	第六输入参量	理论输出
正常	- 0. 17570	3. 203604	2. 006353	- 0. 63307	- 1. 77743	- 1. 58773	0
	- 0. 15062	2. 809140	1. 884100	- 0. 46833	- 1. 61768	- 1. 53783	0
	- 0. 16792	3. 050615	1. 958661	- 0. 60710	- 1. 68690	- 1. 57930	0
	- 0. 18101	3. 227970	2. 108758	- 0. 64153	- 1. 80820	- 1. 71858	0
	- 0. 17762	3. 177049	2. 027093	- 0. 66240	- 1. 74351	- 1. 63466	0
齿轮磨损	- 0. 13816	2. 615372	1. 843098	- 0. 37860	- 1. 45544	- 1. 40816	1
	- 0. 15903	3. 074887	1. 922826	- 0. 46939	- 1. 73008	- 1. 37910	1
	- 0. 16084	2. 989303	2. 117090	- 0. 37991	- 1. 65410	- 1. 60125	1
	- 0. 14120	2. 727225	1. 878275	- 0. 33550	- 1. 50643	- 1. 39176	1
	- 0. 15195	2. 958677	1. 996744	- 0. 34530	- 1. 72673	- 1. 47433	1
齿轮点蚀	- 0. 23421	3. 784830	2. 143404	- 1. 37863	- 1. 80621	- 1. 52705	2
	- 0. 22194	3. 616806	2. 070489	- 1. 28463	- 1. 74630	- 1. 48818	2
	- 0. 22475	3. 764854	1. 997859	- 1. 30866	- 1. 91152	- 1. 35830	2
	- 0. 20699	3. 365308	2. 090968	- 1. 12128	- 1. 54341	- 1. 49557	2
	- 0. 30016	4. 784845	2. 269248	- 2. 05482	- 2. 33826	- 1. 69251	2
齿轮断齿	- 0. 11560	2. 241891	1. 640091	- 0. 28922	- 1. 19496	- 1. 25642	3
	- 0. 10466	2. 018099	1. 557112	- 0. 26057	- 1. 02524	- 1. 20379	3
	- 0. 11584	2. 078029	1. 640283	- 0. 37705	- 0. 96618	- 1. 29902	3
	- 0. 10919	2. 019734	1. 545103	- 0. 35511	- 0. 96648	- 1. 21353	3
	- 0. 10128	1. 973593	1. 514768	- 0. 25484	- 1. 01843	- 1. 17725	3
轴承内圈故障	- 0. 15770	3. 211114	2. 135451	- 0. 16547	- 2. 01777	- 1. 59656	4
	- 0. 15407	3. 425414	2. 066602	- 0. 0114	- 2. 17065	- 1. 36139	4
	- 0. 21080	3. 774872	2. 159579	- 0. 87869	- 2. 08398	- 1. 66576	4
	- 0. 14154	2. 841607	1. 980599	- 0. 19554	- 1. 72882	- 1. 51999	4
	- 0. 21623	4. 143020	2. 146404	- 0. 76796	- 2. 40306	- 1. 49559	4

续表 6 - 3

样本故障类型	第一输入参量	第二输入参量	第三输入参量	第四输入参量	第五输入参量	第六输入参量	理论输出
轴承外圈故障	- 0. 13699	2. 526633	1. 834072	- 0. 37943	- 1. 30093	- 1. 45033	5
	- 0. 14466	2. 569866	1. 862990	- 0. 47906	- 1. 26774	- 1. 49878	5
	- 0. 14703	2. 651645	1. 907282	- 0. 45823	- 1. 40881	- 1. 55495	5
	- 0. 1326	2. 414631	1. 809426	- 0. 38449	- 1. 26165	- 1. 48563	5
	- 0. 14862	2. 627661	1. 900116	- 0. 50258	- 1. 31073	- 1. 53696	5
保持架断裂故障	- 0. 43317	9. 501146	2. 872890	- 1. 10344	- 5. 74552	- 0. 72027	6
	- 0. 36711	7. 125565	2. 789090	- 1. 41219	- 4. 12520	- 1. 51255	6
	- 0. 27377	5. 971586	2. 560170	- 0. 42094	- 3. 63835	- 1. 23570	6
	- 0. 80041	14. 67739	3. 198420	- 5. 19653	- 8. 47948	- 1. 21254	6
	- 0. 99395	16. 93633	3. 163990	- 7. 76375	- 9. 40008	- 1. 51441	6
滚动体剥落故障	- 0. 13271	2. 790753	1. 829006	- 0. 16272	- 1. 72798	- 1. 36752	7
	- 0. 13261	2. 649846	1. 812670	- 0. 25177	- 1. 58189	- 1. 41919	7
	- 0. 12226	2. 469702	1. 799844	- 0. 16442	- 1. 46666	- 1. 41772	7
	- 0. 12859	2. 535298	1. 825586	- 0. 21487	- 1. 48602	- 1. 44900	7
	- 0. 13804	2. 758820	1. 815528	- 0. 28173	- 1. 59793	- 1. 37919	7

表 6 - 4　　　　　　　5 种分类器准确率对比

Tab. 6 - 4　　　　　Accuracy comparison between five classifiers

分类器	训练准确率/%	测试准确率/%	节点数目/个
BPNN	67. 39	61. 20	8
SVM	100. 00	98. 75	30
ELM	97. 81	97. 50	150
FSSELM	98. 60	98. 48	80
IELM	98. 78	98. 54	80

表 6 - 5　　　　　　　5 种分类器时间消耗对比

Tab. 6 - 5　　　　　Time consumption between five classifiers

分类器	训练时间/s	测试时间/s	节点数目/个
BPNN	6. 5208	0. 2496	8
SVM	0. 2652	0. 0156	30
ELM	0. 1716	0. 0468	150
FSSELM	0. 0756	0. 0384	80
IELM	0. 0540	0. 0270	80

从表 6-4 可知，IELM 分类准确率与 ELM、SVM、FSSELM 基本相同，远远超过 BP 神经网络，说明了该算法在旋转机械故障诊断中的可用性。另一方面，通过表 6-5 对比可知，IELM 时间消耗远小于其他三种分类器，分类效率高于三者。ELM 总体消耗时间是 IELM 的 2.7 倍左右，IELM 总体消耗时间相较于 SVM 提高了约 71%。运行速度提高的主要原因是在保证故障信息不丢失的情况下，采用固定训练样本容量，避免信息的冗余，即避免多次训练同类别间相似度较高的样本，简化了输出矩阵，加快了运算速率。IELM 相较于 FS-SELM 总体运行速度提高了约 28%，在分类准确率相当的情况下，运算速度得到提高，证明了改进方法的可行性与有效性，通过改进使得相似样本之间的剔除过程更加明显地反映了输入参量所关联的样本故障信息。综合评价采用 IELM 算法训练连续的故障信息流，由输出权值 $\boldsymbol{\beta}$ 和输出矩阵 $\boldsymbol{H}$ 储存学习后得到的网络参数。当采集得到新的故障信息或故障信息存储在其他终端时，只需将最近更新得到的 $\boldsymbol{\beta}$ 和 $\boldsymbol{H}$ 移植过去即可，而无须对历史数据再次进行训练学习。整个学习过程中无须储存历史数据，可以及时通过相关性判断剔除相近历史样本来更新最新的故障信息，并保证训练样本容量固定和故障信息不缺失，提高了网络对故障的辨识能力。

6.8　本章小结

本章基于 PCA 基本原理，提出了基于小波相关滤波降噪为基础的主元分析状态监测以及基于 IELM 神经网络的故障诊断方法，建立了正常状态下的监控与诊断模型，对实时采集数据实现了在线监测及诊断。详细介绍了风电设备传动系统故障诊断实验台，并就实验过程及实验方案做了具体阐述，通过实验验证了所提出的方法的正确性、可行性。

第 7 章　风电设备传动系统齿轮箱
故障预警与维护

考虑到风电机组齿轮箱传统的维护过程中可能遇到的"过度维护"以及"维护不足"这些问题，很有必要开展以设备运行状态为决策依据的预测性维护策略。怎样为维护计划制订人员提供合适的数据支持是人们关注的焦点之一，这也可以理解为如何通过那些能够被检测到的物理量实现对设备运行状态进行有效评估。在状态评估的基础上，利用预测算法实现对未来一定时间段内衰退情况的预测，从而确定维护周期与维护动作，以实现最经济的维护成本与最高效的维护效果这两个目的[165]。

近年来从运行状态的角度对设备进行维护的研究越来越多，内容越来越丰富。这种维护策略通过分析设备的温度、压力、振动信号等数据，建立一种设备状态评估模型，并对其剩余寿命做出预测，从而有针对性地进行维护决策。可以看出，维护策略的关键在于设备当前状态的识别以及对剩余寿命的预测。齿轮箱历史维护动作与历史运行状态对其未来状态退化趋势有着不可忽略的影响，换句话说，维护动作使得设备的退化趋势得到了抑制或者改善，处在不同退化阶段的齿轮箱对应的维护效果也不应相同[166]。基于以上考虑，如何在齿轮箱的衰退过程中确定其退化状态，并给出设备的剩余寿命是本书关注的重点。

7.1　基于 SPR 的齿轮箱退化状态评估与识别模型

识别设备某阶段的运行状态，可以为运维管理层制订最优的维护计划提供数据支持，因此设备状态评估是进行预防性维护的前提。齿轮箱在役龄周期内从"好"到"坏"的退化过程实际上对应了若干个不同的衰退状态，而且可以通过设备的外部特征（诸如振动、温度信号等）反映内部状态。基于统计模式识别（SPR）的齿轮箱退化状态评估与识别模型可分为两个部分：学习、分类。学习模式中，采集的数据通过预处理后提取出具有代表性的特征，再经降噪、归一化处理后作为输入变量，训练分类器并进行特征空间分割，分割的依据是决策规则使当前划分数目下得到的决策误差最小，然后用各类别特征向量分别训练各分类器；在分类识别模式中，训练好的分类器将待识别的输入变量分配到各特征空间（类别）下，就可以得到各特征空间下的概率，对应最大概率值的特征空间就是该输入量所属类别[165]。在对类别进行识别以后，就可以与标准状态样本进行比对，评估设备当前健康状况，最后得出量化的状态数值，以便对维护策略提供依据，其分析流程如图 7 – 1 所示。

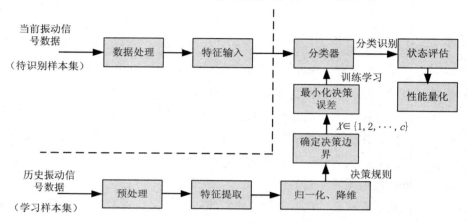

图 7 – 1　风机齿轮箱退化状态评估与识别分析流程

Fig. 7 – 1　The degradation state evaluation and identification analysis process of gearbox

7.2　数据预处理与特征提取

越是精确的预测分析模型，其数据库要求的数据容量就越大，但是在填充数据库的时候，并不是所有的数据都是有效的，盲目地容纳大量冗余或者信息叠加的数据必将造成资源的浪费。另外，一些无效的数据对分析结果的干扰也不容忽略。

一般来说，数据预处理应包含数据审核、数据筛选等内容，处理步骤大致分为三步：

（1）对数据组中缺失、异常元素的处理，分为删除、人工光滑填补两种办法；

（2）对数据库数据完整性的处理，包括重新添加数据组使整个数据库的数组具有全状态代表性，还应包括对冗余数据组的删除；

（3）对数据组中的元素进行规范化处理，以消除单位、量纲不一致问题，常用的规范法包括 max – min 规范法、正态法以及小数规范法。

如果仅用数据组中的某些元素就可以将大部分的信息表示出来，而数据组剩余的部分信息对整体的影响不大，就可以将这些元素作为数据组的特征量重新填充到数据库当中。这样一来，最少的元素表征了数据组最大量的信息，数据库的存储量和分析能力都得到了提升。目前，时域分析、频域分析以及小波分析都在数据特征提取中有很好的应用，针对不同的状态评估指标，所感兴趣的数据特征一般不同，因此采用的方法也不同[165]。

7.3　风机齿轮箱状态评估模型的建立

利用振动信号来分析齿轮箱的状态是一种常用的评估手段，本节采用小波包能量频谱，提取小波包系数作为振动信号的退化特征向量，实现对齿轮箱状态的分类、评估。

根据第 2 章对齿轮箱预防性维护策略的介绍，设备在不同衰退阶段，采取的维护动作以及维护效果应该是不同的。而在传统的策略考虑中，并没有对齿轮箱退化状态进行分段，更多是依靠经验常识对设备的健康状况进行划分，缺乏科学性。而且专家经验需要先行实验，并集合大量数据，难以满足风机这类高成本、长寿命的设备。因此本书采用聚类评价的方法划分退化状态。

首先对采集的设备传动系统主、副轴振动信号利用"db 8"小波包函数进行小波包三层分解，每组数据可得到 16 个频带，根据每个频带的小波包系数求出各子带能量，从而构建出新的特征向量，再采用 K-means 聚类分析法将其分别划分出 3～7 个聚类数目，然后计算各数目下的聚类有效性指标 $Q\left(C^{[k]}\right)$（k 表示聚类个数），该指标衡量了类别与类别之间样本的分离度和同一类别内部样本的紧密度，最佳的聚类方式对应的 $Q\left(C^{[k]}\right)$ 值最小[166]。下面介绍特征向量构建与有效性指标的计算方法。

设 S_j（$j = 0$，1，$\cdots$，7）为振动信号经 3 层小波包分解后的第 3 层的第 j 个节点（对应 8 个频带），则各频带的能量可按下式计算：

$$E_j = \sum_{k=1}^{n} |d_{j,k}|^2 \qquad (7-1)$$

式中：n——频带包含离散点样本的个数；

$d_{j,k}$——各小波系数，其中 $k = 1$，2，$\cdots$，n。

根据子频带能量进一步构建表征振动信号特征的向量 $\boldsymbol{\lambda} = \left[\lambda_0, \lambda_1, \cdots, \lambda_7\right]$，其中：

$$\lambda_j = \frac{E_j}{\sum\limits_{j=0}^{7} E_j} \tag{7-2}$$

设采集的振动信号总样本数为 N，主副轴同时采集，则由频带能量特征向量构成的特征矩阵的维数为 $N \times 16$。对得到的特征矩阵采用 K-means 聚类分析法分为 k 类，其聚类划分为 $C^{[k]} = \{C_1, C_2, \cdots, C_k\}$，则聚类有效性指标的计算如下：

类内紧密度指标 $Scat(C^{[k]})$ 用类内各数据之间的欧氏距离的平方和来描述：

$$Scat(C^{[k]}) = \sum_{i=1}^{k} \left(\sum_{x_m, x_n \in C_i} \| x_m - x_n \|^2 \right) \tag{7-3}$$

式中：x_m，x_n——类 C_i 内的任意两个数据点。

类间分离度指标 $Sep(C^{[k]})$ 用类与类之间的距离来描述，即类别间点对的平均距离：

$$Sep(C^{[k]}) = \sum_{i=1}^{k} \left(\sum_{j=i+1}^{k} \frac{1}{|C_i| \cdot |C_j|} \sum_{x \in C_i, y \in C_j} \| x - y \|^2 \right) \tag{7-4}$$

式中：x，y——类 C_i 与 C_j 内的数据点；

$|C_i|$——类别 C_i 中数据点的个数。

我们希望划分的类别最为恰当，即类内数据尽量紧密联系、类间数据尽量区别开来，那么 $Scat(C^{[k]})$ 的值愈小愈好、$Sep(C^{[k]})$ 的值愈大愈好，考虑到两者的取值范围并无差异，故组合参数 α 取为 1，组合平衡函数为

$$Q(C^{[k]}) = Scat(C^{[k]}) + \alpha \cdot Sep(C^{[k]}) = Scat(C^{[k]}) + Sep(C^{[k]}) \tag{7-5}$$

进一步计算有效性指标。假设对数据集进行最大聚类（每个类别只含一个样本点），此时 $Scat(C^{[N]}) = 0$，得

$$Sep(C^{[N]}) = 2 \left[n \cdot \sum_{x \in C_i} x^2 - \left(\sum_{x \in C_i} x \right)^2 \right] = M \tag{7-6}$$

根据文献 [166] 可知，$Scat(C^{[k]})$ 单调递增，$Sep(C^{[k]})$ 单调递减，那么当聚类数为 1 时，$Scat(C^{[1]}) = M$，$Sep(C^{[1]}) = 0$，为了寻求两者的中间平衡值，得到聚类有效性指标：

$$Q(C^{[k]}) = \frac{1}{M}(Scat(C^{[k]}) + Sep(C^{[k]})) \tag{7-7}$$

齿轮箱状态的退化可通过某一特征向量的变化来衡量，而特征向量又可以

用外部状态特征来构建，这意味着对齿轮箱进行状态监测的结果可以表征其退化程度。不同的设备退化问题，采用不同的退化量衡量指标，得到的结果一般不同，该指标的选取需满足独立性与相关性这两个要求，即该指标与除自然衰退外的其他指标均存在独立的关系，与设备的退化健康水平正相关或负相关且能完整地覆盖衰退期。齿轮箱的剩余寿命实际上就是退化指标从当前下降到其无法有效参与生产时刻的时间。

7.4　实验验证与分析

7.4.1　风机齿轮箱实验台的搭建

为探究风电机组齿轮箱退化的演变过程，搭建风机齿轮箱模拟实验平台，进行状态退化演变实验。为简化实验，以齿轮箱主轴、从动轴与对应轴承连接处的振动信号为采集对象，选用磁粉制动器作为风机模拟负载，变频异步电机模拟动力源。

实验台各部件参数说明如下：

（1）齿轮箱：上海佳迈传动机械厂生产的速比 1:1.36 齿轮箱；

（2）风机载荷：南通南苑公司生产的 FZJ6 系列磁粉制动器，功率为 0.5kW；

（3）电动机：型号为 JB/T7118-2004 的变频调速三相异步电动机作为动力源，额定功率 0.75kW，恒转矩频率范围 5~50Hz，恒功率频率范围 50~100Hz；

（4）变频器：型号为 EV500-0037G/0055P-T4，分辨率达到 0.01Hz；

（5）振动信号采集器：MPS-140401 系列的 24 位信号采集器，用以记录主动轴、从动轴轴承振动加速度信号，对应输出为传感器的电势差；

（6）温度信号采集器：型号为 DAM-PT04，连接两个 PT100 温度传感器，分别采集齿轮箱中心油液温度与实验室温度。

采集点位置有 4 个，其中采集点①、②为振动信号采集点，③、④为温度信号采集点，实验数据分析平台为 MATLAB 2013b。

7.4.2　振动信号的采集与处理

为加速实验进程，三相电机频率设定 $f=20\mathrm{Hz}$，传动轴对应转速 $n=600\mathrm{r/min}$，即转动一周期需 0.1s，MPS 采样率设定为 16000Hz，每半小时采集一次数据，每次持续采样时间为 30s。经 470h 左右，齿轮箱主动轴轴承出现故障，联轴器无法工作。经观察发现，主轴轴承紧固盘松动现象明显，且发生漏油现象，打开箱盖观察齿轮箱内部状态，油液出现大量黄褐色泡沫，润滑质量大大降低，齿轮齿面也出现严重磨损、胶合现象，认定此时为失效故障状态。

整理实验周期内所有振动信号，考虑到停机、拆卸或者安装造成的异常振动的影响，剔除同一样本中不同时间段出现振动幅值明显增加的数据，选出 900 组有效数据。对采集的信号进行以下操作：

（1）设置 DisplayTime 为 0.1s，并从长度为 30s 的振动信号中切出 3 个较为优秀的振动信号样本输出为 .txt 文件，每个样本长度为 0.1s，包含 1600 对主、副轴振动信号数据，以某一切出的振动信号样本为例，其振动信号如图 7 - 2 所示；

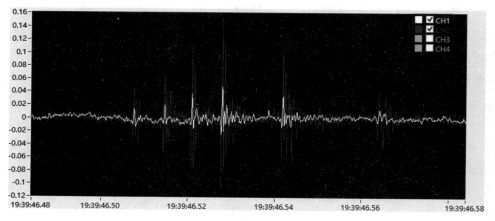

图 7 - 2　齿轮箱的振动信号

Fig. 7 - 2　Vibration signal of gearbox

（2）使用 MATLAB 软件对各组数据进行滤波处理，消除时间序列中的线性趋势项；

（3）用"db 8"小波函数对数据进行小波包三层分解，按照频带能量占信号总能量的比例生成一组新的特征向量，两个通道共 16 个频带能量值，图 7 - 3 是对应的经小波包分解的能量谱；

（4）生成齿轮箱退化状态特征矩阵 F，其维数为 2700×16；

（5）用 K - means 聚类分析法分别将特征矩阵分为 3 ~ 7 类，计算各自的 $Scat$ 指标、Sep 指标，从而得到聚类有效性指标，表 7 - 1 给出了具体的计算结果；

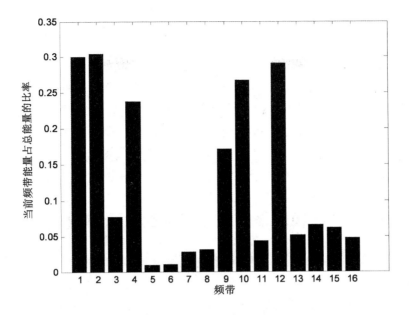

图 7-3　小波包分解后的频带能量直方图

Fig. 7-3　Energy histogram by Wavelet Packet decomposition

表 7-1　　　　　　　　　　不同聚类数目下各评价指标

Tab. 7-1　　　The evaluation indexes under different cluster numbers

聚类数目 k		3	4	5	6	7
各类别下样本的数量	类别 1	1118	1075	897	799	707
	类别 2	931	495	449	363	358
	类别 3	651	575	430	393	329
	类别 4	—	555	437	425	335
	类别 5	—	—	487	365	351
	类别 6	—	—	—	355	287
	类别 7	—	—	—	—	333
聚类指标	$Scat$	3.9765E+06	3.0395E+06	2.3667E+06	1.9444E+06	1.6083E+06
	Sep	2.7241E+06	3.4999E+06	4.4629E+06	5.1116E+06	5.9026E+06
	$Q(C^{[k]})$	0.5442	0.5311	0.5547	0.5731	0.6100

（6）通过分析振动信号的小波包频带能量，选取第 1、2、4、9、10、12频带能量之和刻画齿轮箱退化量。

7.4.3　结论与分析

根据以上的计算可以发现，齿轮箱的衰退过程分为四个阶段时，指标 Q （$C^{[4]}$）取得了最小值 0.5311，故这种划分最为合适，将四类状态分别定义为"良好""正常""异常""严重"，其时间跨度分别对应整个运行周期的 0.398、0.183、0.212 和 0.206，这与风电机组实际的运行情况更为类似，与文献 [167] 中将设备划分为"标准""正常""故障"三个类别相比更能描述齿轮箱的退化趋势。

7.5　基于 BP 神经网络的齿轮箱温度预测模型

风电机组的传动系统不同于其他旋转机械设备的原因之一就是其频繁变化的动负荷特性。因此风电机组在运转时，传动部件之间的接触部位受频繁变化的应力作用，极容易对部件造成不可回复的损伤，继续运行可能加速部件间的磨损，温度则变化为异常上升。齿轮箱退化状态不同，意味着其损伤程度也不相同，故处于不同退化状态下的齿轮箱油液温度有着不同的变化趋势。图 7-4 是利用风电机组模拟实验平台绘制的温度监控曲线，保持环境温度不变且电机在

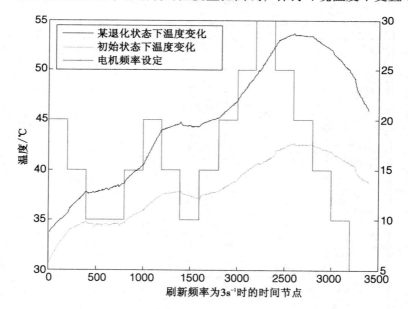

图 7-4　两种不同退化状态下温度变化曲线

Fig.7-4　Temperature variation curves in two different degradation states

预先设定频率作用下，连续采集齿轮箱中心 3400 组油液温度数据，刷新频率为 $3\mathrm{s}^{-1}$，可以看出在相同的工作环境下，齿轮箱不同退化状态下的油液温度变化速度存在差异，故假设温度变化量与退化状态有着一定的对应关系是成立的。假设风电机组齿轮箱共分为 c 个不同的退化状态，在这些状态下采集的温度信号则可训练出 c 个不同的神经网络。采用对应当前状态的神经网络模型来预测油液温度变化更具合理性。

7.6　BP 神经网络及其应用局限

针对那些具有高度非映射关系的信号输入与输出，采用含有隐含层的多层前馈神经网络可以有效解决其分类能力。BP 算法将人工神经网络的训练分为信号的正向传递及误差的反向调节两个过程：若信号正向传递输出偏离期望值，则通过一定手段修正网络各节点的连接权值与阈值，使其再次正向传递时误差不断减小，直到误差在预设范围内为止。当前样本的误差可用下式表示：

$$E = \frac{1}{2} \sum_{k=1}^{l} (d_k - y_k)^2 \tag{7-8}$$

式中：l——网络输出向量的维度；

d_k，y_k——输出向量中第 k 个元素的拟合输出和期望输出，其中，$k = 1$，2，$\cdots$，l。

BP 神经网络的结构模型中，I、K 为输入、输出层，J 为中间层，虚线正向传递，实线误差反向调节。其中，v_{ij}，ω_{jk}（$i = 1$，2，$\cdots$，p；$j = 1$，2，$\cdots$，m）为各级间连接权值，p、m、l 分别对应各层网络的节点数。

从算法的角度考虑，BP 神经网络在不获知数学方程的前提下，学习并储存了大量的信号到输出的非线性映射关系，能做到对未知训练样本的泛化。另外，网络的精确度依赖于整体训练样本，因此个别样本的大误差并不会对整个网络产生大的影响。分析得知，BP 网络的误差函数可以表示为 $E = F(X, V, W, Y)$，其中

$$V_{p \times m} = \begin{bmatrix} v_{11} & v_{12} & \cdots & v_{1m} \\ v_{21} & v_{22} & \cdots & v_{2m} \\ \vdots & \vdots & & \vdots \\ v_{p1} & v_{p2} & \cdots & v_{pm} \end{bmatrix}, \quad W_{m \times l} = \begin{bmatrix} w_{11} & w_{12} & \cdots & w_{1l} \\ w_{21} & w_{22} & \cdots & w_{2l} \\ \vdots & \vdots & & \vdots \\ w_{m1} & w_{m2} & \cdots & w_{ml} \end{bmatrix}$$

$$X_{M \times p} = \begin{bmatrix} x_{11} & x_{12} & \cdots & x_{1p} \\ x_{21} & x_{22} & \cdots & x_{2p} \\ \vdots & \vdots & & \vdots \\ x_{M1} & x_{M2} & \cdots & x_{Mp} \end{bmatrix}, \quad Y_{M \times l} = \begin{bmatrix} y_{11} & y_{12} & \cdots & y_{1l} \\ y_{21} & y_{22} & \cdots & y_{2l} \\ \vdots & \vdots & & \vdots \\ y_{M1} & y_{M2} & \cdots & y_{Ml} \end{bmatrix}$$

M 为总训练样本数，X、Y 为输入、输出信号，V、W 为由各节点间权值构成的矩阵，节点之间的连接权值以及阈值总数即整个误差曲面的维数，对误差的反向调节过程就是对各个维数上变量的调节过程，变量的调节按照误差梯度下降方向进行。而我们知道多维曲面十分复杂，存在着众多极小值点和平滑区域，前者可能使误差参数的调节始终围绕着极小值点进行，无法在全局范围内收敛，后者使得误差调节在历经平滑区域时变得缓慢，影响收敛速度。另外一方面，网络初始权值和阈值的随机性直接影响了迭代次数和预测精度，使得网络的预测结果参差不齐，因此这些初始值的选取对于泛化效果来说很是敏感[165]。

7.7 基于 AIS – SA 混合网络的预测算法

为了有效规避 BP 神经网络以上所述的两个主要应用局限，提高预测精度，本书提出了一种基于人工免疫 – 学习率自适应调节（AIS – SA）混合网络的预测算法，其中，人工免疫算法部分可以更好地选择初始权值与阈值，学习率 SA 算法部分则可以避免振荡，最大限度地满足网络稳定性的要求。AIS – SA 混合网络算法流程图如 7 – 5 所示。另外，可以通过试探法寻找相对较优的网络拓扑结构，将待优化的网络参数经编码后输到 AIS 算法部分，直到满足算法停止条件后反译出网络参数，结合自适应调节学习率部分，避免网络振荡，得到预测结果。

7.7.1 基于人工免疫的 BP 神经网络

人工免疫系统（Artificial Immune System，AIS）的思想源自生物体免疫机制，与遗传算法（General Algorithm，GA）类似，可以用来优化神经网络的初始权值与阈值的选择，但与后者不同的是，初始种群经编译过后通过计算"抗体"的期望生存率来进行复制、交叉、变异三种算子操作。AIS 算法以"抗体"与"抗原"之间的适配程度（亲和度）为寻求目标，其中"抗体"种群对应问题可行解的集合，"抗原"则对应着目标优化函数，在本问题中分别对

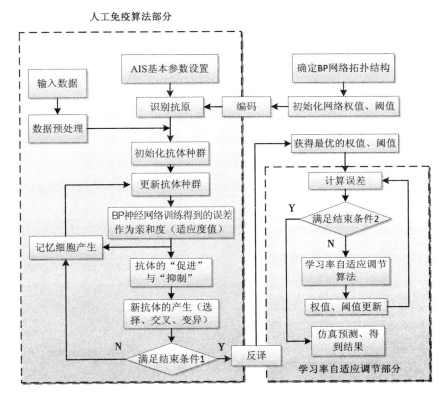

图 7 – 5　AIS – SA 混合网络预测算法示意图

Fig. 7 – 5　Schematic diagram of AIS – SA hybrid network prediction algorithm

应网络的权值、阈值矩阵以及拟合误差的代价函数；"记忆细胞"实现了较优可行解的遗传并抑制了相似可行解的再次生成，保证了可行解的多样性，使"抗体"不断朝着有利的方向进化，不断逼近最优的可行解，达到加速全局搜索最优近似解的目的，克服了 GA 针对种群样本分布不均匀时面临的不完全收敛这一问题。另外还引入"抗体浓度"这一概念，用来模仿免疫系统中的"免疫自调节"功能，即亲和度高的抗体在繁殖、进化、记忆与循环过程中会得到加强，同时为了避免相似的抗体聚集，使浓度高的抗体应答效果减弱甚至排除。

假设抗体的种群规模为 H，h_i（$i=1,2,\cdots,H$）为其中的任一抗体，E 表示抗原，那么 h_i 与 E 之间的适配值 S_i 可用式（7 – 9）计算，其中 F_{hi} 代表抗体 h_i 的亲和度；h_i 的浓度 C_{hi} 可以用式（7 – 10）计算，最后用总相似个数除以种群规模得到该抗体的浓度。

$$S_i = 1/F_{hi} = \varepsilon \left[\sum_{k=1}^{l} abs(y_k - d_k) \right] \qquad (7-9)$$

$$C_{hi} = \frac{1}{H} \sum_{i=1}^{H} C' \quad \left(C' = \begin{cases} 1, & F_{hi,hj} \geqslant C_T \\ 0, & 其他 \end{cases} \right) \qquad (7-10)$$

式中：ε——适配值系数；

  L——算法的输出向量的维度；

 y_k，d_k——待求解问题的真值及算法计算值（$k = 1$，2，$\cdots$，l）；

 $F_{hi,hj}$——种群中两个体的亲和度（i，$j = 1$，2，$\cdots$，H）；

  C_T——抗体相似度阈值，$F_{hi,hj}$超过此值意味着相似，其值可根据经验设置，取值区间为 $0.6 \sim 1$。

繁殖概率 P_{hi} 决定了算法的寻优方向，根据下式可得到该抗体的 P_{hi}：

$$P_{hi} = DEI \cdot \frac{F_{hi}}{\sum F} + (1 - DEI) \cdot \frac{C_{hi}}{\sum C} \qquad (7-11)$$

式中：DEI——抗体多样性评价指标。

记忆细胞库的记忆细胞算着每代抗体的繁殖概率不同进行更新，亲和度高或者适配值小的新抗体会替换库中的劣势个体，同时考虑到"精英保护策略"，在每代中会保留若干个优秀个体，防止被次代优秀个体过早淘汰。这样更新后的抗体与精英个体共同作为次代种群重新进行适配值计算，直到满足算法停止准则[165-166]。

本书采用的基于 AIS 的 BP 神经网络算法步骤如下：

（1）辨认抗原：确定优化问题的目标函数及约束条件；

（2）抗体种群初始化：抗体的编码方法采用实数编码，这个实数串的长度即为待优化的权值、阈值总数，在由所有可行解组成的空间内随机生成 G 个抗体，G 由抗体种群规模 H 及记忆细胞个数 R 确定；

（3）多样性评价：DEI 保证了抗体能够朝着亲和度高且浓度低的方向进化，F_h 及 C_h 确定后即可得到繁殖概率 P_{hi}；

（4）更新记忆库细胞：先选出亲和度最高的 S 个抗体作为精英抗体加以保留，避免过早淘汰，然后按照繁殖概率更新剩余的（$R-S$）个记忆细胞，淘汰掉浓度高的抗体；

（5）次代种群生成：对当前抗体执行选择、交叉、变异等操作得到的新抗体，与精英抗体、记忆细胞库抗体一并组成次代抗体种群；

（6）判断停止条件：当达到迭代最大周期数或者抗体种群的平均亲和度趋于一个定值时，终止免疫算法，否则转到步骤（3）；

（7）转入 BP 神经网络部分：AIS 得到的最优抗体经过反译，作为神经网络的初始权值、阈值，利用误差反传算法进一步优化。

7.7.2 基于扰动误差大小的学习率自适应算法

在 BP 神经网络的学习过程中，学习率太小会使收敛速度太慢，学习率太大会使权值修正量过大而造成振荡。因此有必要采用可以根据一定规则进行自动调节学习率大小的学习算法。在传统的自适应学习率算法中，学习步长与两次迭代的误差直接相关，可用下式表示：

$$\eta(n+1) = \begin{cases} a \times \eta(n), & \text{当 } E(n+1) < E(n) \text{ 时} \\ b \times \eta(n), & \text{当 } E(n+1) > cE(n) \text{ 时} \end{cases} \qquad (7-12)$$

式中：$\eta(n)$——两层神经网络之间权值第 n 次迭代整体选用的学习率；

a、b、c——学习率自适应调节系数，取值范围一般为 $(1, 2)$、$(0, 1)$ 和 $[1, 1.1]$。

考虑到待优化权值的节点输出误差大小与当前节点连接权值直接相关，而且神经网络的层与层之间采用相同的学习率难以平衡不同节点的权重寻优要求，因此本书提出了根据节点当前误差的大小来自适应优化学习率的调节算法，即在任一次迭代寻优过程中，不同节点的连接权值采用不同的学习率。比如在反向调节 J 与 K 之间的连接权值 w_{jk} 时，各权值的学习率可表示为 η_{j1}，η_{j2}，…，η_{jl}。具体调节顺序如图 7-6 所示。

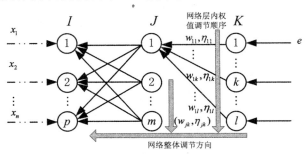

图 7-6 基于扰动误差大小的学习率自适应调节算法

Fig.7-6 Adaptive adjustment algorithm for learning rate based on the disturbance error

（1）首先计算 J 层节点 1 与 K 层节点 1 之间连接权值的学习率，得到权值调整量，修正当前节点间的权值；

（2）计算 J 层节点 1 与 K 层节点 2 之间连接权值的学习率，并修正当前权值；

（3）当 J 层节点 1 与 K 层所有节点间的连接权值均得到修正后，开始计

算 J 层节点 2 与 K 层所有节点之间连接权值的修正量；

（4）当 J 层与 K 层之间所有权值均得到修正后，转而开始计算 I 层至 J 层之间的连接权值；

（5）当网络所有权值均得到修正后，即为完成一次反向调节过程，开始下一次迭代调节。

为了便于说明权值、阈值调节的具体方法，引入矩阵 $W = [V_{rs}, W_{rs}]$，其中 V_{rs} 为 I 层到 J 层权值、节点阈值矩阵的行展开形式，W_{rs} 为 J 层到 K 层权值、节点阈值矩阵的行展开形式，即

$$V_{rs} = [b_1, b_2, \cdots, b_m, v_{11}, \cdots, v_{1m}, v_{21}, \cdots, v_{2m}, \cdots, v_{p1}, \cdots, v_{pm}]$$

$$W_{rs} = [c_1, c_2, \cdots, c_l, w_{11}, \cdots, w_{1l}, w_{21}, \cdots, w_{2l}, \cdots, w_{m1}, \cdots, w_{ml}]$$

式中，b_j，c_k（$j = 1, 2, \cdots, m$；$k = 1, 2, \cdots, l$）分别为 J、K 上的节点阈值，其调节方法与权值的调节方法相同，故一并计算。考虑到权值的调节顺序，设权值、阈值矩阵的逆序矩阵为 $W^* = [W_{rs}, V_{rs}] = [w_1, w_2, \cdots, w_q]$，这样依次调节 w_1，w_2，$\cdots$，w_q 得到的矩阵即可反推出本次迭代的权值、阈值矩阵 W，q 为权值、阈值数，且 $q = (p+1) \times m + (m+1) \times l$。

因此，$W^*(n) = [w_1(n), w_2(n), \cdots, w_q(n)]$ 中 $w_i(n)$ 的调节原则为（$i = 1, 2, \cdots, q$）：

（1）正方向传播阶段，若 $E(n) > e$，此时需要对网络参数进行调节：

① 当 $\dfrac{\partial E}{\partial w_i} \neq 0$，对 $w_i(n)$ 按式累积一个"扰动值" $\Delta w_i^{(0)}(n)$，即

$$\Delta w_i^{(0)}(n) = -\eta_i^{(0)}(n) \frac{\partial E}{\partial w_i} \tag{7-13}$$

$$w_i^{(1)}(n+1) = w_i^{(0)}(n) + \Delta w_i^{(0)}(n) \tag{7-14}$$

式中：$w_i^{(0)}(n) = w_i(n)$，$\eta_i^{(0)}(n) = \eta_i(n)$。

现在对刚得到的 $w_i^{(1)}(n+1)$ 进行进一步优化，利用新得到的权值、阈值逆序矩阵 $W^*(n+1) = [w_1(n), \cdots, w_i^{(1)}(n+1), \cdots, w_q(n)]$，按式（7-1）再次计算误差值 $E_i^{(0)}(n+1)$，下面再分为两种可能：

• 新采用的权值 $w_i^{(1)}(n+1)$ 使误差下降，也就是说扰动值不够大，有

$$\eta_i^{(1)}(n) = \alpha \eta_i^{(0)}(n) \tag{7-15}$$

$$w_i^{(2)}(n+1) = -\eta_i^{(1)}(n) \frac{\partial E}{\partial w_i} + w_i^{(1)}(n+1) \tag{7-16}$$

$$\alpha = \frac{E_i^{(0)}(n+1)}{E_i^{(0)}(n+1) - E_i(n)} \tag{7-17}$$

式中：α——扰动误差贡献度。

- 新的权值 $w_i^{(1)}(n+1)$ 使误差变大，意味着扰动过大，这时有

$$\boldsymbol{\eta}_i^{(1)}(n) = \frac{1}{\alpha}\boldsymbol{\eta}_i^{(0)}(n) \qquad (7-18)$$

$$\boldsymbol{w}_i^{(2)}(n+1) = -\boldsymbol{\eta}_i^{(1)}(n)\frac{\partial E}{\partial \boldsymbol{w}_i} + \boldsymbol{w}_i^{(1)}(n+1) \qquad (7-19)$$

$$\alpha = \frac{E_i^{(0)}(n+1)}{E_i(n) - E_i^{(0)}(n+1)} \qquad (7-20)$$

将 $\boldsymbol{w}_i^{(2)}(n+1)$ 作为自适应调节结果。

② 误差的梯度 $\frac{\partial E}{\partial \boldsymbol{w}_i}=0$ 时，此权值本次无须调节，进行下一个节点间连接权值的迭代调节，直至本层网络的所有权值都有新的代替值。

（2）正方向传播，$E(n) \leqslant e$，当前 $\boldsymbol{w}_i(n)$ 符合要求，此时本层神经元上的所有权值即为可接受的最优权值。可进行下一个权值调节。

（3）待本次调节遍历所有连接权值、节点阈值后，可得到一个逆序矩阵 $\boldsymbol{W}^*(n+1)$，反推出的 $\boldsymbol{W}(n+1)$ 即为本次学习后得到的权值、阈值矩阵，接着进行下一次迭代调节，直至输出误差在网络预设范围之内或者到达迭代步数为止。

7.8　关键部件温度异常变化的故障预警方法

7.8.1　基于 AIS – SA 混合网络的油温预测方法

建立 AIS – SA 混合网络温度预测模型时，首先要确定建模变量，已经投产运行的风电机组都会通过自身的 SCADA 系统记录关键部件的温度、功率、压力、风速等 40 多个风机参数，为方便实验验证，本书从中筛选出与齿轮箱中心油液温度相关的状态参数作为模型的输入向量。常见的观测状态量包括机组的功率大小、风速、环境温度、齿轮箱历史温度等。由于实验平台采用了磁粉制动器，相当于固定了负载大小，所以功率不作为观测向量，考虑到温度具有惯性这一特性，结合电机的频率变化，将上 5 个时刻的油液温度以及环境温度作为模型输入向量，共同组成包含 7 个参数的观测向量集。

油温预测模型的技术图如图 7 – 7 所示。首先利用采集的振动信号对齿轮箱状态进行评估，判断其当前退化状态；在历史油温数据的支持下，结合设定

的风速采用 AIS – SA 混合网络对齿轮箱油温进行预测，从而得到温度预警曲线。

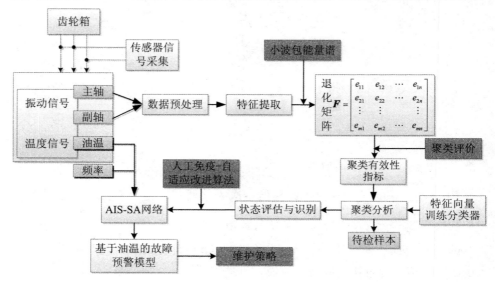

图 7 – 7　基于 AIS – SA 混合网络的温度预警技术路线图

Fig. 7 – 7　Temperature pre – warning technology roadmap based on AIS – SA network

7.8.2　基于齿轮箱油温的故障预警模型

风电机组传动系统部件的温度变化趋势能够反映其运行状态[168]，通过实时监测齿轮箱关键部位（主轴轴承、齿轮箱主体、关键齿轮、副轴承等）在不同风速下的温度变化，对比预测模型的预测结果，能够实现对齿轮箱某一部件故障的早期分析和预测。如利用历史数据发现齿轮箱主要部件主轴轴承的温度变化与预测温度变化趋势差异明显，则可认为该部件存在潜在故障，在其故障严重前，给运维人员一定的时间进行预防和维护。

现假设齿轮副中的某一齿轮发生断齿，与之相啮合的轮齿必将由于接触不严产生异常振动，轮齿咬合力增大，表现为其温度逐渐上升，这与 AIS – SA 混合网络的温度预测结果是无法匹配的，因此温度实际测量曲线将会逐渐偏离预测值，表现为一定时间段内的残差 ε 偏离错判容忍区间 ΔT_{safe}，此时即可提前判断该部件出现故障，容忍区间可以根据风电场运维人员的经验确定。

为避免误判点，设共有 N 对正常运行时温度预测/记录数据，将采集点跨度为 l 的数据作为一个预警判断集合，用这个集合里的 l 对数据的残差均值及标准差衡量齿轮箱温度变化趋势，然后依次计算下一个长度为 l 的预警判断集合，可得到 $2 \times (N - l + 1)$ 个元素的数组，可用下式表示：

$$\begin{bmatrix} E \\ S \end{bmatrix} = \begin{bmatrix} \bar{X}_1 & \bar{X}_2 & \cdots & \bar{X}_{N-l+1} \\ S_1 & S_2 & \cdots & S_{N-l+1} \end{bmatrix} \qquad (7-21)$$

其中：

$$\bar{X}_i = \frac{1}{l} \sum_{k=i}^{i+l-1} \varepsilon_k \quad (i = 1, 2, \cdots, N-l+1) \qquad (7-22)$$

$$S_i = \sqrt{\frac{1}{l-1} \sum_{k=i}^{i+l-1} (\varepsilon_k - \bar{X}_i)^2} \quad (i = 1, 2, \cdots, N-l+1) \qquad (7-23)$$

则可以得到故障预警阈值点：

$$\left. \begin{array}{l} E_w = \pm a \cdot E_{max} \\ S_w = b \cdot S_{max} \end{array} \right\} \qquad (7-24)$$

式中：a，b——温度预警系数，均大于1。

这样得到齿轮箱故障预警的判断条件如下：

$$\left. \begin{array}{l} \bar{X}_i \approx 0，且\ S_i < S_w\ （正常） \\[2mm] \bar{X}_i < E_w，且\ S_i \geqslant S_w\ （故障前期） \\[2mm] \bar{X}_i > E_w\ （故障） \end{array} \right\} \qquad (7-25)$$

7.9　AIS-SA 混合网络温度预测实验及结果分析

7.9.1　温度预测实验设置

沿用第6章的实验内容，在两个不同的退化状态，有针对性地进行 AIS-SA 混合网络温度预测实验，并记为温度实验 A，以此验证改进算法的精确有效性。实验中电机的频率是变化的，最低值为7Hz，最高值为35Hz，精确度为0.01Hz；连续采集了2000组温度数据。预测模型的输入变量分别为风速 f、实验室温度 T、上5个记录点的油温（t_1，t_2，t_3，t_4，t_5）。考虑到网络输入向量的无量纲性，直接将变频电机的频率作为输入变量之一，对所有数据进行 min-max 归一化处理，Net 的隐含层节点 m 根据经验公式 $m = \sqrt{nl} + a$（n，l 分别为 I 层、K 层节点数，a 为10以内的自然数），计算发现，BP 网络 J 层节点为11时误差能量波动最小。将采集的状态量分为1600组训练数据及395组测试数据，其人工免疫算法的抗体规模为 15，每个抗体的长度为 100，记忆细胞群包括 10 个个体，抗体进化代数上限为 20，精英保留策略中精英设置为 3，多样性评价指标为 0.95，相似度阈值设为 0.7。

7.9.2 同一退化状态下不同预测算法结果分析

为平衡网络随机选择权值、阈值带来的误差，传统的 BP 算法与改进的 AIS – SA 混合网络的 20 次运行结果如表 7 – 2 所示，可以看出，AIS – SA 混合网络较传统的 BP 神经网络的误差能量有了较大的降低，提高了预测精度。

表 7 – 2　　　　　　　两种算法的平均误差能量对比

Tab. 7 – 2　　Comparison of average error energy of two algorithms

项目	BP	AIS – SA
E_{min} (n)	1.0943	0.6137
E_{max} (n)	3.3180	1.3521
E_{ave} (n)	2.7092	0.8722

再来分析 AIS 算法部分。图 7 – 8 给出了该算法的收敛进化曲线，以"抗

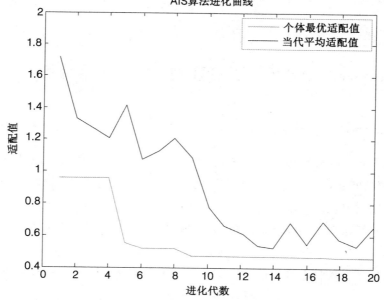

图 7 – 8　个体最优及平均适配值

Fig. 7 – 8　The optimal antibody and the average fitness function

体"的最优适配值及平均适配值为纵坐标,最优的抗体适配值在 6 代以内可以降低到 0.5 以下,且在第 9 代后变化不强烈,寻优过程良好;整体上,当代抗体的平均适配值逐步降低,这意味着抗体的进化方向是正确的,算法能够有效避免反向搜索。

选择其中一次运行结果为例,两种算法的 395 组温度预测结果如图 7 - 9 所示,经过计算,其误差能量分别为 1.7913、0.8621。从图 7 - 9 中可以看出,AIS - SA 混合网络的预测结果基本符合实际油温变换趋势,精度明显优于传统的 BP 神经网络,尤其是测试的前 200 组数据,基本与真值相拟合。

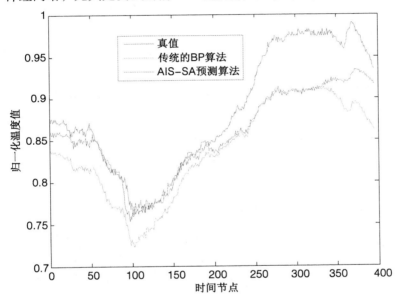

图 7 - 9　两种算法的预测曲线及真值比较

Fig. 7 - 9　Comparison of two algorithms for predicting curves and truth values

为了对比两种算法对齿轮箱中心油液温度真值的拟合效果,在两种预测网络的初始参数一致的情况下,对 1995 组温度数据进行拟合,其结果如图 7 - 10 所示。显而易见,AIS - SA 混合网络能够更好地拟合整体数据,其中误差较大的时间节点对应温度采集周期内的极值部位,分析得知此类样本数据太少,难以对 AIS - SA 混合网络进行完全训练,因此此类算法在应用时,需要注意对极值点样本数据的采集。

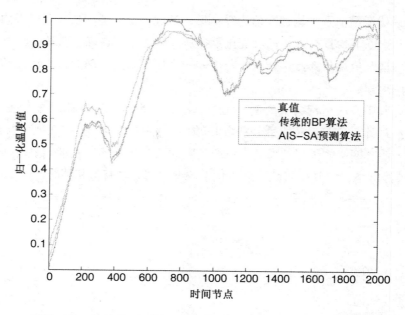

图 7 – 10　传统的 BP 神经网络与 AIS – SA 混合网络的拟合效果图

Fig. 7 – 10　Fitting effect diagram of traditional BP neural network

and AIS – SA hybrid network

7.9.3　不同衰退模式下混合网络温度预测结果分析

下面通过振动信号提取的小波包能量谱对齿轮箱退化状态进行识别，当其经过一个阶段的衰退后，重新进行油液温度预测实验，记为温度实验 B，并将两次温度实验训练的网络分别记为 AIS – SA1 与 AIS – SA2。

经过重复性测试，AIS – SA2 混合网络测试数据的平均误差能量为 0. 8032，与 AIS – SA1 混合网络的 0. 8722 差别不大。进一步验证各退化模式下温度预测模型的差异性，用训练好的两个 AIS – SA 混合网络分别预测温度实验 B 所采集的齿轮箱温度真值，其结果如图 7 – 11 所示，AIS – SA1 混合网络对齿轮箱第 2 类退化状态的温度预测并不理想，尤其是在油温变化率出现迅速改变的情况下，误差明显增大。计算结果表明，由于测试样本数量增加，AIS – SA1 混合网络的预测误差为 1. 4525，此时对应的 AIS – SA2 混合网络的误差则只有 0. 2873。由此可见，齿轮箱所处的退化状态不同，用于进行温度预测的 AIS – SA 混合网络模型也应不同。

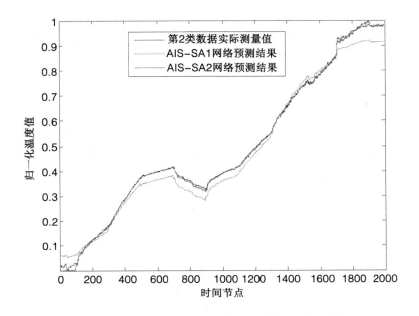

图 7 – 11　AIS – SA1 及 AIS – SA2 的拟合效果比较

Fig. 7 – 11　Comparison of fitting effects between AIS – SA1 and AIS – SA2

7. 9. 4　残差分析及故障预警判断

选择 395 组温度预测/采集数据进行故障预警,预警判断集合的跨度 l 设为 10,计算得到的统计特性如图 7 – 12 所示。

由图 7 – 12(a)可以看出预警集合残差的均值的绝对值先在横轴附近振动,后逐渐增大到 – 0. 2℃以上。为了判断其是否发生故障,取前 250 个预警点作为对比集,其中第 88 次的 $\overline{X}$ 达到了最大值,故 $E_{max} = -0.1449$,第 91 次预警集合的 S 达到了最大值,故 $S_{max} = 0.04985$;取温度预警系数 a、b 分别为 3 和 2,得到故障预警阈值 $E_w = \pm 0.4347$,$S_w = 0.0997$,从而判断出 $\overline{X}$(364)$= -0.2329$,S(358)$= 0.04304$ 这两个预警点均为正常运行状态。

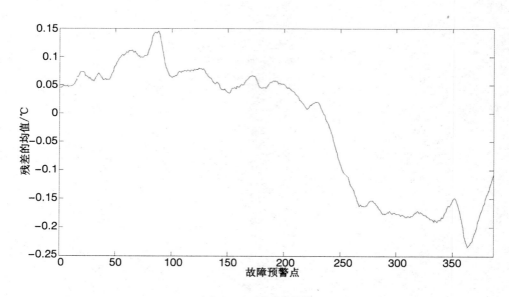

（a）$l = 10$ 时的残差均值

（a）Mean value of residuals when $l = 10$

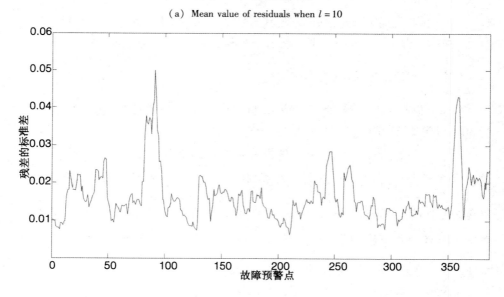

（b）$l = 10$ 时的残差标准差

（b）Standard deviation of residuals when $l = 10$

图 7 - 12　故障预警点统计特性

Fig. 7 - 12　Statistical characteristics of fault warning point

7.10　风电机组齿轮箱的预防和维护

按目前的维修和维护经验来看，常规的风电场机组齿轮箱维护策略基本可以描述为故障发生后的反映性维修结合每年一到两次的定期预防性维护。这类维护策略虽然在传统的维修上做出了适应性改进，便于开展，然而没有弹性的维护计划，很容易造成资源浪费，不知不觉中增加了度电成本。如何把握好过度维护与维护不足之间的关系，建立风电机组齿轮箱的维护策略十分重要。

7.11　本章小结

本章主要是对齿轮箱的退化趋势进行描述，通过小波包能量谱提取了振动信号的退化特征信息，并通过 Scat – Sep 评价指标确定了最佳的退化状态数目，为温度预测、故障预警机制划分了不同的预测阶段，使得建立风机齿轮箱维护模型时更加精确；针对齿轮箱阶段性退化这一特性建立了不同的温度预测模型，并以传统的 BP 神经网络为基础，克服其局限性，提出了一种基于 AIS – SA 混合网络的温度预测模型，并将其应用在齿轮箱中心油液温度的预测中；接着利用温度预测模型的预测结果，结合实际采集的温度数据，判断预测误差是否在温度安全变化阈值以内，从而建立了基于齿轮箱温度异常变化的故障预警模型，且可以将其推广至风电机组传动系统的其他关键部件；介绍了风电机组齿轮箱的预防和维护。

第 8 章　研究结论与研究展望

8.1　研究结论

　　在全球生态环境恶化、化石能源日益短缺的背景下，风能受到极大关注，风电产业获得快速发展。相应的，确保风电设备持续高效运行的制造、状态监测、故障诊断、维修等维护服务的重要性逐渐凸显。本书针对风电设备制造服务系统进行研究，主要内容包括风电设备制造服务系统的体系结构、建模与分析、状态监测、故障诊断、维护等。

　　风电设备制造服务系统包括风电设备制造子系统与风电设备服务子系统两大部分。其中，风电设备制造子系统由若干个制造单元构成，控制系统是风电设备制造单元的核心，也是风电设备制造子系统的研究重点，风电设备制造单元控制系统体系结构是风电设备制造子系统体系结构的重要组成部分；风电设备服务子系统包含状态监测、故障诊断与维护策略等主要模块。

　　在系统模型构建方面，为了使风电设备制造单元控制系统具有实时动态重构性能，本书基于国际电工委员会（IEC）61499 功能块标准，提出了通用虚拟制造设备（VMD）复合功能块的概念。在此基础上，构筑了基于复合功能块的风电设备制造单元混合式控制体系结构。该结构将制造控制流区分为相互独立的重构控制流与执行控制流，从而实现了风电设备制造单元重构控制与执行控制的并行执行。为了提高各 VMD 复合功能块的局部自治能力，并使控制系统软件具备良好的模块性、重用性、开放性、易集成性等特性，建立了面向服务的风电设备制造单元控制软件体系结构。

　　在建模与分析方面，本书将面向对象着色 Petri 网技术与网络条件/事件系统（NCES）模型相结合，提出了面向对象着色 NCES（OCNCES）的动态建模与分析方法：① 提出了各通用 VMD 复合功能块的网络条件/事件模块（ON-CEM）模型以及整个风电设备制造单元控制系统 OCNCES 模型的构造方法；② 提出了检测通用 VMD 复合功能块 ONCEM 模型和整个风电设备制造单元控制系统 OCNCES 模型的死锁检测算法；③ 根据 ONCEM 和 OCNCES 模型的动态行为特点，对各通用 VMD 复合功能块 ONCEM 和整个风电设备制造单元控制系统的 OCNCES 模型进行了死锁分析。

针对风电设备传动系统关键机械部件的状态退化问题，本书提出了基于小波相关滤波 – 主元分析法的状态监测方法，通过计算主元 PCA 的 T^2 和 SPE 统计量来监控机械部件的健康状态。针对传统的前馈神经网络学习算法无法处理随时间变化的信息流，以及原有的学习机在固定训练样本容量下，统一输入参量比重，不能有效反映故障信息，训练速度有待进一步提高的问题，提出了改进的极限学习机（IELM）的快速故障诊断方法，通过构建分类诊断模型，实现了风机传动系统关键机械部件的故障诊断。

在风电设备传动系统齿轮箱的故障预诊及维护策略方面，本书建立了基于统计模式识别（SPR）的齿轮箱退化状态评估与识别模型，利用小波包能量谱实现对其关键部位振动信号的特征提取。再采用类内紧密 – 类间分离 Scat – Sep 评价指标对退化状态进行划分，最后以搭建的风机齿轮箱模拟实验平台验证了该模型的可行性；提出了分阶段的人工免疫 – 自适应调节 AIS – SA 混合网络预测算法，并搭建了齿轮箱温度预测模型，实现了对故障部位的诊断与提前预警。该算法克服了传统神经网络算法初始参数选取难以及容易局部最优等应用局限，通过温度采集实验验证了其有效性与准确性；介绍了风电机组齿轮箱的预防和维护。

8.2　研究展望

本书尽管做了大量的研究工作，但还有些方面有待于在今后的研究和实践中提高、完善和验证。它们包括：

（1）本书提出的基于复合功能块的可重构风电设备制造单元控制系统，具有良好的实时动态重构性能。拟以此为基础，在今后的研究中充分利用人工智能技术，增强上层复合功能块的推理与决策能力，从而实现风电设备制造单元控制系统的智能重构。

（2）风电设备传动系统关键机械部件状态监测部分设计了齿轮箱的退化来验证主元分析状态监测方法，未对轴承退化进行验证。所以设计多级增速箱下的轴承退化实验研究工作还需进一步深入。

（3）风电设备传动系统关键机械部件故障诊断部分，关于耦合故障的诊断还需进一步研究，即同时发生多种相互耦合关联的故障。因为在实际工程中，故障往往不会单独出现，一种故障会经常诱发其他故障，对多故障进行诊断研究具有实际意义。

（4）本书对风电设备传动系统齿轮箱全寿命周期退化状态的描述仅模拟了一种故障模式，而且在实验采集数据的过程中，数次停机致使实验平台的稳定性有一定的波动，对实验结果存在一定的干扰，尽管在数据处理过程中进行了滤波处理，并人为地将比较平稳变化的振动信号进行了筛选，但仍具有一定的主观性。故而如何对实验数据中存在难以观察的干扰及波动剔除出来，或者如何保持实验机组的稳定性是未来研究的方向之一。

参考文献

［1］陈雪峰，李继猛，程航. 风力发电机状态监测和故障诊断技术的研究与进展［J］. 机械工程学报，2011，47（9）：45－52.

［2］李俊峰，高虎，王仲颖. 2008 中国风电发展报告［J］. 中国投资，2008（12）：21.

［3］袁红兵. Holonic 制造系统模型及控制技术研究［D］. 南京：南京理工大学，2002.

［4］Ulsoy A G，Heytler P. A survey of Flexible and Reconfigurable Manufacturing Systems（RMSs），International Report，Engineering Research Center for Reconfigurable Machining Systems（ERC/RMS）［R］. The University of Michigan，Ann Arbor，MI，1998.

［5］梁福军，宁汝新. 可重构制造系统理论研究［J］. 机械工程学报，2003，39（6）：36－43.

［6］Abdi M R，Labib A W. Grouping and selecting products：the design key of Reconfigurable Manufacturing Systems（RMSs）［J］. International Journal of Production Research，2004，42（3）：521－546.

［7］严洪森，刘飞. 知识化制造系统：新一代先进制造系统［J］. 计算机集成制造系统，2001，7（8）：7－11.

［8］吴忠. 制造单元重组优化研究［D］. 西安：西北工业大学，2000.

［9］Rheault M，Drolet J R，Abdulnour G. Dynamic cellular manufacturing system（DCMS）［J］. Computers & Industrial Engineering，1996，31（1/2）：143－146.

［10］Jocelyn D，Georges A，Martin R. The cellular manufacturing evolution［J］. Computers & Industrial Engineering，1996，31（1/2）：139－142.

［11］孙细安. 大型机械设备状态监测故障诊断技术初探［J］. 水利水电施工，2008（3）：85－86，82.

［12］Tchakoua Pierre，Wamkeue René，Ouhrouche Mohand. Wind turbine condition monitoring: State – of – the – art review, new trends, and future challenges [J]. Energies, 2014, 7 (4): 2595 – 2630.

[13] 谢源, 焦斌. 风力发电机组状态监测系统与故障诊断方法研究现状 [J]. 上海电机学院学报, 2010, 13 (6): 328 – 333.

[14] 周炳海. 基于 CORBA 面向对象的 FMS 控制系统研究 [D]. 上海: 上海交通大学, 2001.

[15] Brennan R W, Zhang X K, Xu Y F, et al. A reconfigurable concurrent function block model and its implementation in real – time Java [J]. Integrated Computer – Aided Engineering, 2002, 9 (1): 263 – 279.

[16] Brennan R W, Fletcher M, Norrie D H. An agent – based approach to reconfiguration of real – time distributed control systems [J]. IEEE Transactions on Robotics and Automation, 2002, 18 (4): 444 – 451.

[17] 谢宝昌. 兆瓦级风力发电机综述 [J]. 电机与控制应用, 2007 (2): 1 – 4, 15.

[18] Yassine Amirat, Mohamed Benbouzid, Elie Al – Ahmar, et al. A brief status on condition monitoring and fault diagnosis in wind energy conversion systems [J]. Renewable and Sustainable Energy Review, 2009 (3): 2629 – 2636.

[19] Ottaway T A, Burns J R. An adaptive production control system utilizing Agent technology [J]. International Journal of Production Research, 2000, 38 (4): 721 – 737.

[20] Leitao P, Restivo F. ADACOR: a holonic architecture for agile and adaptive manufacturing control [J]. Computers in Industry, 2006, 57 (2): 121 – 130.

[21] 王成恩. 制造系统的可重构性 [J]. 计算机集成制造系统, 2000, 6 (4): 1 – 5.

[22] Wright P K. Principles of open – architecture manufacturing systems [J]. Journal of Manufacturing Systems, 1995, 14 (3): 187 – 202.

[23] Dhrubajyoti K, Pramod P K. Formal verification for analysis and design of reconfigurable controllers for manufacturing systems [C] // Proceedings of the American Control Conference. 2000: 3533 – 3539.

[24] 罗振璧, 朱耀祥. 现代制造系统 [M]. 北京: 机械工业出版社, 2000.

［25］ Hu S J. Stream – of – variation theory for automated body assembly ［J］. Annals of the CIRP. 1997, 46 (1)：1 – 6.

［26］ 张晓峰. 可重构智能制造系统的基础研究 ［D］. 南京：南京航空航天大学，2001.

［27］ 李绍成. 基于 OPC 的可重构制造单元控制系统研究 ［D］. 南京：南京航空航天大学，2005.

［28］ Schreyer M, Tseng M. Design framework for PLC – based control for reconfigurable manufacturing system ［C］//Proceedings of International Conference on Flexible Automation and Intelligent Manufacturing (FAIM 2000). 2000：33 – 42.

［29］ 张友良，徐骏善，汪惠芬. 可重构制造单元控制系统设计 ［J］. 机械设计与制造工程，2001，30 (6)：11 – 13.

［30］ 蔡宗琰，严新民. 可重构制造系统重构算法的实例研究 ［J］. 计算机辅助设计与图形学学报，2003，15 (2)：162 – 173.

［31］ 王芳，徐德，任思成，等. 可重构制造系统的 Petri 网建模和分析方法 ［J］. 控制与决策，2005，20 (6)：660 – 664.

［32］ Zhang J, Felix T S, Li P G. A generic architecture of manufacturing cell control system ［J］. International Journal of Computer Integrated Manufacturing, 2002, 15 (6)：484 – 498.

［33］ 李培根，张洁. 敏捷化智能制造系统的重构与控制 ［M］. 北京：机械工业出版社，2003.

［34］ 周炳海，王国龙，曹永上. 制造单元控制系统的可重配置性研究 ［J］. 组合机床与自动化加工技术，2004 (1)：4 – 6.

［35］ Chan C Y, Redford A, Lam F W. Cell control architecture for manufacturing applications ［J］. Journal of Materials Processing Technology, 1997, 66 (2)：137 – 145.

［36］ Martin J M. Cells drive manufacturing strategy ［J］. Manufacturing Engineering, 1989, 102 (1)：49 – 54.

［37］ Rajamani D, Singh N, Aneja Y P. Design of cellular manufacturing systems ［J］. International Journal of Production Research, 1996, 34 (7)：1917 – 1928.

［38］ 周炳海. 基于 Agent 的制造单元混合式控制系统设计与开发的若干关键

技术研究 [D]. 上海：上海交通大学，2004.

[39] Greene T J, Sadowski R P. Cellular manufacturing control [J]. Journal of Manufacturing Systems，1983，2 (2)：137 – 145.

[40] Stone H S. High – performance computer architecture [M]. Reading，MA：Addison – Wesley Publishing Co.，1987.

[41] Dilts D M, Boyd N P, Whorms H H. The evolution of control architectures for automated manufacturing systems [J]. Journal of Manufacturing Systems，1991，10 (1)：79 – 93.

[42] Duffie N A. Heterarchical control of highly distributed manufacturing systems [J]. International Journal of Computer Integrated Manufacturing，1996，9 (4)：270 – 281.

[43] Heragu S S, Graves R J, Kim B I, et al. Intelligent agent based framework for manufacturing systems control [J]. IEEE Transactions on Systems，Man，and Cybernetics：Part A：Systems and Humans，2002，32 (5)：560 – 571.

[44] Jordan P, Timmermans P, Valckenaers P, et al. Evolutionary development in shop floor control [C] // Proceedings of CIMDEV and CIMMOD Esprit Working Groups. Kaatsheuvel，1995：287 – 300.

[45] 张友良. 单元控制系统发展现状、关键技术及其研究方向 [C]//国防科工委 FMS 运控与仿真网点学术会议. 1992.

[46] 张友良，徐骏善，刘翔. 通用单元控制器的设计与实现 [J]. 计算机集成制造系统，1998，4 (1)：20 – 24.

[47] 张洁，高亮，李培根. 敏捷制造单元控制系统的参考模型 [J]. 中国机械工程，1999，10 (12)：1395 – 1398.

[48] 周炳海，周晓军，奚立峰. 基于组件的柔性制造单元控制系统设计与实现 [J]. 上海交通大学学报，2003，37 (S)：22 – 28.

[49] Maturana F, Shen W, Norrie D H. MetaMorph：an adaptive agent – based architecture for intelligent manufacturing [J]. International Journal of Production Research，1999，37 (10)：2159 – 2173.

[50] Valckenaers P, Brussel H V, Wyns J. Designing holonic manufacturing systems [J]. Robotics and Computer Integrated Manufacturing，1998，14 (5)：455 – 464.

[51] 蔡元龙，陈玉宝，邻学礼. 面向敏捷制造的智能制造单元框架结构的研究 [J]. 计算机集成制造系统，1999，5（4）：25 - 28.

[52] Cheung H M E, Yeung W H R. HSCF: a holonic shop floor control framework for flexible manufacturing systems [J]. International Journal of Computer Integrated Manufacturing, 2000, 13 (2): 121 - 138.

[53] Leonid B, Sheremetov J M, Juan G. Agent architecture for dynamic job routing in holonic environment based on the theory of constraints [M] // V Marik, D McFarlane, P Valckenaers. Honolic and Multi - Agent Systems for Manufacturing (HoloMas 2003). Springer Verlag, 2003; LNAI 2744: 124 - 133.

[54] Brennan R W. Holonic and multi - agent systems in industry [J]. The Knowledge Engineering Review, 2001, 16 (4): 375 - 381.

[55] Babiceanu R F, Chen F F. Development and applications of holonic manufacturing systems: a survey [J]. Journal of Intelligent Manufacturing, 2006, 17 (1): 111 - 131.

[56] Hanlon P D, Weston R H. Use of local area networks within manufacturing systems [J]. Microprocessors and Microsystems, 1982, 8 (8): 425 - 429.

[57] Albus J S. A theory of intelligent systems [C] // Proceedings of the 5th International Symposium on Intelligent Control. Philadelphia, 1990: 5 - 7.

[58] Mahalik N, Xie C, Pu J, et al. Virtual distributed control systems: a components - based design method for mechatronic systems [J]. Assembly Automation, 2006, 26 (1): 44 - 53.

[59] Dmitrov D, Torodov N. A survey for control software design in manufacturing systems [J]. Computers in Industry, 1988, 10 (3): 171 - 175.

[60] Holqer V. Discrete - event simulation using system C: Interactive semiconductor factory modeling with FabSim [C] // Winter Simulation Conference Proceedings. 2003: 1383 - 1387.

[61] 李培根. 制造系统性能分析建模：理论与方法 [M]. 武汉：华中理工大学出版社，1997.

[62] 李晓燕. 快速成形网络化制造系统的 IDEF0 建模 [J]. 机械制造，2004，42（483）：15 - 17.

［63］ 李芳芸，柴跃廷. CIMS 环境下集成化管理信息系统的分析、设计与实现 ［M］. 北京：清华大学出版社，1996.

［64］ 陈禹六. IDEF 建模分析和设计方法 ［M］. 北京：清华大学出版社，1999.

［65］ Barbera A J, Fitzgerald M L. The NBS real – time control system ［C］// Proceeding Robot 8th Conference. Detroit, 1984.

［66］ 吕韶义，刘复岩. 实现优化控制的状态表法 ［J］. 计算机工程与应用，1997（4）：47 – 50.

［67］ 王胤. 制造系统结构化控制：基于 Petri 网的模型验证方法 ［D］. 上海：上海交通大学，2003.

［68］ Cassandras C G, Lafortune S, Olsder G J. Introduction to modeling, control and optimization of discrete event systems ［M］// Alberto Isidori. Trends in control：a European perspective. Berlin：Springer, 1995：218 – 287.

［69］ Ramadge P, Wonham W M. The control of discrete event systems ［C］// Proceedings of IEEE. 1989, 77（1）：81 – 98.

［70］ Charbonnier F, Alla H, David R. The supervised control of discrete event dynamic systems ［J］. IEEE Transactions on Control Systems Technology, 1999, 7（2）：175 – 187.

［71］ 朱贤成. 一种基于有限自动机的软件开发模型 ［J］. 湖北汽车工业学院学报，2007，21（2）：30 – 33.

［72］ D'Souza K A, Khator S K. A survey of Petri net applications in modeling controls for automated manufacturing systems ［J］. Computers in Industry, 1994, 24（1）：5 – 16.

［73］ Kochikar V P, Narendran T T. Modeling automated manufacturing systems using a modification of colored Petri nets ［J］. Robotics and Computer Integrated Manufacturing, 1992, 9（2）：181 – 189.

［74］ Chincholakar A K, Chetty O, Krishnaiah V. Stochastic coloured Petri Nets for modeling and evaluation, and heuristic rule base for scheduling of FMS ［J］. International Journal of Advanced Manufacturing Technology, 1996, 12（5）：339 – 348.

［75］ Lin L, Wakababyashi M, Adiga S. Object – oriented modeling and implementation of control software for a robotic flexible manufacturing cell ［J］.

Robotics and Computer Integrated Manufacturing, 1994, 11 (1): 1 – 12.

[76] Wang L. Object – oriented Petri nets for modeling and analysis of automated manufacturing system [J]. Computer Integrated Manufacturing Systems, 1996, 26 (2): 111 – 125.

[77] International Electrotechnical Commission Technical Committee No. 65. IEC 61499 Function Blocks for Industrial Process Measurement and Control Systems [R]. 2003.

[78] 张渝, 刘枫. 一种基于功能块的 Holon 重构模型 [J]. 工业控制计算机, 2004, 17 (2): 1 – 3.

[79] 黄方. 基于 IEC 61499 功能块的应用研究 [D]. 杭州: 浙江大学, 2004.

[80] 李扬. 基于 IEC 61499 功能块的控制系统建模与设计 [D]. 杭州: 浙江大学, 2005.

[81] Lewis R R. IEC 61499 function blocks: a new way to design control systems [M]. Chicago: Control Engineering, 2002.

[82] DG XIII Directorate. ESPRIT – CIME project synopsis: EP7302 ASPIC [M] //Book 6. 1992: 388 – 389.

[83] Hoffmann F, Butler M D, Doggett M. A fieldbus selection methodology for manufacturing systems [C] // Fieldcomms ' 95 Conference. Leicester, 1995: 7 – 8.

[84] Mahalik N P, Lee S K. Design and development of system level software tool for DCS simulation [J]. International Journal of Advances in Engineering Software, 2003, 34 (7): 451 – 465.

[85] Huliehel F A, Lee F C, Cho B H, et al. New design approach for distributed power systems [C] // Proceedings of the 28th Intersociety Energy Conversion Engineering Conference. Atlanta, 1993.

[86] Song D, Divoux T, Lepage F. Design of the distributed architecture of a machine – tool using FIP fieldbus [C] //Proceedings of the International Conference on Application – Specific Systems, Architectures and Processors. Chicago, 1996: 19 – 21.

[87] Harel D. Statecharts: a visual formalism for complex systems [J]. Scientific Computer Programming, 1987, 8 (3): 231 – 274.

[88] Zhou B, Wang L, Norrie D H. Design of distributed real – time control agents for intelligent manufacturing systems [C] // Proceedings of the 2th International Workshop on Intelligent Manufacturing Systems. 1999: 237 – 244.

[89] Douglass B. Doing hard time: developing real – time systems with UML, objects, frameworks, and patterns [M]. Reading: Addison – Wesley, 1999.

[90] Stanica M, Guéguen H. Using timed automata for the verification of IEC 61499 applications [C] // Workshop on Discrete Event Systems (WODES' 04). Reims, 2004: 22 – 24.

[91] Fletcher M, Brennan R W, Norrie D H. Design and evaluation of real – time distributed manufacturing control systems using UML capsules [C] // 7th International Conference on Object – oriented Information Systems. 2001: 382 – 386.

[92] Khalgui M, Rebeuf X, Simonot – Lion F. A behavior model for IEC 61499 function blocks [C] // Third Workshop on Modelling of Objects, Components, and Agents. Aarhus, 2004.

[93] Hagge N, Wagner B. A new function block modeling language based on Petri nets for automatic code generation [J]. IEEE Trans. on Industrial Informatics, 2005, 1 (4): 226 – 237.

[94] Luder A, Schwab C, Tangermann M, et al. Formal models for the verification of IEC 61499 function block based control applications [C] // 10th IEEE Conference on Emerging Technologies and Factory Automation (EFTA' 2005). 2005: 105 – 112.

[95] 刘娟, 潘罗平, 桂中华. 国内水电机组状态监测和故障诊断技术现状 [J]. 大电机技术, 2010 (2): 45 – 49.

[96] Lei Yaguo, Lin Jing, Zuo Ming J. Condition monitoring and fault diagnosis of planetary gearboxes: a review [J]. Measurement: Journal of the International Measurement Confederation, 2014, 48 (1): 292 – 305.

[97] Bhattacharya, Abhisekh Dan, Pranab K. Recent trend in condition monitoring for equipment fault diagnosis [J]. International Journal of Systems Assurance Engineering and Management, 2014, 5 (3): 230 – 244.

［98］ 李建华. 设备状态监测与故障诊断技术综述 ［J］. 广东化工，2009，36
（12）：168 - 169，175.

［99］ Moez Bellamine, Norihiro A B E. Remote diagnosis system for rotating machinery using virtual reality ［C］//2004 IEEE Conference on Robotics, Automation and Mechatronics. 2004：716 - 723.

［100］ 曾庆虎. 机械传动系统关键零部件故障预测技术研究 ［D］. 长沙：国防科学技术大学，2010：55 - 63.

［101］ Fausto P G M, Andrew M T, Jesus M P P, et al. Condition monitoring of wind turbines：Techniques and methods ［J］. Renewable Energy, 2012, 46：169 - 178.

［102］ Zheng Xiaoxiao, Ye Congjie, Fu Yang. Predictive condition monitoring and fault diagnosis techniques for offshore wind turbines ［C］// Progress in Renewable and Sustainable Energy. 2013：638 - 643.

［103］ 余红英. 机械系统故障信号特征提取技术研究 ［D］. 太原：中北大学，2005：31 - 34.

［104］ Brandt Anders, Ahlin Kjell. Sampling and time - domain analysis ［J］. Sound and Vibration, 2010, 44 （5）：13 - 17.

［105］ 张景绘，邱阳. 时间序列分析在振动中的应用 ［J］. 振动与冲击，1983 （1）：3 - 11.

［106］ 胡贵锋，王细洋. 基于时域同步平均法的行星齿轮振动信号分离技术 ［J］. 中国机械工程，2013，24 （6）：787 - 791.

［107］ 蔡熹耀，李志荣. 频谱细化技术与功率倒频谱在振动信号分析中的应用 ［J］. 洛阳工业高等专科学校学报，1999，9 （3）：5 - 8.

［108］ 滕伟，武鑫，高青风. 风电齿轮箱振动信号的倒频谱分析 ［C］//第三十届中国控制会议. 烟台，2011：4237 - 4240.

［109］ 徐晶，于向军. 基于FFT算法的振动信号分析 ［J］. 工业控制计算机，2005，18 （12）：8 - 9.

［110］ Zhang Zichun, Liu Yongdan, Guo Xiaoyun. Online Query Algorithm of Dynamic Time Sequence Based on Fast Fourior Transform ［C］//Proceedings of 2012 IEEE, 2nd International Conference on Cloud Computing and Intelligence Systems. 2012：1346 - 1352.

［111］ Yang Shenggang, Li Xiaoli, Liang Ming. Bearing condition monitoring and fault diagnosis of a wind turbine using parameter free detection ［C］// Lecture Notes in Electrical Engineering, International Conference on Electric and Electronics（EEIC）. 2011：289 - 294.

［112］夏娟. 基于小波变换的齿轮振动信号分析方法研究［D］. 西安：西北工业大学，2004：25 - 28.

［113］杨文平，陈国定，石博强. 基于小波理论的复杂机械振动信号降噪分析［J］. 北京科技大学学报，2002，24（4）：454 - 457.

［114］朱启兵. 基于小波理论的非平稳信号特征提取与智能诊断方法研究［D］. 沈阳：东北大学，2006：18 - 25.

［115］Jianbo Yu. Health condition monitoring of machines based on hidden markov model and contribution analysis ［J］. IEEE Transactions on Instrument and Measurement，2012，61（8）：2200 - 2211.

［116］安德鲁 R·韦布. 统计模式识别［M］. 王萍，等译. 北京：电子工业出版社，2004：10 - 14.

［117］熊承义，李玉海. 统计模式识别及其发展现状综述［J］. 科技进步与对策，2003（8）：173 - 175.

［118］唐发明. 基于统计学习理论的支持向量机算法研究［D］. 武汉：华中科技大学，2005.

［119］吴德会. 一种基于支持向量机的齿轮箱故障诊断方法［J］. 振动、测试与诊断，2008，28（4）：338 - 342，410.

［120］齐保林，李凌均. 基于支持向量机的故障诊断方法研究［J］. 煤矿机械，2007，28（1）：182 - 184.

［121］杨晓帆，陈廷槐. 人工神经网络固有的优点和缺点［J］. 计算机科学，1994，21（2）：23 - 26.

［122］王梦卿. 基于神经网络的齿轮故障诊断专家系统［D］. 沈阳：东北大学，2005：42 - 54.

［123］Ming Shou，Sang June，Hye Youn. Implementation of automatic failure diagnosis for wind turbine monitoring system based on neural network ［C］// Lecture Notes in Electrical Engineering，FTRA 7th International Conference on Multimedia and Ubiquitous Engineering. 2013：1181 - 1188.

［124］Huang Qian，Jiang Dongxiang. Application of wavelet neural networks on vibration fault diagnosis for wind turbine gearbox ［C］// Lecture Notes in

Computer Science, 5th International Symposium on Neural Networks. 2008: 313 – 320.

[125] 申戬林，王灵梅，孟恩隆，等. 改进小波包联合 PNN 的风电故障诊断研究 [J]. 可再生能源，2014，32（4）：412 – 417.

[126] Roque F M B, José A B C, Fernando P M B. Neural networks for condition monitoring of wind turbines gearbox [J]. Journal of Energy and Engineering, 2012, 6（4）: 638 – 644.

[127] Li Yanyong. Discussion on the Principles of Wind Turbine Condition Monitoring System [C]//International Conference on Materials for Renewable Energy and Environment. 2011: 621 – 624.

[128] W Yang, Tavner P J, Wilkinson M R. Condition monitoring and fault diagnosis of a wind turbine synchronous generator drive train [J]. IET Renewable Power Generation, 2009, 3（1）: 1 – 11.

[129] 何清，李宁，罗文娟，等. 大数据下的机器学习算法综述 [J]. 模式识别与人工智能，2014，27（4）：327 – 336.

[130] Huang Guangbin. An Insight into Extreme Learning Machines: Random Neurons, Random Features and Kernels [EB/OL]. http://www.ntu.edu.sg/home/egbhuang/index.html.

[131] Liao Wenzhu, Pan Ershun, Xi Lifeng. Development of maintenance scheduling for repairable deteriorating system [C]//The Proceedings of 38th International Conference on Computer and Industrial Engineering. 2008: 1711 – 1717.

[132] LEE J. Measurement of machine performance degradation using a neural network model [J]. Computers in Industry, 1996, 30（3）: 193 – 209.

[133] Zhang L, Cao Q, Lee J, et al. PCA – CMAC based machine performance degradation assessment [J]. Journal of Southeast University（English Edition）, 2005, 21（3）: 299 – 303.

[134] Huang Y X, Liu C L, Zha X F, et al. A lean model for performance assessment of machinery using second generation wavelet packet transform and Fisher criterion [J]. Expert Systems with Applications, 2010, 37（5）: 3815 – 22.

[135] Ocak H, Loparo K A, Discenzo F M. Online tracking of bearing wear using

wave elect packet decomposition and probabilistic modeling: a method for bearing prognostics [J]. Journal of Sound and Vibration, 2007, 302 (4/5): 951 -961.

[136] 李国正，谭南林，张建斌. 基于改进型 AHP 的地铁列车设备重要度分析 [J]. 电子测量与仪器学报，2012，26 (6): 503 -507.

[137] 高萍，吴甦. 基于蒙特卡罗方法的设备维修决策模型 [J]. 系统仿真学报，2007，19 (22): 5112 -5114.

[138] 顾煜炯，陈昆亮，杨昆. 基于熵权和层次分析的电站设备维修方式决策 [J]. 华北电力大学学报 (自然科学版)，2008，35 (6): 72 -76.

[139] Barlow R, Hunter L. Optimum Preventive Maintenance Policies [J]. Operation Research, 1960, 8 (1): 90 -100.

[140] Wang H, Pham H. Some maintenance models and availability with imperfect maintenance in production systems [J]. Annals of Operations Research, 1999, 91: 305 -318.

[141] Lim Jae - Hak, Park Dong Ho. Optimal periodic preventive maintenance schedules with improvement factors depending on number of preventive maintenance [J]. Asia - Pacific Journal of Operational Research, 2007, 24 (1): 111 -124.

[142] 奚立峰，周晓军，李杰. 有限区间内设备顺序预防性维护策略研究 [J]. 计算机集成制造系统，2005，11 (10): 1465 -1468.

[143] 曲玉祥，吴甦. 基于不完全维护的劣化系统分阶段顺序预防维护策略 [J]. 机械工程学报，2011，47 (10): 164 -170.

[144] 姚兴佳，宋俊. 风力发电机组原理与应用 [M]. 北京：工业机械出版社，2011: 19 -21.

[145] 程启明，程尹曼，王映斐，等. 风力发电系统技术的发展综述 [J]. 自动化仪表，2012，33 (1): 1 -8.

[146] 汪浩. COM/DCOM 技术内幕 [M]. 北京：电子工业出版社，2000.

[147] 潘爱民. COM 原理与应用 [M]. 北京：清华大学出版社，1999.

[148] 谷应鲲. 基于分布式对象技术和架构模式的企业信息系统研究 [D]. 杭州：浙江大学，2005.

[149] Aphrodite T, Thomi P. An overview of standards and related technology in Web Services [J]. Distributed and Parallel Databases, 2002, 12 (2):

135 – 162.

［150］ Chen M，Chen A，Shao B. The implications and impacts of Web Services to electronic commerce research and practices ［J］. Journal of Electronic Commerce Research，2003，4（4）：128 – 139.

［151］ Hung M H，Cheng F T，Yeh S C. Development of a Web – Services – based e – diagnostics framework for semiconductor manufacturing industry ［J］. IEEE Transactions on Semiconductor Manufacturing，2005，18（1）：122 – 135.

［152］ 江志斌. Petri 网及其在制造系统建模与控制中的应用 ［M］. 北京：机械工业出版社，2004.

［153］ Viswanadham N，Narahari Y，Johnson T L. Deadlock prevention and dead-lock avoidance in flexible manufacturing systems using Petri nets models ［J］. IEEE Transactions on Robotics and Automation，1990，6（6）：713 – 723.

［154］ 雷继尧，丁康. 轴承故障诊断 ［M］. 西安：西安交通大学出版社，1991：64 – 65.

［155］ 何晓群. 多元统计分析 ［M］. 北京：中国人民大学出版社，2008.

［156］ Jackson J Edward，Mudholkar Govind S. Control procedures for residuals associated with principal component analysis ［J］. Technometrics，1979，21（3）：341 – 349.

［157］ 蒋少华，桂卫华，阳春华. 基于核主元分析与多支持向量机的监控诊断方法及其应用 ［J］. 系统工程理论与实践，2009，29（9）：153 – 159.

［158］ 尹刚，张英堂，李志宁，等. 运用在线贯序极限学习机的故障诊断方法 ［J］. 振动、测试与诊断，2013，33（2）：325 – 329，345.

［159］ Yin G，Zhang Y T，Li Z N. Online fault diagnosis method based on Incre-mental Support Vector Data Description and Extreme Learning Machine with incremental output structure ［J］. Neurocomputing，2014，128（1）：224 – 231.

［160］ Huang G B，Zhu Q Y，Siew C K. Extreme learning machine：Theory and Applications ［J］. Neuroputing，2006，70（1）：489 – 501.

［161］ 苑津莎，张利伟，王瑜，等. 基于极限学习机的变压器故障诊断方法

研究［J］. 电测与仪表，2013，50（12）：21 – 26.

[162] Rong H J, Huang G B, Sundararajan N. Online sequential fuzzy extreme learning machine for function approximation and classification problems［J］. IEEE Transactions on Systems Man and Cybernetics：Part B，2009，39（4）：1067 – 1072.

[163] 杨易旻. 基于极限学习的系统辨识方法及应用研究［D］. 长沙：湖南大学，2013：19 – 22.

[164] 王宏力，何星，陆敬辉，等. 基于固定尺寸序贯极端学习机的模拟电路在线故障诊断［J］. 仪器仪表学报，2014，35（04）：738 – 744.

[165] 廖雯竹. 基于设备衰退机制的预知性维护策略及生产排程集成研究［D］. 上海：上海交通大学，2011.

[166] 李红岩，胡林林，王江波，等. 基于 K – means 的最佳聚类数确定方法研究［J］. 电脑知识与技术，2014，10（1）：110 – 114.

[167] 张秀云. 基于齿轮箱数据处理的故障预警与诊断系统［D］. 天津：河北工业大学，2013.

[168] 张小田. 基于回归分析的风机主要部件的故障预测方法研究［D］. 北京：华北电力大学，2013.

后　记

　　本书能够得以顺利出版，得益于很多一直关心和帮助我的老师、同事和朋友们。

　　感谢上海电机学院商学院的王宇露老师、熊鸿军老师、沈瑾老师、范思遐老师！他（她）们经常关心本书的进展，并对本书的出版提供了许多有益的指导。

　　感谢上海电机学院研究生占健、王加祥、苏红伟、李友钊！他们在本书写作过程中给予了我很多的帮助与支持。

　　本书的出版还得到了东北大学出版社刘乃义编辑的大力支持，在此一并表示衷心的感谢！

　　本书得到了上海市教育委员会科研创新项目（编号：15ZS079）"基于统计学习的风电设备智能预诊维护管理系统研究"的资助。

　　本书在写作过程中，会不时引用一些文献，我尽量做到在参考文献中一一标注。但是，由于跨时较长，几经修改，难免会有所遗漏。对此，向全体作者表示诚挚的感谢。

　　尤其需要说明的是，由于作者水平有限，缺点和不妥之处在所难免。因此，本书权当抛砖引玉，仅仅作为一个学习与交流的工具，恳请各位专家、学者及同行朋友不吝批评指正。

吴　斌

2017 年 9 月　于上海